TV 볼 줄 아십니까?

아무도 가르쳐 주지 않는 방송 모니터링

나남
nanam

민 영 목 (閔泳穆, 호: 柳谿, 냇버들)

경남 산청에서 태어나 중앙대 국문학과와 동국대 언론정보대학원을 졸업했다. 1982년 KBS PD로 입사해 15년간 라디오와 TV 프로그램을 제작했다. 주요 연출작으로는 〈사랑방중계〉, 〈성공시대〉, 〈TV 미술관〉, 〈11시에 만납시다〉 등이 있다. 이후 심의실로 옮겨 TV 심의부 차장, 부장을 거쳐 심의위원으로 정년퇴임했다. 현재는 원광대 신방과 겸임교수와 방송통신심의위원회 특별위원으로 활동 중이다.

저서로는 방송심의이론서 《방송읽기》와 방송모니터들을 위한 안내서 《방송모니터 길라잡이》가 있다.

나남신서 1632
TV 볼 줄 아십니까?
아무도 가르쳐 주지 않는 방송 모니터링

2012년 6월 15일 발행
2017년 9월 20일 2쇄

지은이 민영목
발행자 趙相浩
발행처 (주) 나남
주소 10881 경기도 파주시 회동길 193
전화 (031) 955-4601 (代)
FAX (031) 955-4555
등록 제 1-71호 (1979.5.12)
홈페이지 http://www.nanam.net
전자우편 post@nanam.net

ISBN 978-89-300-8632-5
ISBN 978-89-300-8001-9 (세트)

책값은 뒤표지에 있습니다.

나남신서 · 1632

TV 볼 줄 아십니까?

아무도 가르쳐 주지 않는 **방송 모니터링**

민 영 목 지음

(前 KBS 심의위원, PD)

나남
nanam

注視
傾聽

눈여겨보고
귀담아듣자

냇버들

• 여는 글 •

TV는 켜기 쉽다.

TV는 보기도 쉽다.

따로 어디 신고를 할 필요가 없다. ID를 요구하거나 비밀번호를 대지 않아도 된다.

그래서 외딴 산골 까막눈 할머니도 TV가 두렵지 않다. 겨우 걸음마를 배운 기저귀 찬 꼬마도 리모컨으로 제가 좋아하는 만화영화를 찾아보기도 한다. TV는 예열이나 대기도 필요 없다. 켜기만 하면 밤이고 낮이고 기다렸다는 듯이 영상과 소리를 쏟아낸다. 보는 이가 누구든, 어떤 자세로든 눈만 주면 볼 수가 있다.

방송은 할머니, 할아버지와 어린 손자손녀가 같은 공간에서 함께 즐기는 가족매체이다. 또, DMB 상용화를 통해 스마트폰을 비롯한 각종 IT 장비로 이동 중에도 듣고 보는 것이 가능해진 개인매체이자 생활매체로 변화하고 있기도 하다. 현대인들은 남녀노소를 막론하고 아침에 일어나서 밤에 잠자리에 들기까지 방송을 떠나서는 생활하기 어려운 일상을 살고 있다. 이런 가운데 종합편성 채널의 등장과 더불어 수많은 매체와 프로그램의 범람 속에 시청자들은 더욱 심한 선택의 기로에 내몰리게 되었다. 방송이 우리의 삶에 이처럼 지대한 영향을 미치고 있음에도 불구하고 '방송수용자들이 방송을 어떻게 보고 들을 것인가?'라는 문제는 무관심 속에 방치되어 왔다.

필자는 30년 넘는 방송계 생활 중 15년간은 라디오와 TV PD로서 방송 프로그램을 직접 제작하였고, 나머지 비슷한 기간 동안에는 만들어진 방송 프로그램을 분석하고 평가하는 방송심의 실무자로 종사하였다. 결국 전반 15년간은 방송 모니터링을 당하며, 후반 15년간은 방송 모니터링을 하며 보낸 셈이다.

이 경험을 바탕으로 일반 시·청취자들이 만들어진 방송 프로그램을 어떻게 보고 들어야 하는가에 대해 관심을 가져왔고, 그 일환으로 '미디어 파워 워칭'이라는 방송 모니터링 기법을 적용해 이 책을 집필하게 되었다.

그간 방송 프로그램을 어떻게 만들어야 하는지에 대해서는 방송학자나 제작자 위주로 다양한 장르에서 전문서적들이 출간되었다. 그러나 방송수용자들이 방송 프로그램을 어떻게 보고 들어야 하는가에 대해서는 아무도 가르쳐 주지 않았다.

방송 프로그램의 제작과 수용은 '보물찾기'와 같다. 제작진은 다양한 코드를 활용해 기획의도를 정교하고 교묘하게 프로그램 속에 숨겨 둔다. 그리고 수용자들은 프로그램 속에 제작진이 숨긴 코드를 찾아내 메시지나 이미지를 자기화하는 즐거움을 누린다.

그럼에도 불구하고 코드를 숨기는 방송제작자들은 자신들의 제작물인 방송 프로그램 내용이나 해독법을 설명해 주는 데 그동안 인색했다. 그래서 수용자들은 막연하게 방송을 보거나 듣는 수준을 벗어나지 못하고 있다.

'사람은 아는 만큼만 보고, 본 만큼만 생각한다'는 말은, 방송 프로그램을 두고도 그대로 적용되는 말이다. 방송제작자가 조금만 귀띔해주면 수용자는 더 넓은 것을 보고 더 많은 것을 생각할 수 있을 것이다. 방송수용자들이 프로그램을 막연히 보지 않고 귀담아 듣고 눈여겨보아 분석적으로 판독하는 안목을 갖게 하는 것은, 시청자뿐 아니라 시청자들을 대상으로 하는 방송제작자들에게도 발전적인 자극이 될 것이다.

이 책은 우선 전국적으로 방송사와 각종 시민단체 모니터 팀에 소속되어 있는 수많은 방송 모니터들에게 유용한 지침서가 될 것이다. 또 방송분야 진출을 꿈꾸는 지망생들에게도 또 다른 참고서가 될 것으로 기대한다. 나아가 아직까지 미디어교육이 정착하지 못한 우리 풍토 속에서 자라나는 어린이와 청소년들을 위한 교육현장의 지침서로 활용될 수도 있을 것이다. 뿐만 아니라 방송수용자들이 어떤 면에 주목하여 방송을 보고 듣는지를 파악한다는 차원에서 방송제작자들에게도 도움이 될 것으로 전망된다.

이 책은 이전에 이런 성격의 책이 출판된 적이 없는 데다 필자의 경험을 바탕으로 주관적으로 집필되어 반론의 여지와 허점이 많을 것임을 인정한다. 그러나 이 책 역시 하나의 프로그램이라고 보고 독자들의 냉엄한 모니터링 의견을 언제든지 수용할 자세로 감히 이 책을 펴낸다. 그리고 앞으로 독자들의 냉철하고 엄격한 지적을 수용하고 수정하는 일을 게을리하지 않을 것이다.

명승고적지나 관광명소에 도착해 안내문이나 설명서를 먼저 읽어보고 둘러보면 훨씬 더 넓고 깊게 살펴볼 수 있다. 모쪼록 이 책이 시청자이기도 한 독자들에게 방송을 좀더 넓고 깊게 보고 들을 수 있는 안목을 키워주고, 이로 인해 방송 프로그램들도 완성도가 높아지는 계기가 되기를 기원한다.

이 책이 나오기까지 나남출판의 조상호 사장, 고승철 주필, 방순영 편집장, 이필숙 실장, 양정우 과장, 이나정 씨의 큰 도움을 받았다. 그리고 제목을 직접 써준 담운 이일구 선생과 표지를 디자인해 준 KBS 아트비전 박종화 팀장, 사진을 제공해준 KBS 홍보실 황미영 씨, 캐리커처를 그려준 김래환 화백 덕분에 포장이 빛나게 되었다. 추천사와 격려사를 보내준 강대영 KBS 사우회장, 김성호 광운대 교수, 전용길 KBS 콘텐츠 본부장, 맹숙영 씨에게도 감사의 마음을 전해드린다.

책을 기획하고 집필하는 3년 동안 가장의 노릇을 변변히 하지 못했음에도 응원해준 아내와 양지, 웅지 두 아들과 며느리 은진이의 책장에 고마움의 표시로 이 책을 꽂아주려 한다.

2012년 7월

민 영 목

• 추천사 •

강대영_한국방송공사 사우회장, 전 KBS 부사장

시청자들이 아무 때나 자유롭고 편안하게 프로그램을 시청하는 데 비해 의무적인 모니터링을 직업으로 계속해야 하는 것은 상당한 인내와 평정심을 필요로 한다. 방송국에서 '심의업무'라는 것이 프로그램에 대한 칭찬보다는 흠결을 찾는 일이 많은지라 제작과 심의 간에는 약간의 긴장 관계가 불가피하다. 지금은 어떤지 모르지만 매일 방송사 아침 임원회의 때 심의보고가 그날의 회사 기상도를 좌우할 정도로 중요시되던 때가 있었다. 시청률과 심의보고는 방송의 상업성과 공영성을 가늠해주는 두 갈래 풍향계와 같다. 제작 측은 전날 시청률 성적표와 심의보고를 번갈아 거치며 일희일비한다. 방송심의는 상업방송일수록 존재감이 다소 약하고 공영방송일수록 두드러진다.

1995년부터 3년간 나는 KBS 심의실장으로서 저자와 심의실에서 한솥밥을 먹었다. 나도 교양 PD 출신으로 프로그램 제작과 제작 부서장을 거쳤던 터라 저자가 서문에서 밝혔듯이 프로그램 모니터링을 당하다가 모니터링하게 된 같은 입장이었다. 다만 나는 심의실 경력이 고작 3년인 데 반해 저자는 15년 넘게 이 업무에 몸을 바쳤으니 PD로는 나보

다 후배이지만 심의경력에서는 선배라 하지 않을 수 없다. 가히 모니터링에 올인한 인생이라고나 할까….

나의 개인적인 견해로는 심의가 필요 없는 방송이 선진국형 방송이라 생각한다. 그런 의미에서 현행 방송법 제 86조 사전심의를 의무적으로 하도록 둔 것은 후진적이라 본다. 더욱이 가장 중요시되어야 할 보도 프로그램을 뺀 나머지만을 사전심의 한다는 것은 이치에 맞지 않다. 그래도 법은 법이니 따라야 함이 현실이다.

그런 뜻에서 이 책의 발간을 의미 있는 작업으로 평가하고 싶다. 그동안 제작에 관한 저서는 많이 나왔지만 모니터링을 중심으로 하는 체계적이고 분석적인 저서를 발견하기 어려웠는데, 이번에 그러한 갈증을 풀게 되었다. 후진적 방송에서 선진적 방송으로의 이행을 고뇌하는 오늘의 현실에 이 책이 공헌하는 바가 클 것으로 기대하고 추천한다.

• 추천사 •

김성호_광운대 미디어영상학부 교수, 전 KBSi 사장

시청자를 진심으로 사랑한 민 PD!

민영목 방송 동지는 지상파 방송 PD 중에 전문 분야를 설정하고 절차탁마(切磋琢磨) 한 몇 안 되는 보배로운 방송인이다. 나는 이 책을 접하면서 평생 직장에서 평생 직업(테마) 을 기획한 민 PD의 방송 인생이 참으로 아름답게 보인다. 나도 방송현장에서 방송사(放送史) 를 필생의 테마로 설정하고 정진한 덕분에 학계에 몸담고 있지만, 필자는 나보다 훨씬 실용적이고 대중적인 테마로 시청자, 아니 TV를 보는 전 국민에게 도움을 드리는 작업을 했으니 얼마나 자랑스럽고 보람찬 일이겠는가? 의례적인 축하에 앞서, 이 귀한 결과물이 세상에 널리 퍼져 많은 이들에게 행복의 씨앗이 될 수 있기를 간절히 기원한다.

내 기억에 각인된 저자의 이미지는 한마디로 '우직(愚直) 한 방송인'이다. 그는 어리석을 정도로 매사에 마음과 정성을 다하는 성격인지라, 책의 부제대로 '아무도 가르쳐주지 않는 방송 모니터링'을 우리에게 일깨워주고 있는지도 모른다. 책 이야기가 나왔으니 덧붙이고 싶은

말이 있다. 나를 포함한 독자들이 '저자의 새로운 시도와 겸손한 자부심(?)'을 높여주고 격려해 주었으면 좋겠다. 저자는 오랜 연구를 거쳐 '미디어 파워 워칭' 기법을 개발하고, 그 방법을 장르별로 적용하였다. 따라서 이 책은 방송 PD 출신이 TV 시청자를 위하여 펴낸 최초의 방송 모니터링 전문 안내서인 동시에 이론서가 될 것이다.

저자 민영목은 방송현장에서 갈고 닦은 실무경험과 이론을 이 책에 펼쳐놓으면서 방송사에서 정년퇴임한다. 그러나 그는 방송 모니터링을 필생의 사업으로 펼칠 모양이다. 방송국에서 국악 프로그램을 맡았다가 서울대 국악과를 창설하고 학자로 살다간 나의 멘토 이혜구(1907~2010) 선생처럼 그도 삶의 테마가 있으니 대견스럽고, 그 테마를 사회에 보급하겠다니 고맙기 그지없다. 끝으로, 결례(?)가 아니라면 한마디 덧붙이고 싶다. 나는 방송역사나 사료관련 분야의 책을 내다보니 출판사에 늘 미안한 생각이다. 이 책이야 내 책과 같진 않겠지. 독자 여러분의, 특히 방송인들의 애정을 기대한다.

나남신서 · 1632

TV 볼 줄 아십니까?

아무도 가르쳐 주지 않는 **방송 모니터링**

차 례

미디어 파워 워칭의 이론

방송 모니터링이란 무엇인가

방송 모니터링은 방송 프로그램을 눈여겨보고(注視) 귀담아 듣는(傾聽) 것이다. 여기서 '눈여겨'와 '귀담아'에 방점을 찍는 까닭은 방송 프로그램을 시간 때우기나 심심풀이로 '막연히' 시청하는 것과 차별화하기 위해서다.

TV를 눈여겨보고 귀담아 듣는다는 것은 필기도구를 준비해두고 뚫어지게 보거나, 무릎을 꿇고 긴장한 가운데 듣는 것을 의미하지는 않는다. 그보다는 방송 프로그램을 듣고 보면서 프로그램을 통해 무엇인가를 읽어 내려고 노력한다는 것이다. 그래서 막연한 방송 프로그램 청취나 시청과 구분하기 위해 방송 모니터링이라고 부른다.

모니터링(*monitoring*)이란 말을 국어사전에서는 "방송국이나 신문사 또는 기업체로부터 의뢰를 받고 방송 프로그램이나 신문기사 또는 제품 따위에 대해 의견을 제출하는 일"이라고 풀이하고 있다. 이렇게 보면 방송 모니터링은 방송 모니터들이나 하는 상당히 전문적인 작업으로 비춰진다.

그러나 일반 청취자나 시청자가 막연히 프로그램을 듣고 보는 것이 아니라 나름대로 유심히 프로그램을 듣고 눈여겨보는 경우도, 누구에게 의견을 제출하지는 않지만 자기 자신에게 방송 프로그램을 통해 의미를 심어주기 위해 노력한다는 점에서 방송 모니터링과 다르지 않다.

모니터링이라는 용어가 우리 방송계에 전해진 것은 오래전 일이다. 필자가 찾아낸 자료에 의하면, 1957년 6월 1일자로 당시 이승만 정부의 공보실은 방송관리국 산하에 '방송문화연구실'을 신설했는데, 이 기

최초의 국산 TV 수상기 사진_KBS 홍보실 제공

구의 업무 중에 방송 모니터 업무가 포함되었다. 그리고 1958년 2월 1일, 일반 청취자를 대상으로 국외(局外) 모니터를 선발하고, 2월 26일에는 〈週刊 모니터〉지를 발간했다.[1]

이후 방송 모니터라는 말은 다른 용어로 대체되지 않고 외국어가 아닌 외래어로 자리 잡게 되었고, 이와 더불어 방송 모니터링이라는 용어도 자연스럽게 통용되었다.

방송 모니터링의 필요성

'파워 워킹'(*power walking*)은 걷기의 일종으로, 항간에도 널리 알려져 있다. 등과 허리를 똑바로 펴고 배 근육을 등 방향으로 당긴 뒤 상체를 약간 앞으로 숙인 채 팔을 90도 각도로 구부린 자세로 힘차게 흔들며 빠르게 걷는 것을 말한다. 이렇게 걸으면 허리, 배, 엉덩이, 허벅지, 종

1 민영목(1997), 《방송읽기》, 도서출판 우신 , pp.181~183.

아리 등 평소에 잘 사용하지 않던 근육을 자극해 체내 지방을 효과적으로 줄일 수 있다고 한다. 또 심장과 폐가 건강해져 피로감이 줄어들며 골밀도를 높여 주고 근육을 강화해 면역력을 높여 준다고 한다. 걸어 다니는 모든 사람들은 이왕 걷는 김에 건강을 위해 한 번쯤 시도해볼 만하다.

사람들은 누구나 방송을 보고 듣는다. 이제 갓 걸음마를 배우는 어린 손자손녀로부터 할머니, 할아버지에 이르기까지 3대가 한방에서 같이 보며 즐기는 것이 텔레비전이다. 그리고 새벽에 일어나서 밤에 잠자리에 들기까지, 심지어 이제는 밖에 걸어 다니면서까지 다양한 IT 기기로 방송을 보고 듣는다. 이처럼 생활 속에 최고의 기호상품으로 깊숙하게 스며들어 있는 방송을 이왕에 가치 있게 활용하고 소화할 수 방법이 있다면 누구나 해봄직한 일이다.

방송 모니터링은 방송 프로그램을 좀더 분석적인 시각에서 봄으로써, 지금도 즐기고 있는 방송을 더 유익하게 즐기고 활용하는 일이다. 방송학자 원용진 교수는 이런 과정을 "텔레비전에 애정을 갖는 일"로, "텔레비전을 제대로 알고 아껴 보는 것"이라고 밝히고 있다. 텔레비전에 대한 애정은 "텔레비전이 학습의 자원으로서 과연 어떤 내용을 쏟아내는가 하는 데 눈과 귀를 곤두세우는 것"이라고 지적한다.[2] 방송을 그저 흘려보내지 말고, 귀담아 듣고 눈여겨보아 좀더 많은 것을 찾아내자는 것이다. 이런 과정과 노력을 필자는 '미디어 파워 워칭'(*media power watching*)이라고 이름 붙이고자 한다.

2 원용진(2000), 《텔레비전 비평론》, 한울아카데미, p.7

사람들은 대부분 세상사를 방송을 통해 접하고, 의미부여와 가치판단의 근거로 삼는다. 그래서 흔히 방송을 '세상을 보는 창(窓)'이라고 부른다. 그렇다면 각자가 세상을 보는 창을 제대로 관리하고 유지해야 한다. 금이 간 창이나 먼지가 쌓여 제대로 보이지 않는 창은 고치고 청소해야 한다. 더욱 중요한 것은 창틀의 방향이 잘못되어 있으면 방향부터 수정해야 한다. 이것이 바로 방송 모니터링의 출발, 곧 '미디어 파워 워칭'의 출발이다.

그러나 문제는 아무도 방송 모니터링을 어떻게 해야 하는지 가르쳐주지 않는다는 사실이다. 초등학교 앞 문구점에서 조그만 공작 세트 하나를 구입해도 설명서가 붙어 있고, 약국에서 소화제 한 병을 사더라도 복용법 등 주의사항이 적혀있다. 하지만 경우에 따라서는 시청자의 운명을 결정하기도 하고 생사의 갈림길에 처하게 하기도 하는 방송 프로그램에 대한 사용설명서는 어디에도 없다.

물론 모든 프로그램에 시청을 위한 설명이 있어야 할 필요는 없을 것이다. 그러나 방송사는 적어도 방송 프로그램을 어떻게 보아야 하는가에 대한 개괄적인 설명을 해주어야 한다. 그럼에도 이런 노력이 없었던 것은 그저 시청자들이 '알아서 보라'고 방기해둔 방송사들의 무책임 때문이다.

그렇다면 방송 수용자들은 '배워서라도' 제대로 볼 수밖에 없다. 이런 방송사의 무책임을 해결하기 위한 방법의 하나로 '미디어교육'이라는 것이 있다. 미디어의 사회적 영향력을 감안해 학생이나 사회인들을 대상으로 미디어를 어떻게 보고 읽을 것인가를 교육시키는 제도이다.

이를 가장 적극적으로 실시하고 있는 오스트레일리아, 영국, 캐나다 등에서는 미디어교육이 정규학교 커리큘럼으로 채택되어 제도화되어 있다. 그리고 대부분 선진국들도 미디어교육을 도입하고 있다.

그러나 우리나라에서는 학교교육을 통한 미디어교육은 일부학교가 특별활동 차원에서 시범적으로 실시하는 수준을 벗어나지 못하고 있다. 그리고 모니터 팀을 운영하는 일부 시민단체가 미디어교육을 실시하고는 있지만, 이 역시 소속 모니터들을 위한 자체교육 수준에 머물고 있는 실정이다.

미디어교육이 이처럼 불모 상태에 처한 가장 큰 이유는 프로그램을 해독하는 방법을 가르칠 강사가 부족하기 때문이다. 프로그램을 올바르게 듣고 보는 방법을 가장 잘 가르칠 수 있는 사람들은 역시 프로그램을 만드는 사람들이다. 그러나 방송제작자들은 언제나 바쁘다는 이유로 관심이 없고, 방송사업자들 역시 이런 관점에서 보면 직무유기를 하고 있다. 매스컴과 관련 있는 일부 대학교수들이 미디어교육에 관심을 갖고 활동하기도 하지만, 대부분 방송비평 차원의 학술적 주장이어서 일반인들에게는 거리감이 있다. 또 방송 프로그램 제작경험이 없는 일선 언론학자들의 미디어교육은 이론에 그쳐 목소리를 높이는 데는 한계가 있다.

방송과 달리 신문은, 우리나라에서도 유수한 신문사들이 신문정보 활용교육인 NIE(*Newspaper in Education*)를 실시하고 있다. 신문보다 훨씬 많은 수용자들에게 더 큰 영향을 주는 방송이 이런 노력을 게을리하는 것에 대해 방송관계자들은 반성해야 할 대목이다. 이런 시점에 필자는 이제 '미디어 파워 워칭'의 기치를 올리면서 이 책이 방송계의 TIE (*Television in Education*) 활성화도 촉구하는 계기가 되기를 기대한다.

일방적으로 제작되고 소비되던 방송이 다양한 통신기술의 융합으로 쌍방향시스템으로 변모하는 빅뱅의 시대에 돌입했다. 이제 방송사업자와 제작자도 자신들이 제작한 상품을 소비자들이 어떻게 받아들여야 하는지 성의 있게 설명해 주어야 한다. 방송소비자인 시청자나 청취자 역시 프로그램을 보다 철저하게 분석해내는 안목을 갖도록 노력해야 한다. 이런 노력이 이루어질 때 방송 프로그램 수준이 높아지고 방송이 바람직하게 발전할 것이다.

방송 프로그램이란

앞서 방송 모니터링은 방송 프로그램을 눈여겨보고 귀담아 듣는 것이라고 정의했다. 곧 방송 모니터링의 대상이 방송 프로그램이라는 이야기이다.

그렇다면 방송 프로그램이란 무엇인가? 방송 프로그램이란 방송 커뮤니케이션의 메시지이다. 그리고 이 메시지를 기호화하여 수록한 하나의 작품이라고 할 수 있다. 바꿔 말하면 방송사 측이 의도한 목적을 위하여 어떤 내용을 전파적 신호로 바꾸어 완성시킨 정신적 산물로서 하나의 독립된 방송항목 또는 일련의 독립된 방송항목을 총체적으로 프로그램이라고 한다.[3] 한편 방송법 제 2조 17항에서는 '방송 프로그램이라 함은 방송 편성의 단위가 되는 방송 내용물을 말한다'고 규정한다. 결국 방송 프로그램은 방송편성의 기본 단위이자 방송 모니터링의 기본단위이기도 하다.

희랍어 'Programma'에 어원을 둔 'Program'이라는 용어를 중국에서는 '節目'이란 용어로, 일본에서는 '番組'라는 용어로 대체해 쓰고 있으

3 강대인 · 김우룡(1983), "프로그램 유형별 분로 및 편성기준에 관한 연구", 방송위원회, 〈방송조사연구보고서〉 제 3집, pp.109~110.

KBS 통로에 전시된 과거 인기 방송 프로그램 포스터들.

나 우리나라의 경우 적당한 대체어 없이 '프로그램'이란 말이 외래어로 정착되어 사용되고 있다. 한때 각종 법령에서 외국어나 외래어를 피한다는 원칙 때문에 '방송 프로그램'을 '방송순서'라는 용어로 대체하기도 했으나, '방송순서'는 말 그대로 시간적 배열의 의미가 커서 내용까지 포함한 개념으로서는 대체가 적절치 못한 면이 있었다.

그런데 중요한 점은 방송 프로그램이 '상품의 단위'이기도 하다는 것이다. 모든 방송 프로그램은 상품이다. 다만 방송 프로그램은 기계적 생산수단에 의해 만들어진 단순 공산품과는 다른 정신·문화적 상품이다.

또 상품을 사고 팔 때 그 자리에서 대금을 주고받는 일반적 유통절차와 달리, 방송 프로그램은 광고료나 수신료라는 특수한 판매시스템으로 거래된다. 광고가 없는 KBS 1TV의 경우는 시청자가 부담하는 TV 수신료로 운영된다. 광고가 붙는 모든 방송 프로그램은 광고주가 해당 프로그램에 광고비를 내고 광고를 붙인 뒤 이를 판매 원가에 포함시켜

소비자로부터 다시 거둬들이는 방식으로 거래된다. 즉, 방송사업자는 판매자이고 수용자인 시・청취자는 모두가 소비자이다. 모든 시청자들은 자신이 원하든 원하지 아니하든 방송 프로그램을 보면서 어떤 방식이든 대가를 지불하고 있는 것이다. 결국 공짜 방송 프로그램은 없다.

방송 프로그램은 남녀노소를 가리지 않고 불특정다수에게 광파성, 속보성, 동시성, 현장성을 특성으로 일방적으로 전달되는, 엄청난 파괴력과 영향력을 지닌 상품이다. 특히 한 번 방송되고 나면 리콜이 불가능한 특수상품이다. 이런 유통과정을 감안해보면 방송소비자들은 상품으로서 방송 프로그램의 가치를 유심히 따져 보아야 한다.

오늘날 우리 사회는 말초적, 감각적으로 경박해져 가는 경향이 짙다. 이런 경박한 사회를 가장 비판하는 매체가 방송이다. 그러면서도 방송 프로그램이란 상품을 판매하기 위해서는 방송은 경박한 사회구성원의 취향과 눈높이를 맞춰 경박한 방송 프로그램을 양산하고 있다. 그런 방송 프로그램 탓에 사회는 더욱 경박해지고 이런 경박함을 나무라면서도 방송은 경박해지는 '경박의 악순환'을 벗어나지 못하고 있다.

스스로 규탄하면서 지탄받는 방송 프로그램의 이런 연쇄 고리를 끊을 수 있는 것도 결국은 방송소비자의 몫이다. 그래서 '미디어 파워 워칭'이 중요하다고 할 수 있다.

방송 프로그램의 유형 분류

방송은 무엇을 전달할 것인가 못지않게 어떻게 전달할 것인가도 중요하다. 내용물 못지않게 전달하는 그릇도 중요하다는 것이다.

방송에서 형식상 유사한 분류를 '방송 장르'라고 한다. 장르는 예술에서 작품을 구분할 때 이용되는 느슨한 분류 범위로, '종류'라는 의미의 프랑스어 'genre'에 어원을 두고 있는 말이다.

방송 프로그램에서 장르의 개념은 프로그램의 형식과 포맷뿐 아니라 프로그램의 수용자, 제도(산업), 텍스트까지도 포함한다. 그래서 프로그램의 형식과 포맷만을 지칭하는 유형과는 다른 것이다. 특히 수용자는 장르 개념에 있어서 중요한 요소이다.[4] 이렇게 볼 때 프로그램의 형식으로서 방송의 장르는, 수용자를 의식한 생산의 전술이자 수용자에 대한 전략이라고 볼 수 있다.

장르는 일반적으로 상위 장르와 하위 장르로 구분되고 상위 장르가 하위 장르를 아우르는 형태를 취하기도 하는데, 방송 프로그램의 종류는 분류 유형에 따라 다양하게 구분할 수 있다. 우선 편성을 기준으로, 정규 프로그램과 특별 프로그램으로 구분된다. 포맷에 따라서는 비드라마 프로그램과 드라마 프로그램으로, 제작기법상으로는 스튜디오 제작 프로그램, 중계방송 프로그램, 올 로케이션 프로그램, ENG 취재 프로그램으로 대별되기도 한다.

그러나 가장 보편적으로 통용되는 장르별 분류기준은 '기능에 따른 분류'로 보도 · 교육 · 오락으로 분류하는 것이다. 이런 프로그램 3분법

4 주창윤(2004), "텔레비전 프로그램 장르설정 기준에 관한 연구", 방송연구 제23-2호, p.16.

은 영국 BBC 방송 칙허장(*Royal Charter*) 전문 5절에 '정보(*Information*), 교육(*Education*), 오락(*Entertainment*)'을 전하는 수단으로서 방송의 높은 가치를 고려하여 BBC 방송을 허가한다는 데서 유래한다. 우리나라 역시 기능에 따른 분류로 방송 프로그램 3분법을 적용하고 있다. 방송법 제69조 3항에서 '종합편성을 행하는 방송사업자는 방송 프로그램 편성에 있어서 대통령령이 정하는 기준에 따라 보도・교양 및 오락에 관한 방송 프로그램을 포함하여야 하고 그 방송 프로그램 상호간에 조화를 이루도록 편성해야 한다'고 규정하고 있다.

그리고 방송법 시행령 50조 2항에서는 '보도에 관한 방송 프로그램'이라 함은 국내외의 정치・경제・사회・문화 등의 전반에 관하여 시사적인 취재보도・논평 또는 해설 등의 프로그램을, '교양에 관한 방송 프로그램'이라 함은 국민의 교양향상 및 교육을 목적으로 하는 방송 프로그램을, '오락에 관한 방송 프로그램'이라 함은 국민정서의 함양과 여가생활의 다양화를 목적으로 하는 방송 프로그램을 말한다고 정의한다. 이와 함께 오락에 관한 방송 프로그램을 해당 채널 전체 방송시간의 50% 이하로 편성할 것을 규정하고 있다.

한편 1993년 9월에 당시 방송위원회는 방송법에 근거해 방송계를 비롯한 각계 전문가들의 의견을 수렴해 3분법에 의한 '방송위원회 프로그램 유형분류기준'을 설정하고 하위 장르를 세분화시켜 오늘날까지 적용하고 있다. 당시에 기준을 정하면서 도입부에 "현행법상의 3분류방식이 장차 개선의 필요가 있다고 인식하고 있으나, 현행법은 준수되어야 한다는 입장을 밝혀둔다"는 전제를 달았다. 그리고 말미에는 "오락 프로그램으로 분류된 유형 중에서도 교육 및 교양함양의 목적이 뚜렷한 프로그램은 교양 프로그램에 포함시킬 수 있다. 또, 프로그램 기획 단계에서 의도했던 목적과 다르게 프로그램이 제작, 방송되었을 경우 프로그램의 분류는 방송된 결과에 따른다"는 첨언을 부기해 두었다.

결국 방송 프로그램을 보도·교양·오락으로 3분하는 것은 무리가 있음을 시인하면서도 적용하고 있는 것이 현실이다.

방송 프로그램의 탈 장르현상

필자는 방송 PD를, '자신의 작업과정에서 의도된 욕망이 시·청취자의 욕망에 최대한 근접되기를 욕망하는 전문인'으로 정의한다.

다매체 다채널 시대의 도래와 방송과 통신의 융합 등으로 방송환경이 급변하는 가운데 다양한 계층의 시청자들로부터 높은 시청률을 이끌어 내기 위해서 방송제작자들은 무한경쟁에 처해 있다. 이 때문에 방송제작자들은 자신에게 맡겨진 프로그램의 완성도를 높이고 메시지를 효율적으로 전달하기 위해 새로운 시도를 하게 된다.

이 과정에서 방송제작자들은 형태가 다른 장르와 장르를 결합시켜 보기도 하고 장르를 변형시켜 보는 등 새로운 장르 관습의 형성을 시도한다. 이런 제작과정을 통해서 기존의 장르가 무너지면서 서로 섞이고 새로운 경계영역이 생겨나는 이른바 '탈 장르 현상'이 일어나게 된다. KBS PD 출신으로 탈 장르 프로그램을 많이 개발하고 제작했던 김상근 교수는 자신의 박사학위 논문에서 탈 장르 프로그램을 다음과 같이 정의한다.

> 탈 장르 프로그램은 제작 측면에서는 프로그램의 완성도를 극대화시키려는 제작자가 기존의 제작요소들을 혼합·교차·확장·변형의 과정을 거치게 하여 새로운 형태의 프로그램 개발을 위한 제작행위이며,

백남준의 미디어 아트 '동대문'(산업은행본점 로비 설치)

> 프로그램의 성격 측면에서는 장르와 장르가 상호작용을 하는 진화론적 과정에 있는 프로그램으로서, 필요에 따라 언제든지 매우 기민하게 서로 넘나들 수 있으며 늘 혼합적인 유형을 만들어 내는 속성을 지닌 프로그램 모두를 말할 수 있다. 5

'재미 속의 의미, 의미 속의 재미'를 추구하는 탈 장르 프로그램을 구체적으로 살펴보면 다음과 같다. 드라마와 다큐멘터리가 서로의 장점을 보완해 결합한 '다큐멘터리드라마'(*documentary-drama*), 정보와 오락 기능을 동시에 수행하는 '인포테인먼트'(*Infortainment*) 프로그램, 오락적 형식에 다양한 내용과 형식을 접목시켜 감동과 메시지를 심어주는 '종합 버라이어티' 형태의 프로그램이 대표적이다.

5 김상근(2006), "텔레비전 탈 장르 프로그램의 제작과정 특성에 관한 연구", 한국외국어대학교 박사논문. p.47.

또한 장르를 혼합한 형태로 코미디와 드라마가 혼합된 '드라메디'(*dramedy*), 토크쇼와 시추에이션 코미디를 혼합한 '토크 시추에이션'(*talk-situation*), 교육적 내용에 재미적인 요소를 가미한 '에듀테인먼트'(*edutainment*) 형식 등이 있다. 특히 딱딱하고 전문적인 정보나 교양을 재미있게 전달하기 위해 프로그램을 포장하는 형식이 날로 늘어나는 추세이다.

이에 따라 방송제작자들의 직종 간, 영역 간 파괴현상도 뒤따르고 있다. 대표적인 것으로 교양적 기능에 쇼·오락적 기능이 접목된 프로그램을 제작하는 PD를 '쇼양 PD'라고 부르는 것이 일반화되었다. 또 PD와 기자가 공동으로 제작하는 시스템을 '피자 시스템'이라고 부르기도 하는데, 몇 년 전 모 방송사의 아침 프로그램 제목을 아예 〈피자의 아침〉이라고 붙인 경우도 있다.

이렇게 탈 장르 프로그램이 보편화되어 있는 실정 속에서 방송 장르를 3분하는 것은 비현실적이고 비합리적이다. 그럼에도 불구하고 현행 방송법으로 프로그램이 보도·교양·오락으로 3분되어 있어 이 책에서 역시 이 장르 기준에 의한 프로그램 모니터링을 설명할 수밖에 없음을 미리 밝혀 두고자 한다.

기호학적 분석에 의한 방송 모니터링 기법

:: 모든 방송은 계획적이다

'모든 방송은 짜고 한다'고 말하면 대부분의 사람들은 놀랄 것이다. 그러나 모든 방송은 짜고 한다. 짜고 하지 않으면 안 된다. 짜고 하지 않으면 방송사고가 나기 때문이다. 토씨 하나 틀리지 않은 대사에다 사전에 설정된 피사체의 카메라앵글에 의해 제작되는 드라마는 말할 것 없고, 뉴스와 토론 프로그램 심지어는 중계방송까지 짜고 한다.

사실을 전달하는 뉴스의 경우도 편성된 시간 안에서 사전에 뉴스편집을 거쳐 뉴스밸류가 결정되고 취사 · 선택 · 배열되어 계획적으로 보도된다. 토론 프로그램 경우도 사전에 찬반 패널이 선정되고 이들에게 역할 분담이 이루어진 가운데 정해진 사회자에 의해 계획적으로 진행된다. 스포츠 등의 현장 중계방송 역시 정해진 시간 안에 정해진 카메라 위치에 의한 영상을 위주로 리포터나 캐스터와 해설자 등의 현장 진행자에 의해 계획적으로 전달된다.

편성된 모든 프로그램은 주어진 시간 안에 최대한의 메지지를 담기 위해 계획적으로 제작되어야 한다. 그리고 계획에 따라 충분히 리허설을 거쳐야 한다. 그렇지 않으면 방송사고로 이어진다.

방송을 하는 것을 여행과 비교해 보자. 여행을 떠나려면 먼저 어디로 갈 것인지, 언제부터 언제까지 갈 것인지, 누구와 갈 것인지, 무엇을 타고 갈 것이며 숙식은 어떻게 해결할 것인지, 비용은 얼마나 소요되는지 등에 대한 조사와 계획이 먼저 수립되어야 한다. 그리고 무엇보다 여행의 목적이 분명해야 하고 이를 실행하기 위해서 필요한 자료 수집에 충실해야 한다. 이런 준비과정을 거쳐 여행일정표가 마련되고 이 일정표에 의해 움직여야 최소의 비용으로 최대의 효과를 거둘 수 있을 것이다.

방송도 마찬가지이다. 우선 무슨 프로그램을 언제 방송할 것인가에 대한 편성계획이 선행되고 기획의도가 설정되어야 한다. 그리고 기획의도를 어떤 포맷으로 어떻게 방송할 것인가를 결정해야 한다. 이를 위해서 제작비에 대한 산정이 이뤄지고 진행자와 출연자가 결정된 뒤 사전 자료조사를 해야 한다. 이를 바탕으로 취재가 이뤄지고 대본이 마련되면 리허설을 거쳐 방송 제작단계로 이행된다.

그렇지 않고 무작정 방송에 들어가면 배가 산으로 오르는 것과 같은 현상이 일어날 수 있다. 특히 방송은 수많은 사람이 동원되어 값비싼 제작비를 투입해 협업으로 이루지는 전문영역이기 때문에, 최소의 비용으로 최대의 효과를 노리기 위해 방송제작자들은 치밀한 준비 아래 콘티[6]나 큐시트[7]를 짜고 이에 따라 방송을 차질 없이 제작한다.

결국 방송제작자들은 자신의 기획의도를 전달하기 위해 다양한 요소들을 프로그램에 정교히 숨겨두고 시청자들이 이것들을 교묘히 찾아내도록 하는 전문가들인 것이다.

방송은 계획적으로 짜고 하는 것이다. 그러나 이 과정에 불순한 권력이 개입하면 방송이 변질될 수 있다. 이때 개입이 이뤄질 수 있는 권력으로 정치권력과 경제권력이 손꼽힌다. 정권이 방송에 불순하게 개입하기 시작하면 '보도지침'이나 '땡전뉴스' 등이 생겨 방송 내용이 과장·과

• • • • •

6 콘티뉴이티(*continuity*)의 약자로 방송 제작을 위해 대본을 바탕으로, 장면번호, 화면 크기, 촬영 각도와 위치, 의상, 소품, 대본, 액션 등 필요한 모든 사항을 기록한 것.

7 cue-sheet: 프로그램 시작부터 종료까지 무엇을 어떤 타이밍에 방송할 것인가를 일정한 형식에 따라 기입한 진행표로 연출자가 작성해, 진행자, 출연자, 카메라 기술 등 스태프들에게 넘겨져 제작에서 기본 자료가 된다.

대·축소·묵살·편파·왜곡될 수 있다. 뿐만 아니라 규제를 무리하게 제도화하다 보면 양희은이 부른 〈아침이슬〉이 금지가요가 되는 코미디 같은 현상이 벌어지기도 한다.

또 금권이 방송에 나쁜 의도로 개입하면 협찬이나 광고라는 무기를 행사해 방송 프로그램이 특정 기업이나 특정 단체의 이익을 위해 악용당할 수 있다. 프로그램 속에 교묘하게 스며들어 광고 아닌 광고에 해당하는 불법적 폐해가 이런 사례에 해당된다.

방송은 짜고 한다. 하지만 시청자를 중심에 두고 짜야 한다. 그렇지 않고 불순한 권력과 야합해 변질된 프로그램은 방송소비자들이 잘 판단해 걸러 내도록 해야 한다. 그러기 위해서라도 '미디어 파워 워칭'은 필요하다.

:: 방송과 기호학

학문의 한 방법론으로 기호학(*Semiotics*)이 있다. 기호학이란 사람들이 사용하는 기호를 지배하는 법칙과 기호 사이의 관계를 규명하고, 기호를 통해 의미를 생산하고 해석하며 공유하는 행위와 그 정신적인 과정을 연구하는 학문이다. 기호학은 개념·명제·추론 등을 기호화해 연구하는 일종의 논리학이다.

대표적인 기호로 문자를 들 수 있듯이 인간들은 상징(*symbol*)과 도상(*icon*), 지표(*index*)로써 자신의 생각을 표현하고 다른 사람들의 생각을 읽으며 서로 의사소통을 하며 산다. 이때 자신의 생각을 표현하고 다른 사람의 생각을 읽어 내는 행위를 의미작용(*signification*)이라고 하고 의미작용과 기호를 통해 서로 메시지를 주고받는 행위를 커뮤니케이션이라 하며, 이 둘을 합쳐 기호작용(*semiosis*)이라 한다.

기호학에서 기호는 기표(記表: *signifiant*)와 기의(記意: *signifié*) 그리고 기호 자체로 구성된다. 가령 어린이가 어버이날을 맞아 감사하는 마음으로 부모님께 카네이션을 전달한다면 부모님의 은혜에 감사하는 마음이 기의이고 카네이션은 이런 기의를 전달하는 수단인 기표가 된다. 카네이션을 마련한 어린이는 기의와 기표를 통해 감사하는 마음을 전달하는 기호를 만든 것이다. 이 카네이션을 받은 부모가 자식을 대견해하고 흐뭇해하면서 서로 가족애를 주고받는다면 서로의 의미작용이 일어난 것이고 성공적인 커뮤니케이션이 이루어졌다고 볼 수 있다.

그러나 모든 의미작용이 이처럼 성공적으로 이루어지는 것은 아니다. 송신자가 의도한 의미작용이 수신자에게 동일하게 이루어지지 않을 수도 있다. 기호는 단일한 의미만 갖지 않고 다의적인 상징성이 있기 때문이다. 인간관계나 사회조직은 이런 기호에 대한 해석 일치나 불일치로 언제나 복잡해진다.

결국 우리의 모든 삶은 기호로 이루어지며, 이런 삶 전체를 문화라고 할 때, 문화야말로 기호작용의 총체라고 볼 수 있다. 특히 방송은 현대사회를 대표하는 매스커뮤니케이션의 수단으로서 기호작용의 총아라고 할 수 있다.

:: 방송 프로그램의 기호학적 해석

필자가 방송 모니터 기법을, 기호학을 인용해 만든 도표와 이를 근거로 풀이하면 〈그림 1〉과 같다.

방송은 소재나 현장인 이벤트(*Issue*)를 다양한 코드(*Code*)로 만드는 일이다. 이 과정을 기호학에서는 인코딩(*Encoding*)이라고 부르고 이에 종사하는 사람을 인코더(*Encoder*)라고 한다.

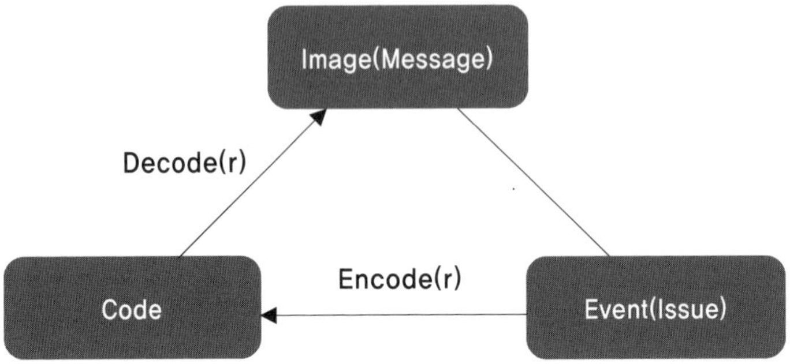

〈그림 1〉

이렇게 코드화한 내용을 풀이해 이미지(*Message*)를 자기화하는 과정을 디코딩(*Decoding*)이라고 부르고 이에 속한 사람을 디코더(*Decoder*)라고 한다.

다시 말해 방송은 사회적 현상이나 사실을 방송이라는 메커니즘을 통해 코드화한 작업이며, 방송제작자는 인코딩을 하는 인코더이다. 시청자는 코드화한 내용을 풀이해 자신의 이미지로 바꾸는 디코딩을 하는 디코더에 속한다.

방송에 종사하는 사람들은 각기 자기가 맡은 분야에서 전문적으로 이벤트(*Issue*)를 다양한 방법으로 코드화한다.

방송 용어로 스태프 스크롤(*Staff Scroll*)이라는 게 있다. 주로 방송 프로그램이 끝날 때, 방송제작에 참여한 사람들의 이름을 분야별로 나눠서 상하 또는 좌우로 자막 처리하는 것을 말한다. 대체로 맨 처음에 '책임프로듀서'로 불리는 프로그램 담당 부장을 시작으로 각 분야의 담당자들의 이름을 나열하고 맨 나중에 담당 PD의 이름을 쓰는 실명제 형식을 갖춘다. 이것은 곧 해당 프로그램의 분야별 인코더들을 실명으로 소개하는 것으로 해당 분야에 자신의 이름 석 자를 걸었다는 프로정신의 표현이기도 하다.

여기에는 스튜디오 영상, 야외 ENG 영상, 지미집, 특수영상, 항공촬영, 조명, 효과, 카메라, 작곡, 음악, OST, 삽화, 디자인, 장식, 세트, 대도구, 소도구, 미용, 분장, 특수분장, 극본, 대사, 내레이션, 의상, 그래픽, 효과, 특수효과, 특수장비, 녹화, 편집, 더빙, 컴퓨터그래픽, 연기자, 스크립터, 자료조사, 작가, 연기자 캐스팅, 장소 캐스팅, 로드 매니저, 진행, 조연출, 연출 등 다양한 분야의 수많은 전문가가 동원된다. 그래서 방송 프로그램은 종합예술이며 협업과 분업의 집합산물이다.

그리고 이들은 각각 분야별 인코더들로서 이들의 작업은 하나하나가 프로그램 코드가 된다. 심지어 침묵조차도 코드가 된다. 예를 들어 사랑하는 사람이 차에 치여 숨지는 모습을 영상화할 때 슬로 모션 편집을 하면서 그 당시 상황을 긴장되게 표출하기 위해 오디오를 묵음으로 처리했다면 침묵 역시 하나의 코드이다.

방송제작자들은 결코 쓸데없거나 의미 없는 인코딩은 하지 않는다. 가령 사극에서 하늘에 천둥번개가 치는 장면이 연출되었다면, 이 천둥번개는 이야기 전개상 전후 관계에서 반드시 의미와 상징을 갖게 된다. PD를 '자신의 작업과정에서 의도한 욕망이 시청자의 욕망에 가장 근접하기를 욕망하는 전문인'이라고 정의하는 필자의 입장에서 볼 때, 방송제작자들은 인코더로서 최선을 다하는 사람들이다.

인코더들의 인코딩에는 무엇인가 의미가 있다면, 이런 여러 가지 의미들을 찾아내고 이를 조립하는 디코딩을 통해 자신이 풀이한 이미지(*Message*)를 끌어내는 것은 디코더의 몫이다. 이러한 기호학적 관점은 텔레비전의 경우 프로그램 속에서 의미가 어떻게 발생하는가에 관심을 갖는다. 앞서 지적한 프로그램을 구성하는 수많은 요소들(등장인물, 배경, 카메라의 움직임, 언어, 조명, 색상, 음악, 음향, 편집기술 등)을 기호로 보고, 그 기호들이 어떻게 기능하는가를 다룬다. 따라서 무엇이 중요한 기호이고 그 기호들이 의미하는 바는 무엇이며, 의미를 부여하는 체계는 무엇인가, 연관된 이데올로기적 문제는 무엇인가, 텍스트에서 중심된 대립은 무엇이며 그 대립들은 어떠한 심리적 내지 사회적 함의를 지니는가, 이야기 요소들의 순차적인 배열은 의미를 만들어내는 데 어떤 영향을 미치는가 등을 주요 분석대상으로 한다.8

이때 인코더들이 할 일은 이를 교묘히 인코딩하는 일이다. 이는 곧 우리가 초등학교 시절 야외로 소풍가서 '보물찾기' 놀이를 하는 것과 같다. 그때 보물을 숨기던 선생님들은 어린이들이 찾아낼 수 있도록 교묘히 보물을 숨긴다. 가령 어린이들의 손길이 미치지 않는 너무 높은 곳이나, 무거워 들 수 없는 바위 밑에는 숨기지 않는다. 왜냐면 그것은 어린이들에게는 보물찾기의 의미나 가치가 없기 때문이다. 반대로 너무 쉽게 눈에 띄는 곳에도 보물을 숨기지 않는다. 그것은 보물을 찾는 보람과 쾌감이 없기 때문이다.

이처럼 방송제작자들은 자신이 만든 프로그램의 시청층을 파악하고 이들의 눈높이에 알맞게 코드를 숨겨 인코딩한다. 너무 쉽지도 너무 어렵지도 않게 교묘하게 말이다.

디코더인 방송 시청자들은 이처럼 정교하게 숨겨진 코드들을 꼼꼼히

8 하종원(1966), 《매스미디어와 비평- 보기, 읽기 그리고 읽어내기》, 한국사회언론연구회 엮음, 한울, pp.312~313.

찾아내야 한다. 이렇게 숨겨진 코드들을 하나씩 분해하고 조립하면 마침내 인코더에 의해 인코딩된 이미지(*Message*)에 접근하게 된다.

결국 방송은 숨기는 즐거움과 찾아내는 기쁨을 전제로, 방송제작자인 인코더들에 의해 다양하게 기표화된 것들을 시청자인 디코더들이 인코더들의 기의를 파악해내는 상호 간의 기호작용이라고 할 수 있다.

성숙한 시청자들은 이렇게 교묘히 숨겨진 코드들을 찾아내면서 보물찾기의 쾌감과 보람을 느끼는 사람들이다. 이것이 가능하기 위해서는 꾸준히 디코딩하는 안목을 길러야 한다. 그래서 '미디어 파워 워칭'은 더욱 중요하다.

:: 방송 모니터링에서의 시점(視點)과 맥락주의

에피소드 1-1

극장에서 개봉작이 개봉되기 직전 그 영화의 간판을 극장 앞에 달면서 극장주와 간판을 그린 화가가 나란히 섰다. 그러나 그 두 사람은 전혀 다른 생각을 하고 있다. 극장 주인은 이 영화가 흥행에 성공해 이 간판이 가능한 오래가기를 원하고, 간판 화가는 가능한 빨리 막을 내려 다른 간판을 또 그려 수입을 올리고 싶어 한다.

에피소드 1-2

자가용 승용차를 운전하는 퇴근 길, 보행자들은 대체로 무질서해 보인다. 눈앞에 있는 횡단보도를 두고도 무단으로 길을 건너거나, 푸른 신호등이 켜지기도 전에 횡단보도를 가로지르는 사람들, 인도를 두고도 차도로 걷는 사람들.

자가용 승용차를 아파트 주차장에 세워두고 저녁 술 모임에 참석하러 가는 길, 인도를 걷다보면 운전자들이 대체로 난폭해 보인다. 노란색 점멸등에 벌써 출발하고 심지어 붉은 신호등에도 멈추지 않는 운전자들, 조금도 기다리지 못하고 울려대는 경적소리.

에피소드 1-3

채식을 권유하는 KBS TV 방송으로 이른바 '이상구 신드롬'을 불러 일으켜 시중의 고깃집들이 파리를 날리던 1988년 무렵 어느 날. 서울 근교에서 상추를 재배하던 농민들이 KBS 본관 앞에 몰려와 이상구 박사 방송 중단을 요구하는 시위를 했다. 이상구 박사가 방송에서 상추는 피를 맑게 하는 등 건강에 좋은 채소라고 소개했는데도 그들은 왜 시위를 했을까? 그것은 서울 근교의 상추는 대부분 고깃집 쌈용으로 팔리는데 고깃집에 파리가 날리기 때문이었다.

에피소드 1-4

한때 이른바 '여차장'이라는 이름으로 젊은 여성들이 시내버스의 문을 열어 주고 닫던 시절. 버스에 매달려 다니는 여차장들을 방송이 희화화한다는 이유로 여차장들이 시위를 벌인 적이 있었다. 우리나라에는 수많은 이익단체들이 있고 이러한 단체들은 방송에서 조금만 자신들이 불이익을 당한다면 민감하게 반응한다. 그러나 '한의사'와 '양의사'처럼 이해관계가 상충하는 여러 집단이 존재하는 탓에 방송은 이래도 저래도 미운 오리새끼 같다. 특히 코미디 프로그램에서 웃음의 소재로 특정 집단을 잘못 건드리면 벌집을 쑤셔놓은 것과 다를 바 없다. 그래서 어느 코미디 작가는 마음대로 건드려도 되는 집단은 도둑들밖에 없다고 푸념한다. 왜냐면 도둑들은 '전도협' 같은 단체를 만들 수 없기 때문이다.

개인들이 현상이나 사물을 보는 시각을 시점(視點: *Point of view*)이라고 한다. 일반인들이 분석대상을 디코딩할 때 범할 수 있는 가장 큰 오류 중 하나는 위 사례에서 보듯이 코드들을 지나치게 자기 입장에서만 해석하고 정리한다는 것이다.

이해관계 속에 살아가는 보통 사람들에게는 당연히 있을 수 있는 이야기지만, 성숙한 시청자들은 프로그램을 모니터링할 경우 자신의 이해관계보다는 객관적 시점을 가져야 한다. 다시 말하자면 인코더의 의도를 객관적으로 읽어내 공감대가 형성되는 모니터 의견으로 지적해야 한다는 것이다.

에피소드 2-1

2009년 3월 8일 KBS 1TV로 방송될 〈KBS 스페셜〉을 앞두고 사전심의를 맡고 있는 KBS 심의실은 비상이 걸렸다. '실태보고 10대 욕에 중독되다'라는 부제로 1시간 동안 방송될 내용을 두고 방송 여부를 결정해야 했기 때문이다. 이 프로그램은 우리 어린이들과 청소년들의 거친 언어습관의 심각성을 일깨워 주고, 곱고 바른말을 쓰도록 교육방향이 전환되어야 한다는 기획의도로 젊은 PD가 의욕적으로 제작한 프로그램이다. 그러나 문제는 어린이들과 청소년들 사이에서 실제로 이뤄지고 있는 대화 속의 욕설을 인용하다보니 시종일관 약 200회의 욕설이 노출되었고, 음성조작이 되었음에도 입에 담지도 못할 욕설들도 포함되어 있기 때문이었다.

참신한 기획의도임에도 불구하고 KBS가, 그나마 1TV로 일요일 밤 8시부터 1시간 동안 가족시간대에 이런 방송을 내보낼 수가 있는가에 대한 심각한 논란이 일었다. 그러나 결국 방송을 하기로 결정을 내렸다. 다만 15세 등급으로 고지하고, 욕설이 지나친 부분에는 "이 프로그램은 욕이 10대들의 일상어가 되어버린 현실을 취재한 실태보고서로서 불가피하게 일부 욕이 방송되더라도 양해해 주시기 바랍니다"라는 스크롤 자막을 네 차례나 넣는 안전장치를 한다는 조건이었다.

당시 심의실에서 방송결정을 내린 근거는 '맥락주의'에 입각한 것이었다. 부분적으로는 수용하기 부담스런 대목이 있어도 전체의 맥락에서 볼 때 충분히 방송할 가치와 의미가 있다고 판단했던 것이다. "욕설을 하자"는 것이 아니라 "욕설을 하지 말자"는 기획의도와 전체적인 맥락을 고려해 방송된 이 프로그램은 방송 후에도 아무런 문제가 제기되지 않았다. 이로써 제작자는 제작 영역의 확장에 기여했고, 심의부서 역시 심의 영역의 확장이라는 '윈-윈' 효과를 거둔 사례로 기록되었다.

에피소드 2-2

2005년 7월 27일 밤. KBS 2TV 일일시트콤 〈올드미스 다이어리〉 프로그램에서 며느리가 시어머니 뺨을 때리는 장면이 방송되었다. 맞벌이를 하는 신세대 며느리를 대신해 시어머니가 아이를 돌봐주는데, 할머니가 잠깐 화장실을 간 사이에 손자가 국솥에 손을 데었고, 소식을 듣고 병원 응급실에 도착한 며느리가 시어머니의 뺨을 때렸다. 담당 PD는 맞벌이 부부 대신 아이들을 돌보는 어머니들의 '육아 고통'을 다룸과 동시에 버릇없는 신세대 부부의 일면을 보여주기 위해 이 장면을 연출했고, 드라마 전체 스토리는 시어머니는 이런 수모에도 불구하고 손자를 사랑한다는 감동적인 내용으로 마무리된다.

그러나 다음날 아침, 신문들이 해당 장면만 문제 삼아 일제히 '패륜 드라마'라고 매도하고 성토의 봇물이 터졌고, 심지어 정치권에서조차 문제를 삼자 당시 방송위원회는 해당 프로그램 관계자에 대한 징계와 더불어 '시청자에 대한 사과 명령'을 내렸다. 이로 인해 해당 프로그램 담당 PD와 심의위원까지 사내 인사위원회에 회부되어 인사 조치를 당했고, 얼마 후 이 프로그램은 폐지되고 말았다.

물론 담당 PD가 기의와 기표상에 무리수를 두었다는 사실은 비난받아 마땅하다. 그러나 언론과 시청자들은 전체의 결말까지 감안해주었어야 했다. 그리고 이 프로그램이 정극이 아니라 시트콤이라는 점, 이 프로그램이 문제가 되기 이전에는 저녁 9시대 2TV 사각시간대에서 2년 이상 높은 시청률을 유지하며 사랑받던 시트콤이라는 점도 감안되었어야 하지 않았을까 라는 아쉬움이 남은 사례이다.

영화 〈쉰들러 리스트〉는 나치 수용소에서 유태인들을 구출한
독일인 사업가의 실화를 바탕으로 만들어졌다.

에피소드 2-3

〈쉰들러리스트〉는 2차 세계대전 당시, 나치 수용소에서 핍박받던 유태인들을 구출한 독인인 사업가의 실화를 그린 스티븐 스필버그 감독의 영화이다.

1994년에 흑백으로 제작된 이 영화는 독일군에 의해 자행된 유태인들의 학살 장면을 구체적으로 담아 충격을 주었다. 특히 300여 명의 여성 수용수들이 아우슈비츠 수용소 가스실에서 나체로 울부짖던 장면 등은 참혹하기 그지없었다. 그러나 이 영화를 아무도 폭력적 참혹극으로 평가하는 사람은 없다. 오히려 영화를 다 보고 나면 인간애와 휴머니즘의 상징으로 다가온다. 그래서 이 영화는 아카데미상 작품상, 감독상, 촬영상 등 7개 부문을 석권하는 대기록을 세워 우리시대 명화로 남아있다.

방송 프로그램은 물론 컷이나 씬, 시퀀스 등 장면단위의 표출에도 신경을 써야 하고 빈틈이 없어야 한다. 그러나 지나치게 장면주의에 함몰한 채 맥락주의를 외면하면 나무만 보고 숲을 보지 못하게 된다. 장님도 코끼리를 모두 만지고 나면 그것이 코끼리라는 것을 알 수 있듯이, 전체적 맥락을 이해하려는 자세가 요구된다.

미디어 파워 워칭의 실제

보도 프로그램 모니터링

1. 뉴스
2. 시사(탐사)보도 프로그램

보도 프로그램의 정의

정치 · 경제 · 사회 · 문화 등 모든 분야의 시사에 관한 속보 또는 해설을 목적으로 하는 방송 프로그램

보도 프로그램의 종류

① 뉴스 ② 뉴스해설 ③ 기획보도
④ 기자회견 ⑤ 뉴스 매거진
⑥ 시사적 사건 현장의 중계 또는 행사 중계
⑦ 시사 다큐멘터리 ⑧ 기상정보 등

보도 프로그램 모니터링 키워드

신속, 정확

방송을 한자로 표기하면 '放送'인데 이는 '널리 보내다'라는 뜻이고, 영어로 표기한 'broadcast' 역시 '널리 보내다'는 뜻을 포함하고 있다. 교통과 통신이 발달하지 못했던 과거에는 정보의 공유와 전달의 범위가 한정적일 수밖에 없었다. 그러나 과학의 발전으로 이런 한계를 극복한 대표적인 매체 중 하나가 바로 방송이다. 특히 텔레비전의 등장으로 세계 각국에서 일어나는 사건·사고의 현장을 같은 시간대에 안방에서 같이 목격할 수 있게 되었다.

방송에서 이런 중요한 역할과 기능을 주로 보도 프로그램이 담당한다. 흔히 라디오방송의 효시로 꼽는 것이 1920년 11월 2일 미국 펜실베이니아 주 피츠버그 KDKA국(웨스팅 전기회사가 설립)인데, 이 방송 역시 하딩(Harding)과 콕스(Cox) 후보의 대통령의 선거 투표결과 보도였다는 사실도 흥미롭다.

우리는 방송을 통해 국내외의 소식을 접하고, 그에 대해 가치를 부여하고 판단하게 된다.

먼저, 보도 프로그램의 기능을 살펴보면 다음과 같다.

① 의제설정 기능과 여론형성 기능: 시청자가 속한 다양한 사회현상 중에 중요한 관심사를 제시하고, 이에 대한 여론형성에 기여한다.
② 환경감시 기능: 사회병리적 현상을 보도함으로써 사회적 파수꾼 역할로 견제와 균형을 도모한다.
③ 문화발전 기능: 공적인 매체로서 대중이 호흡하는 대중문화의 건전한 발전에 기여한다.
④ 사회교육 기능: 평생교육, 사회교육 등을 수행해 개인과 사회발전에 기여한다.

우리 방송 관련법에서는 '보도에 관한 방송 프로그램이라 함은 정치 · 경제 · 사회 · 문화 등 모든 분야의 시사에 관한 속보 또는 해설을 목적으로 하는 방송 프로그램'[1]이라고 정의한다.

이와 함께, 보도 프로그램의 종류로는 ① 뉴스, ② 뉴스해설, ③ 기획보도, ④ 기자회견, ⑤ 뉴스 매거진, ⑥ 시사적 사건 현장의 중계 또는 행사 중계, ⑦ 시사 다큐멘터리, ⑧ 기상정보 등이 있다.

결국 보도 프로그램은 시사에 관한 속보나 해설을 널리 알리는 방송 프로그램이다. 그리고 '시사'는 시의성을 생명으로 한다는 점에서 보도 프로그램 모니터링의 키워드는 '신속, 정확'이라고 볼 수 있다.

'정확, 신속'이 아니고 '신속, 정확'이라는 점만 보아도 보도 프로그램은 속보가 생명이라는 점을 알 수 있다. 취재 기자들에게 '특종'은 하나의 명예이다. 그러나 기자 한 명의 특종은 경쟁관계에 있는 다른 모든 기자에게 '낙종'의 쓴잔을 돌리게 한다. 보도에서의 속보경쟁은 자칫 부정확하거나 오보로 연결될 수도 있어, 특종이라고 자랑하던 보도가 오보로 밝혀져 망신을 자초하는 경우도 잦아 '신속' 못지않게 '정확'에도 유의해야 한다.

1 방송법 시행령 제 50조 2항.

뉴 스

방송 뉴스는 국내외의 주요 사건이나 사안을 선택하여 신속정확하게 전하는 방송 프로그램을 말한다. 그래서 뉴스란 하나의 사건을 객관적으로 의미화하고 부호화하는 과정이며, 개인적 사건이 공적인 권위와 연결될 때 뉴스가 된다고 정의하기도 한다.

사람은 누구나 뉴스 속에 살고 있다. 뉴스는 오래전부터 존재해왔으며, 지역과 민족, 시기에 따라, 그리고 뉴스전달매체에 따라 그 중요성이 달리 취급되었다. 선사시대에는 구전으로, 역사시대 이후부터는 문자와 활자를 통해 전달되었으며, 20세기 이후에는 전파매체와 영상매체를 통해서, 최근에는 CATV와 텔레텍스트, 비디오텍스, 위성통신 등 뉴미디어에 의해 뉴스와 정보가 전달되고 있다.[1]
뉴스 전달의 속도와 체감도를 획기적으로 발전시킨 것은 방송 뉴스, 특히 텔레비전 뉴스의 등장이다. 시청자들은 뉴스시간을 기다렸다가 뉴스를 통해 세상을 읽었다.

1 김원용(1993), "방송보도 프로그램의 양식" 한국방송학회 편, 〈방송보도〉, 나남, p.78.

KBS 보도본부 사무실. 사진_KBS 홍보실 제공

최근에는 인터넷을 비롯한 다양한 정보기술(IT)의 발달로 전달매체들이 발전을 거듭하면서 뉴스와 접촉하는 방식이나 정보의 양이 변하기는 했으나, 뉴스 전달의 심층성이나 전문성을 감안할 때 방송 뉴스에 대한 의존도는 여전히 높다.

이로 인해 시청자들은 뉴스를 맹신하는 경우가 많다. 흔히 사람들이 이야기할 때 "TV 뉴스에서 봤는데…"라고 TV 뉴스를 인용해 자신의 말에 신뢰도를 높이고 듣는 상대방도 이를 인정해주는 경향이 있다.

그러나 방송 뉴스는 사실이 아니거나 진실이 아닌 경우도 비일비재하다. 그래서 이를 가려내기 위해서는 막연하게 뉴스를 흘려보지 말고 비교분석하는 모니터링 요령이 필요하다.

뉴스의 변질은 주로 뉴스 제작환경에서 비롯된다. 한 기자는 "사주가 있는 언론은 사주의 이익을 위해 신경 쓰지 않을 수 없고 경제적으로 빈

약한 언론은 광고주의 입김에 휘둘릴 수밖에 없다. 그렇다고 사주도 없고 경제적으로 튼튼한 언론이라고 해서 아무런 외풍을 받지 않는다고는 할 수 없다. 사장 임명에 정치권의 영향을 받지 않을 수 없는 이른바 공영방송은 청와대의 눈치를 보지 않을 수 없는 것이 한국 언론의 현실이다"라고 밝혔다.[2] 이를 감안하면 다른 프로그램과 달리 방송 뉴스는 한 방송사의 뉴스에만 의지하지 말고 경쟁사 등 다양한 방송 뉴스를 모니터링해 비교분석해보는 안목을 키울 필요가 있다.

모니터링 요령

1. 톱뉴스는 무엇이며, 각 아이템들이 뉴스로서 가치가 있는가

방송사는 소속 취재기자들이 취재한 것을 모두 보도할 수는 없다. 왜냐하면 뉴스시간이 제한되어 있어 뉴스편집이라는 절차를 거쳐야 하기 때문이다. 방송에서 뉴스편집이란 취재물의 '선택과 배열'을 의미한다. 이런 선택과 배열을 위해서는 일정한 기준이 필요한데, 이것이 바로 뉴스가치(*news value*)이다.

:: 뉴스가치의 기준

시의성 시간적인 근접성을 의미한다. 뉴스는 언제나 구문(舊聞)이 아닌 신문(新聞)이어야 한다. 뉴스가 세상에서 벌어지고 있는 중요한

2 류희림(2007), 《우리는 뉴스에 속고 있다》, 도서출판 글나래, p.35.

사안들을 신속하게 보도하는 것이라고 정의할 때, 뉴스로서 최고의 가치는 시의성이라고 할 수 있다.

근접성 공간적, 정서적 밀착성을 의미한다. 가령 같은 뉴스인데도 우리나라 시청자들에게 지리적으로 먼 아프리카에서 벌어지는 뉴스보다는 인접국가의 뉴스에 민감할 수밖에 없다. 아들이 군대에 가 있는 부모들에게 군 관련 뉴스가 최고의 관심사인 것처럼, 같은 뉴스인데도 자신의 정서와 밀착되어 있을 때 시청자들은 더 관심을 기울인다.

저명성 뉴스의 주인공이 저명할수록 뉴스의 가치가 커지는 것을 의미한다. 같은 또래 여성인데도 이웃집 처녀의 음독자살보다 인기 여성 연예인의 자살이 뉴스로서의 폭발력을 갖게 되는 것은 당연한 것이다.

영향성 뉴스의 영향반경이 넓을수록 주목받게 된다. 골목뉴스보다는 국가적이거나 세계적인 영향력을 가질수록 뉴스가치가 상승되는 것은 자명한 일이다.

이상성 뉴스는 평범한 사실만 전달해서는 흡인력이 떨어진다. 무엇인가 이상(異常) 해야 주목받는다. 흔히 인용하듯 "개가 사람을 물면 뉴스가 아니지만, 사람이 개를 물면 뉴스가 된다"는 주장이 이를 뒷받침한다.

보편성 뉴스는 특정계층에 국한되지 않고 불특정다수가 시청대상인 만큼, 다양한 계층에게 관심사가 될수록 뉴스가치가 증폭되게 마련이다.

흥미성 사람들이 본능적으로 흥미를 갖는 뉴스일수록 가치를 더한다. 이를 위해 방송 뉴스는 인간의 모든 육감을 자극할 수 있게 제작된다.

앞서 열거한 것들 외에도 뉴스가치 기준은 더욱 다양할 수도 있다. 하나의 뉴스거리가 뉴스로서의 가치를 가지느냐 마느냐는 앞에서 지적한 여러 요인들을 얼마나 충족시키는가에 달려있다. 하루 종일 발생한 뉴스거리들을 두고 뉴스편집이라는 선택과 배열 과정을 통해 뉴스가치와 편집순서가 부여된다. 이에 따라 톱뉴스나 세컨드뉴스 등 주요뉴스로 선택되어 시청자들에게 전달되는가 하면, 스트레이트 뉴스나 단신으로 처리되기도 하고 더 많은 대부분의 아이템들은 방송조차 되지 못한다. 이런 관점에서 보면, 군사독재정부 시절 시보와 동시에 대통령의 동정을 반드시 톱뉴스로 다루던 이른바 '땡전뉴스'는 뉴스가치를 전형적으로 무시한 뉴스편집이라는 점에서 두고두고 조롱거리가 될 것이다.

톱뉴스는 당일에 발생한 뉴스 중에서 최고의 뉴스가치가 인정된 뉴스이다. 우리나라처럼 지역이 넓지 않고 민족적 다양성이 복잡하지 않은 경우 대부분 주요 방송사들의 톱뉴스는 유사하다.

그럼에도 불구하고 타사와 차별화된 톱뉴스가 필요한 이유는 그것이 대부분 해당사의 특종이거나 해당 방송사의 특징을 잘 드러내기 때문이다. 매일 아침 쏟아져 나오는 조간신문들이 신문사의 성향에 따라 1면 머리기사 편집에서 차이를 보이듯이 방송에서의 톱뉴스도 그 방송사의 특징을 드러내는 얼굴이 된다.

톱뉴스뿐만 아니라 선택된 모든 뉴스아이템들도 뉴스가치가 충분한지 눈여겨볼 필요가 있다. 왜냐하면 뉴스거리가 되지 않는 뉴스가 방송되면, 정작 다루어야 할 뉴스거리가 방송에서 밀려나기 때문이다.

2. 주요 아이템들이 변질되지는 않았는가

방송 뉴스는 사실과 진실을 전하는 프로그램이다. 그러나 사실과 진실이 내외부의 감염요인에 의해 변질되어 보도될 가능성이 상존한다.

방송 뉴스의 감염요인에는 여러 가지가 있을 수 있다. 우선 뉴스아이템이 수집·정리·처리되는 수용과정에서 발생할 수 있고, 소유주나 경영자의 권위와 유무형의 제재로 인해 변질될 수도 있다. 취재요원과 취재원의 영향, 게이트 키퍼들의 가치관, 정치적 통제나 경제적 통제 등 외부환경에 대한 의식으로 비롯될 수도 있다. 뉴스밸류를 최종적으로 판단하는 등 편성 과정에 참여하는 조직인 게이트 키퍼(*Gate Keeper*)의 시각도 주요한 변수의 하나가 된다.

이로 인해 뉴스 아이템이 과대 또는 과장될 수 있다. 반대로 축소 또는 묵살되기도 한다. 편파적 보도나 왜곡이 발생하고 공정성 논란의 단초를 제공하기도 한다. 지금은 과거에 비해 많이 개선되었지만, 정치적 통제나 경제적 통제에 의해 뉴스가 변질될 우려는 언제나 존재한다.

각 방송사는 방송 프로그램이라는 특수한 상품을 특수한 유통과정을 통해 시청자들에게 공급한다. 이런 점에 비춰볼 때 도처에 감염요인과 변질요인이 널려 있다. 그러나 방송 뉴스의 변질을 막을 수 있는 가장 큰 힘은 깨어 있는 시청자들의 엄정한 견제와 수준 높은 안목이다. 성숙한 언론의 발전을 위해서는 성숙한 시청자들이 있어야 한다.

3. 뉴스 아이템들이 공정하고 객관적인가

방송 뉴스에서 공정성과 형평성, 객관성은 또 하나의 생명이다. 물론 뉴스에서 공정성과 형평성은 계량화가 어렵다. 특히 정치적 사안에 대한 보도는 더욱 그렇다. 이런 난제를 해결하기 위해 기계적 중립을 강조하기도 한다. 예를 들어 2004년 3월 12일 노무현 전 대통령에 대한 탄핵소추안이 국회에서 통과된 후 방송사들의 보도행태는 방송사에서 공정성 논란을 엿볼 수 있는 좋은 본보기가 될 것이다. 당시 각 방송사는 과다한 분량의 방송을 반복적으로 내보내면서 나름대로의 논리를 내세웠으나, 한국 언론학회는 같은 해 6월 "대통령 탄핵 관련 TV 방송 내용 분석"을 통해 "아무리 느슨한 기준을 적용했다고 해도 공정했다고 보기 어렵다"라고 결론 내렸다.

특히 과거 군사독재 아래 제 역할을 제대로 수행하지 못한 부끄러운 과거를 갖고 있는 한국의 언론, 특히 방송보도는 공정성의 문제에서 자유로울 수 없다. 이 당시 가장 크게 문제됐던 것들이 뉴스에서의 객관성, 형평성, 공정성이었고 앞으로도 이 문제는 보도 프로그램에서 여전히 민감한 사안으로 남을 것이다.

방송위원회가 제정한 '방송심의에 관한 규정' 중 제 9조(공정성)의 일부를 인용해 보자.

> ① 방송은 진실을 왜곡하지 아니하고 객관적으로 다루어야 한다.
> ② 방송은 사회적 쟁점이나 이해관계가 첨예하게 대립된 사안을 다룰 때에는 공정성과 균형성을 유지하여야 하고 관련 당사자의 의견을 균형 있게 반영하여야 한다.
> ③ 방송은 제작기술 또는 편집기술 등을 이용하는 방법으로 대립되고 있는 사안에 대해 특정인이나 특정단체에 유리하게 하거나 사실을 오인하게 하여서는 아니 된다.
> ④ 방송은 당해 사업자 또는 그 종사자가 직접적인 이해당사자가 되는 사안에 대하여 일방의 주장을 전달함으로써 시청자를 오도하여서는 아니 된다.

⑤ 방송은 성별·연령·직업·종교·신념·계층·지역·인종 등을 이유로 방송편성에 차별을 두어서는 아니 된다. 다만, 종교의 선교에 관한 전문편성을 행하는 방송사업자가 그 방송분야의 범위 안에서 방송을 하는 경우에는 그러하지 아니하다.

방송은 불특정 다수를 대상으로 삼기 때문에 수용자들의 이해관계가 복잡하게 얽히게 된다. 한쪽이 보도를 통해 반사이익을 받게 되면, 반대로 다른 한쪽은 불이익을 받게 된다. 이익을 입은 측은 불만을 제기하지 않지만, 불이익을 당한 측은 불만을 제기하지 않을 수 없다. 특히 정치적, 경제적으로 민감한 사안을 다룰 경우 최대한 형평성과 공정성을 견지해야 한다.

이와 함께 방송사가 자사 이기주의에 빠져 공정성을 잃지 않는지도 주시해야 한다. 2010년 캐나다 밴쿠버 동계올림픽과 남아공에서 벌어진 월드컵 축구를 SBS가 독점중계하는 과정에서 자사의 이기주의를 바탕으로 KBS, MBC, SBS가 뉴스에서 보여준 보도 공방행태는 좋은 사례로 지적될 수 있다.

보도에서 객관성은 공정성과 형평성을 이루는 근간이다. 이에 대해 방송심의에 관한 규정에서는 '방송은 사실을 정확하고 객관적인 방법으로 다루어야 하고 불명확한 사실을 사실인 것처럼 방송하여 시청자를 혼동케 하여서는 아니 된다'라고 규정하고 있다.[3] 이와 함께 자료를 인용하거나, 통계나 여론조사를 인용하는 경우에도 출처와 근거를 명시해야 한다.

객관보도란 발생한 사실에 입각해 냉정하고 객관적인 입장에서 보도하는 것이고, 균형보도란 어떤 사건이 지닌 의미나 해석에 있어서, 또

3 방송심의에 관한 규정 제14조.

는 비중에 있어서 특정한 쪽에 비중을 두지 않고 취급하는 것이며, 중립보도는 기자 자신의 사견이나 편견 없이 중립적 입장에서 사건에 접근하는 자세를 말한다.4 그러나 이런 개념들은 서로 혼재하거나 중첩되는 경향도 없지 않다.

엄격한 의미에서 방송에서의 완전한 공정성의 구현은 어렵다. 다만 최대한 공정하려고 노력해야 한다. 이를 이루기 위해서는 보도하는 사람들의 양식과 더불어 이를 지켜보는 시청자들의 날카로운 눈이 공존해야 한다.

4. 보도한 내용에서 오보나 인권침해는 없는가

방송 뉴스, 특히 텔레비전 뉴스는 '양날을 가진 칼'이다. 환경감시 역할을 수행하거나 올바른 시사, 사회 정보 등을 정확하게 보도하면 사회적 공기(公器)로서 역할을 다하게 되지만, 자칫 오보를 퍼뜨리거나 인권을 침해하게 되면 그 이해당사자는 사회적으로 공민권을 박탈당하는 것과 같은 심각한 피해를 입게 된다. 쉽게 이야기해 어떤 사람이나 단체를 사회적으로 살해하는 흉기가 되기도 한다는 것이다.

이와 같은 부작용이나 실수는 주로 뉴스에서의 속보 경쟁이나 시청률을 의식한 보도에서 기인되기 쉽다. 방송심의 규정에 관한 규정 제17조에 따르면 오보의 경우, 오보로 판명됐거나 오보라는 사실을 알았을 때는 지체 없이 정정방송보도를 하도록 되어있다. 또, 오보의 경우 같은 시간 같은 분량의 반론권을 방송법으로 보장해두고 있기도 하다.

4 김우룡(2002), 《텔레비전 뉴스의 이해》, 커뮤니케이션북스, p.21.

그러나 오보임이 명확해졌는데도 방송사는 가능한 오보 정정방송을 지연시키며, 정정방송을 하더라도 상당 기간이 지난 다음 오보 당시와는 비교도 안 될 정도의 분량으로 방송을 하기 때문에 시청자들은 오보 당시의 내용만 기억할 뿐 정정방송 내용을 기억하기 힘들다. 결국 오보로 인한 피해자는 이미 손실과 피해를 실질적으로 복구하기 힘들게 된다.

특히 보도로 인한 권리 침해는 더욱 심각하다. 이를 방지하기 위해 방송심의에 관한 규정에서는 제 3절을 '권리 침해 금지'로 정하고 구체적인 침해방지 장치를 명문화해두고 있다.

이상에서 살펴본 것처럼 규정으로는 거의 완벽하게 금지조항을 명문화해두고 있으나, 보도에서의 인권침해 사례는 사실상 비일비재하다. 그렇지 않아도 최근 한국의 언론은 무소불위의 권력이며 언론인들의 횡포가 극심하다는 비난의 목소리가 만만치 않은 가운데 뉴스에서의 오보나 인권침해는 이런 마찰을 증폭시키고 있다. 방송보도가 사회 감시의 기능을 하고 있다면 시청자들은 방송보도를 맡고 있는 사람들이 오류를 범하지 않는지를 감시해야 할 필요가 있다.

5. 시청률 경쟁을 의식해 뉴스가 선정적이거나 연성화되지 않는가

뉴스는 방송사의 주요 상품품목 중 하나이다. 방송 프로그램은 시장에서 직접 거래되는 일반 상품들과 달리 수신료나 광고료, 또는 협찬비라는 특수한 지불과정과 유통망을 통해 소비자인 시청자들에게 제공된다. 결국 아무런 대가 없이 무상으로 방송되는 프로그램은 없다는 말이다. 그리고 같은 시간대에 경쟁사와 대응 편성된 프로그램들과의 치열한 상품판매 경쟁을 벌이지 않으면 안 된다. 결국 상품으로서의 방송 프로그램은 시청률 경쟁에서 자유롭지 못하다는 이야기이다.

방송의 부작용은 대체로 이런 시청률 경쟁에서 기인한다 해도 과언이 아니다. 보도 프로그램에서도 예외는 아니다. 뉴스 시청률의 무한 경쟁은 어느새 아이템의 선정성으로 나타나기 시작했다. 외견상으로는 퇴폐나 향락을 고발하는 형식을 취하고 있지만, 그 아이템의 선정 배경에는 시청률 확보라는 저의가 깔린 아이템들이 적지 않다.

이런 선정적 폭로 위주의 보도인 경우, 자칫 선정적 현상의 제거를 하기보다는 역정보를 제공해 또 다른 선정적 현상을 부추기게 된다는 사실에도 주목해야 한다. 실제로 모 방송사 보도 프로그램에서 청소년들을 대상으로 하는 원조교제 실태를 고발하면서 주로 청소년 대상 원조교제가 이루어지고 있는 장소들을 구체적으로 소개했는데, 방송이 나간 후 이 골목이 더욱더 붐볐다는 사실은 우스개로만 여길 일이 아니다.

이와 함께 최근 시청자의 관심을 유도해 시청률을 높이기 위해 과도하게 보도되는 건강이나 음식 관련 보도, 재테크 관련 보도 등으로 뉴스가 지나치게 연성화되는 현상도 주시해야 한다. 나날이 방송이 황색저널리즘에 빠져간다는 비난이 가시지 않고 있고, 특별히 개선의 여지도 보이지 않고 있는 실정에서 날카롭게 이를 지적하고 개선을 촉구해야 하는 책임도 시청자들의 몫이다.

텔레비전에서 내보내는 뉴스조차 시청률 경쟁 시장에서 유통되는 상품으로 자리 잡게 되었다는 점을 이해하는 것도 중요하다. 많은 사람이 눈길을 주거나 많이 팔릴수록 이윤도 높아지기 때문에 다른 미디어와 마찬가지로 텔레비전 뉴스는 시청률 향상을 위해 수단과 방법을 가리지 않는 것이다. 그렇기 때문에 우리는 "수돗물을 정화해 먹듯이 텔레비전 뉴스도 적당히 걸러서 읽거나 볼 필요가 있다"[5]고 조언하는 학자도 있다.

6. 편집은 짜임새가 있고 연계성은 살아 있는가

앞의 설명처럼 뉴스에서 편집이란 취재물의 선택과 배열을 의미한다. 따라서 뉴스에서의 편집은 취재만큼이나 중요하다. 각종 취재물의 뉴스밸류를 검토해 이에 따라 적절한 순서와 배열을 정하는 것은 보도에서 또 하나의 승부를 거는 것이다. 특히 톱뉴스의 선정부터 마지막 작은 단신 처리에 이르기까지 짜임새 있는 편집이 이루어져야만 한다. 뉴스에서 편집은 전후 아이템과의 연계성이 잘 살아야 하고 전체적인 흐름이 물 흐르듯 자연스러워야만 한다.

7. 전달 내용과 화면은 조화를 이루는가

텔레비전은 비디오와 오디오의 조화를 통해 전달된다. 그중에서도 뉴스의 경우 짧은 시간에 함축적인 내용을 담아야 하는 만큼 화면과 내용의 조화는 필수적이다.

뉴스를 모니터링할 때, 전달하려는 내용과 화면이 얼마나 조화를 이루는지를 유심히 볼 필요가 있다. 언젠가 모 방송사의 지방 뉴스에서 기자가 중국으로부터 비단의 원료인 생사 수입이 늘고 있다는 내용을 보도했는데 실제로 방송화면에서는 살아있는 뱀들이 가득한 화면이 송출된 적이 있었다. 이는 영상편집자가 생사(生絲)를 생사(生巳)로 오인하고 화면을 편집하면서 빚어진 해프닝으로 밝혀졌는데, 꼭 이런 어처구니없는 실수가 아니더라도 보도 내용과 화면과의 조화는 언제나

5 최영묵 · 주창윤(2008), 《개정판, 텔레비전 화면 깨기》, 한울아카데미, p.6.

눈여겨볼 대목이다.

텔레비전 뉴스에는 시각적 장치들이 많이 동원될 수밖에 없다. 우선 뉴스의 소제목이나 내용을 함축한 캡션화면으로부터 보도 내용을 요약하는 자막, 해당인물의 이름 자막, 지명 소개, 그리고 각종 도표나 이미지 화면 등 각종 컴퓨터 그래픽 활용이 필수적이다. 이렇게 많은 장치들을 활용하다 보면 오자나 탈자 등 오기가 발생하기 쉽다. 그래서 컴퓨터 그래픽이 적절히 활용되었는지도 짚어볼 필요가 있다.

8. 보도 전달자의 언어구사나 용모에 문제는 없는가

뉴스의 경우 종합뉴스는 앵커가 진행을 하게 되고, 많은 기자가 화면에 등장하게 된다. 짧은 분량의 뉴스 프로그램은 기자나 아나운서가 기사 내용을 간추려 대신 전달하게 된다.

그러나 어떤 경우든 시청자는 이 전달자들을 통해 뉴스를 보고 듣게 되는 만큼 그들의 언어구사나 용모는 뉴스 전달에 큰 영향을 미친다. 따라서 이들의 언어구사나 용모를 뉴스 전달력 차원에서 유심히 듣고 눈여겨보아야 한다.

지금까지 구체적인 뉴스 모니터링 요령을 살펴보았다. 그러나 가장 중요한 것은 뉴스를 받아들이는 수용자이자 소비자인 시청자 각자의 시각이다.

사람들은 텔레비전을 지나치게 믿는 경향이 있다. 특히 뉴스에 대한 신뢰는 더욱 높다. 가상의 현실을 다루거나 지나치게 연출되는 여타 장르와 달리 뉴스는 사실과 진실을 다룬다는 맹신이 작용하는 것이다.

그러나 뉴스는 얼마든지 변질될 수 있다는 전제 아래 뉴스를 꼼꼼히 뜯어보아야 한다. 같은 사안에 대해 다른 채널의 뉴스는 어떻게 다루는지, 나아가 다른 보도매체는 어떻게 보도하는지를 비교해 보아야 뉴스의 진실성을 파악할 수 있다. 뉴스 이면이나 행간에 숨은 이야기를 찾아내는 노력도 필요하다. 그리고 뉴스 내용에 대해 여러 사람들과 대해 이야기를 나눔으로써 뉴스를 읽어 내는 안목을 키워야 한다.

텔레비전 뉴스를 '사회를 비추는 거울'이라거나, '세계로 열린 창'이라고 흔히들 말한다. 그런 측면에서 본다면 시청자 자신이 자기의 거울을 얼마만큼 깨끗이 유지하는가, 또 창틀의 개수나 크기, 보는 각도, 투명도를 어떻게 유지하는가는 대단히 중요하다.

시사(탐사)보도 프로그램

매일매일 세상사를 들려주는 방송사 종합뉴스는 시간적 제약에서 자유롭지 못하다. 보통 방송 뉴스에서 하나의 아이템은 리포트로 처리되더라도 1분에서 20분 정도에 불과하다. 물론 중요한 사안인 경우 특별 기획으로 몇 개의 아이템을 연속적으로 배치하기도 하지만 역시 깊이가 부족하다. 이런 한계를 극복하기 위해 보다 긴 호흡으로 심층적 접근을 하는 보도 프로그램이 요구되었고, 이런 요구에 의해 탄생된 프로그램이 시사(탐사) 보도 프로그램이다.

시사(탐사) 보도 프로그램은 사회의 정치 · 경제 · 사회 등 각 분야에서 일어나는 시사적 문제나 비리, 사건 · 사고 등을 소재로 심층적인 취재를 통해 그 원인과 진실을 분석하고 대안을 모색하는 프로그램[1]으로 정의된다. 이런 성격의 프로그램을 흔히 '시사고발 프로그램', '심층고발 프로그램' 등으로 부르지만, 저널리즘 측면에서의 유사성으로 시사보도 프로그램 또는 탐사보도 프로그램으로 혼용되어 불린다.

뉴스가 기자의 영역으로 오래도록 지켜지던 것과 달리 시사(탐사) 보

1 고혜림 · 김미라(2006), 《방송 구성작가 되기》, 커뮤니케이션북스, p.93.

KBS 〈추적 60분〉 같은 시사보도 프로그램은 심층적인 취재를 통해 진실을 규명하고 대안을 모색한다. 사진_KBS 홍보실 제공

도 프로그램은 기자는 물론 PD들도 독립적으로 제작하거나 함께 제작하는 시스템으로 분화하면서 영역과 역할이 다양해졌다. 그리고 이런 성격의 프로그램을 탐사 저널리즘으로 분류한다.

탐사 저널리즘은 하나의 사건을 단순히 나열하거나 전달하는 수준이 아니라, 그 뒤에 숨겨져 있는 진실을 밝히고 이를 사회적 상황이나 그에 대한 대중의 관심이나 이슈와 연계해 조사 보도함으로써 사건을 보다 폭넓은 사회적 역사적 맥락 속에서 조명하는 것이다. 그러므로 탐사 저널리즘은 사건이나 이슈의 단순한 기술자가 아닌 심층적 분석자요 관찰자이다.2

2 박현수(2005), 《탐사보도와 CAR 실무》, 커뮤니케이션북스, p.4.

주로 50분 전후의 편성 시간 내에 하나의 아이템이나 2~3개 아이템을 심층적이고 집중적으로 다루는데 KBS의 〈추적 60분〉과 〈취재파일 4321〉, 〈시사기획 KBS 10(전 〈시사기획 쌈〉)〉, MBC의 〈PD수첩〉과 〈시사매거진 2580〉, SBS의 〈그것이 알고 싶다〉, 〈뉴스 추적〉 등이 이런 프로그램에 속한다.

이런 프로그램은 일반 뉴스에서 충분히 다루지 못했던 사건·사고 등 뉴스 뒤에 숨겨진 뉴스에 비중을 두다보니, 자연스럽게 사회고발이나 환경감시와 관련된 내용들을 주로 다루게 되었다. 따라서 주로 정부나 재벌, 이익단체 등 권력기관들을 견제하고 감시하게 되었다. 특히 우리나라의 본격적인 시사(탐사) 보도 프로그램들이 1987년 민주화 운동에 힘입어 방송환경이 변화함에 따라 태동되었기 때문에 이런 성향은 더욱 짙어질 수밖에 없었다.

짧은 시간 동안 팩트(*fact*) 위주로 보도되는 뉴스와 달리 팩트뿐만 아니라, 그 배경을 추적해 감춰진 진실을 캐내는 시사(탐사) 보도 프로그램은 분량에서뿐만 아니라 영향력에서 그 위력이 엄청나다. 따라서 시사(탐사) 보도 프로그램을 모니터링하기 위해서는 특별한 안목이 필요하다.

1. 시의성이 있고, 다룰 가치가 충분한가

시사(탐사) 보도 프로그램 역시 보도 프로그램이기 때문에 시의성이 기본 요건이다. 다만 뉴스가 주로 '오늘' 발생한 사건·사고들에 치중한다면, 시사(탐사) 보도 프로그램은 그 사건·사고의 '최근' 상황을 다루게 된다. 따라서 보도의 시점이 적절해야 한다. 그리고 왜 지금 방송하는지 시의적 당위성이 명쾌해야 한다. 그리고 왜 이런 보도를 해야 하는지 가치부여 역시 명확해야 한다.

탐사보도 프로그램이 '시사'를 '보도'한다는 것은 탐사 프로그램 본질과 관련하여 중요한 의미를 갖는다. 탐사보도 프로그램이 언론으로서 존재하기 위해서는 '지금 전달해야 할 것을 전달'해야 하고 '지금 말해야 하는 것을 지금 말해야' 한다.3

이렇다 보니 주요 방송사가 모두 유사한 시사(탐사) 보도 프로그램을 편성해 두고 있고 사회적 논란이 뜨거운 현안을 다루는 관계로 아이템들의 중복을 피하기 힘들다. 따라서 중복되는 아이템을 다루면서도 차별화된 방송을 해야 하는 부담도 함께 안고 있다.

3 양성수(2004), "국내방송 탐사보도 프로그램의 주제 유형변화에 대한 연구", 고려대 언론대학원 석사논문

2. 취재의 소스가 확실한가

시사(탐사) 보도 프로그램은 허구를 다루는 것이 아니고 사실과 진실을 규명하는 프로그램인 만큼 제작의 동기가 되는 소스(*source*)가 정확해야 한다. 시사보도 프로그램에는 제작진이 스스로 발굴한 아이템들도 있으나 주로 시청자나 시민단체의 제보나 신문, 인터넷 등의 보도가 소스로 이용된다. 이런 성격의 프로그램은 이해관계가 얽혀 있는 만큼 어느 한쪽의 일방적인 주장에만 의존하면 사회나 개인의 공민권을 위협하는 오보의 소지도 적지 않다.

보도 프로그램의 키워드가 '신속 · 정확'이지만, 시사(탐사) 보도 프로그램은 충분한 조사와 취재를 바탕으로 방송되기 때문에 '신속' 못지않게 '정확'을 기해야 한다. 따라서 방송된 내용이 정확한 소스에 의해 제작되었는지 꼼꼼히 따져 보아야 한다.

3. 객관적이고 공정하게 보도되었는가

잘못된 소스 못지않게 제작진의 보도 시각도 중요하다. 자칫 제작자가 자신의 편견으로 인해 결론을 미리 내려놓고, 결론으로 유도하기 위해 내용을 구성하지 않았는지 경계해야 한다. 또한 추정이나 추측이 아닌 명확한 증거를 통해 시청자를 설득해야 한다.

그러기 위해서는 관련자들의 인터뷰를 가급적 많이 삽입하고, 이해당사자들에 대한 형평성을 유지해 편파보도의 함정에 빠지지 말아야 한다. 특히 이해관계를 달리하는 특정 개인이나 단체의 비리 등을 다룰 경우 관련 당사자에게 충분한 반론권을 보장해주어야 한다. 반론의 기회를 주었음에도 이에 응하지 않았다면 이런 사실조차도 공개해야 한다.

결론의 유출을 위해 인용된 부분과 제작진의 의견을 구분하고 주관적인 의견을 단정적으로 표현하는 것도 삼가야 한다. 또 지엽적이거나 특수한 상황을 일반화시키거나 보편화시켜서도 안 된다.

지난날 일부 시사(탐사) 보도 프로그램이 객관성과 공정성을 지키지 못해 국가 전체를 엄청난 혼란으로 몰고 갔던 사례들에서 보듯이, 보도에 있어 공정성 및 객관성의 문제는 프로그램 모니터링에서 빠져서는 안 되는 요소이다.

4. 사실적인가

시사(탐사) 보도 프로그램은 사실과 진실을 규명하는 프로그램이기 때문에 어느 장르보다 사실성이 강조된다. 따라서 제작진이 현장에 접근해 사실적으로 취재해야 한다.

그러나 방송 이후의 엄청난 영향력 때문에 대부분이 마이크와 카메라 앞에 서기를 꺼리게 된다. 이를 극복하는 방법으로 몰래카메라 기법이 동원되기도 하지만 자칫 법적인 문제를 유발시킬 위험성이 있다. 이런 이유로 시사(탐사) 보도 프로그램은 언제나 영상이 부족할 때가 많다. 이런 한계를 극복하는 또 하나의 기법으로 '재연화면'을 이용하기도 한다. 그러나 이 경우에도 자칫 과도한 연출로 오히려 사실성 논란을 초래할 수 있어 주의가 필요하다. 이처럼 시사(탐사) 보도 프로그램에서의 사실성 확보는 양날의 칼처럼 다루기 힘든 일이다.

5. 심층적인가

1분 20초 분량의 짧은 단발성 보도인 뉴스와 달리, 시사(탐사) 보도 프로그램은 기획에서 취재에 이르기까지 충분한 자료조사와 취재를 통해 물증확보에 주력해야 한다. 결국 깊이가 있어야 한다는 것이다.

이런 성격의 프로그램을 영어로 'Investigative Reporting' 또는 'In-depth Reporting'이라고 하는데, 여기서 심층성이 생명이라는 점이 드러난다. 심층성을 확보하기 위한 일환으로 시청자들을 설득시키기 위해 실험이나 조사를 도입하기도 하는데, 이런 경우에도 지나치게 의도가 드러나면 오히려 역효과를 낼 수가 있다. 반론을 제기하지 못하게 하기 위해서는 명확한 근거에 의한 심층적인 내용 전개가 필수적이다. 최근 활발히 도입되고 주목받고 있는 컴퓨터활용취재(CAR: *Computer Assisted Reporting*) 역시 새로운 대안 중 하나다.

6. 명예훼손 등 법적·윤리적 문제는 없는가

시사(탐사) 보도 프로그램은 사회고발이나 환경감시 역할의 내용들을 주로 다루게 된다. 그러다 보니 주로 정부나 재벌, 이익단체 등 권력기관들을 견제하고 감시하게 되었다. 또한 이른바 권력기관이나 종교, 언론 등 그동안 성역이라고 여겨졌던 분야에도 과감히 카메라를 들이대는 일도 망설이지 않는다.

이럴 경우 개인이나 조직, 단체 등이 받는 불이익이 폭발적인 만큼 보도로 인해 피해를 입는 측은 법적 조치를 총동원하게 된다. 명예훼손 제소는 물론 민사와 형사적 책임까지 추궁하는 점을 감안해 제작진은 대비를 철저하게 해야 한다. 방송된 내용이 오보로 밝혀지거나 사실이 과장되었을 경우 받게 될 엄청난 정신적 물질적 피해를 감안해 이런 저촉 사항은 없는지도 꼼꼼히 뜯어볼 일이다.

방송심의에 관한 규정에 있는 관련 조항은 다음과 같다.

제 21조(인권침해의 제한)

① 방송은 사회고발성 내용을 다룰 때에는 부당하게 인권 등을 침해하지 않도록 하여야 한다.

② 방송은 심신장애인 또는 사회적으로 소외받는 사람들을 다룰 때에는 특히 인권이 최대한 보호되도록 신중을 기하여야 한다.

③ 방송은 정신적 · 신체적 장애자를 조롱의 대상으로 취급하여서는 아니 되며 부정적이거나 열등한 대상으로 다루어서는 아니 된다.

④ 방송은 공공의 이익을 위해 반드시 필요한 경우를 제외하고는 공개적인 방법으로 취재하는 것을 원칙으로 하며, 강제취재 · 답변강요 · 유도신문 등을 하여서는 아니 된다.

제 23조(범죄사건 보도 등)

① 방송은 피고인 또는 피의자에 대해 법원의 확정판결이 있기까지는 범인으로 단정하는 표현을 하여서는 아니 된다.

② 방송은 형의 집행이 종료되거나 시효가 만료된 범죄사건을 다룰 때에는 당사자의 사회활동에 지장을 주지 않도록 유의하여야 한다.

③ 방송은 피고인 또는 피의자에 대하여 보도할 때에는 수갑 등에 묶이거나 수의복 등을 입은 상태를 정면으로 근접촬영한 장면 등을 통해 피고인 또는 피의자의 인격을 지나치게 침해하지 않도록 유의하여야 한다.

④ 방송은 피고인 · 피의자 · 범죄혐의자에 관한 내용을 다룰 때에는

범죄행위가 과장되거나 정당화되지 않도록 유의하여야 한다.

7. 대안 제시나 어젠다(agenda) 제시의 역할이 충분한가

주로 사회의 부조리나 비리를 고발하는 경우가 잦은 시사(탐사) 보도 프로그램은 현상 고발에 그치지 말고, 대안을 제시해야 하는 것이 원칙이다. 시청자들이 프로그램을 보고나서 '그래서 어쩌자는 거냐?'라고 생각하게 되면 결과적으로 완성도가 떨어진 프로그램이었다는 이야기이다.

그러나 모든 고발 프로그램이 대안을 제시하기는 힘들다. 방송사나 제작진이 정책을 수립하는 위치에 있지도 않고 수사권이나 사법권도 없기 때문에 사안에 따라서는 문제를 제기하거나 의제(*agenda*)를 설정하는 것만으로 일정 역할을 했다고 볼 수 있다.

✔참고문헌 및 추천 문헌

고혜림·김미라(2006), 《방송 구성작가 되기》, 커뮤니케이션북스.

김상근(2006), "텔레비전 탈장르 프로그램의 제작기법 특성에 관한 연구", 한국외국어대학 박사논문.

김우룡(2002), 《텔레비전 뉴스의 이해》, 커뮤니케이션북스.

김원용(1993), "방송보도 프로그램의 양식", 한국방송학회 편, 〈방송보도〉, 나남.

닐 포스트만·스티브 파워즈 저(1995), 정탁영·박영근 역, 《TV 뉴스 어떻게 봐야 하나?》, 참미디어.

류희림(2007), 《우리는 뉴스에 속고 있다》, 도서출판 글나래.

박현수(2005), 《탐사보도와 CAR 실무》, 커뮤니케이션북스.

배종대(1998), 《방송환경과 TV 제작의 이해》, 홍익미디어 플러스.

양성수(2004), "국내방송 탐사보도 프로그램의 주제 유형변화에 대한 연구", 고려대 언론대학원 석사논문.

최영묵·주창윤(2008), 《개정판, 텔레비전 화면 깨기》, 한울아카데미.

교양 프로그램 모니터링

1. 다큐멘터리
2. 생활정보 프로그램
3. 토론 프로그램

교양 프로그램 정의

국민의 교양향상 및 교육을 목적으로 하는 방송 프로그램과 어린이·청소년의 교육을 목적으로 하는 방송 프로그램

교양 프로그램 종류

① 다큐멘터리 ② 대담 ③ 토론
④ 교육 목적의 만화, 인형극
⑤ 교육 목적의 퀴즈나 게임
⑥ 학습 프로그램: 학교교육 프로그램, 사회교육 프로그램, 강좌 프로그램 및 교습을 목적으로 하는 스포츠 등
⑦ 생활정보 ⑧ 문화예술 프로그램 등

교양 프로그램 모니터링 키워드

의미와 메시지

흔히 어떤 사람에 대해 "교양이 있다"거나 "교양이 없다"라고 말하는데, 이처럼 '교양'은 사람의 품격이나 품위에 대한 평가의 기준이 되기도 한다.

교양의 사전적 의미는 '학문, 지식, 사회생활을 바탕으로 이루어지는 품위, 또는 문화에 대한 폭넓은 지식'이다. 방송에 있어서 그 기능을 크게 '정보'와 '오락'으로 구분할 때, 보다 폭넓은 지식을 전파하기 위해 존재하는 것이 바로 교양 프로그램이다. 우리 방송법에서는 '교양에 관한 프로그램이라 함은 국민의 교양향상 및 교육을 목적으로 하는 방송 프로그램과 어린이 · 청소년의 교육을 목적으로 하는 방송 프로그램'[1]으로 정의하고 있다.

교양 프로그램의 종류는, ① 다큐멘터리, ② 대담, ③ 토론, ④ 교육 목적의 만화나 인형극, ⑤ 교육 목적의 퀴즈나 게임, ⑥ 학습 프로그램(학교교육 프로그램, 사회교육 프로그램, 강좌 프로그램 및 교습을 목적으로 하는 스포츠 등), ⑦ 생활정보, ⑧ 문화예술 프로그램 등을 꼽을 수 있다.

교양 프로그램 모니터링 요령의 키워드는 '의미와 메시지'이다. 시청자의 지적 호기심을 충족시키거나 정서 함양과 교육적 효과를 거두려는 목적의 교양 프로그램은 '의미가 있는 프로그램'이 되어야 한다는 것이다. 오락 프로그램이 재미에 비중을 둔다면 교양 프로그램은 의미에 비중을 두는 프로그램이다.

물론 어떤 장르의 프로그램이든 무의미한 프로그램이란 있을 수 없겠으나, 유독 교양 프로그램이 더욱 유의미해야 하는 이유는 단순히 재미나 시간 때우기 용으로 제작되어서는 안 된다는 데 있다.

1 방송법 시행령 제50조 2항.

대부분의 사람들은 우리 사회가 경박하다고 우려하고 있다. 사실 우리 사회는 경박하기도 하다. 방송은 이런 경박한 사회를 우려하고 지탄하는 데 앞장서는 매체이다.

그렇다면 오늘날 우리 방송은 어떠한가? 대부분의 사람들은 깊이 생각하고 고뇌하는 따위의 일에는 관심이 줄어들고 대신 웃고 즐기며 넘기는 데 익숙해 있다. 이런 풍조는 방송을 시청하는 양태에서도 드러난다. 그냥 웃고 즐기는 오락 프로그램은 대부분 시청률이 높고, 시사와 교양 프로그램처럼 생각하면서 봐야 하는 프로그램들은 대부분 시청률이 낮다. 방송이란 속성상 수용자의 취향과 욕구를 외면하기 힘들다. 그래서 오늘날 대부분의 방송들이 대체로 경박한 시청자들의 취향에 따르고 있다. 아니 따르기를 넘어 오히려 이러한 사회적 분위기를 주도한다.

경박한 사회와 경박한 구성원들의 취향에 영합하는 경박한 방송 프로그램들의 양산, 또 그 방송의 사회적 영향력으로 더욱 경박해지는 사회. 그러면서도 방송은 경박한 사회를 규탄하고, 방송은 또 그 사회로부터 경박하다고 지탄받고 있다.

결국 방송에 있어서의 '경박의 악순환'을 끊기 위해서는 방송사나 제작자는 물론 시청자들의 방송을 보는 눈도 변화되어야 한다. 방송 프로그램을 개발하는 것은 방송제작자의 몫이지만 이 프로그램의 수명을 좌우하는 것은 시청자의 몫이다. 물론 모든 프로그램이 경박하다는 것은 아니지만, 시청자들의 경박한 시청습관으로 의미와 가치가 있으면서도 시청률에 밀려 단명한 프로그램들이 허다하다.

교양 프로그램에서 의미는 단순히 의미에서 그치지 않고 그것이 메시지가 되어 시청자의 기억이나 가슴속에 남는 프로그램이 되도록 노력해야 한다. 시청자에게 상식과 정보를 폭넓게 제공함으로써 보다 시청자의 의식 수준을 향상시켜 유익한 생활을 영위케 하는 데 이바지해야 한다. 또, 시청자들의 지적 영역을 충족시켜 줌은 물론 사회 도덕적 영역, 심리적 영역을 고루 충족시켜줘야 한다. 또한 교양 프로그램은 다른 프로그램보다는 시청대상이 세분화된 대상 프로그램이 많은 편이므로 소구점(*Appeal point*)이 명확해야 한다.

다큐멘터리

치열하기로 유명한 방송사 PD 입사 시험 응시자들 중 다수가 교양 PD를 지망하고, 그 가운데서도 다수가 다큐멘터리 PD를 꿈꾼다. 다큐멘터리는 '교양 프로그램의 꽃'이기 때문이다.

'기록이나 입증' 등의 의미를 담고 있는 라틴어 'document'를 어원으로 둔 다큐멘터리(*documentary*)는 실제로 일어난 일, 또는 일어나고 있는 일을 다루는 방송 프로그램이다. 따라서 다큐멘터리는 사실(*fact*)을 기반으로 한다. 허구의 세계를 다루거나 재미를 목적으로 하는 프로그램들과 달리 다큐멘터리는 현실을 반영하고 이를 통해 현실을 개선해 나가는 데 주력한다는 점에서 교양적 기능이 매우 강한 장르 중 하나다. 그래서 다큐멘터리를 '창조의 예술'이 아닌 '존재의 예술'이라고 부르기도 한다.

그런데 다큐멘터리는 사실을 다루기는 하지만 단순히 사실을 나열하는 데 그치지 않고 이를 재해석하거나 재구성해서 '사실 속에 숨어 있는 진실'을 밝혀내는 데 목적을 두어, 사실을 다루되 의미 있게 다뤄 진실과 감동을 끌어내는 프로그램이다.

2007년 방송 KBS 다큐멘터리 〈차마고도〉. 사진_KBS 홍보실 제공

다큐멘터리의 종류는 여러 가지로 분류할 수 있다. 방송에서는 대체로 소재에 따라 휴먼 다큐멘터리, 역사 다큐멘터리, 자연 다큐멘터리, 과학 다큐멘터리, 문화·예술 다큐멘터리, 시사 다큐멘터리 등으로 나눈다. 그러나 이 외에도 다큐멘터리 기법과 다양한 장르가 결합해 새로운 유형을 창조하며 진화하고 있다.

〈PD 수첩〉이나 〈추적 60분〉, 〈뉴스 추적〉과 같은 프로그램들도 시사 다큐멘터리에 포함할 수도 있으나, 대체로 시의성을 갖고 고발, 폭로성이 짙은 경우는 탐사(보도) 프로그램으로 분류된다.

사실의 기록으로서 다큐멘터리는 뉴스와 차별화된다. 뉴스는 사건과 사실에 대한 현상을 신속하고 정확하게 알려주는 것이 주된 목표라면 다큐멘터리는 신속성이나 객관성보다는 현상적으로 일어난 사건 이면의 진실 규명을 목표로 한다. 또한 드라마나 다른 프로그램 장르와 구별되는 것은 그 소재가 실제 세계를 다루며 그것이 연출자의 해석을 통해 재구성되는 과정을 거친다는 점이다. 따라서 다큐멘터리는 사회적

으로 의미 있는 현상들에 대해 제작자의 관점을 통해 보여주는 기록물이라고 할 수 있다.[1]

다큐멘터리 모니터링은 다큐멘터리의 종류에 따라 중점적으로 보는 분야나 기준이 다소 다를 수도 있다. 그러나 총체적으로 다음과 같은 시점에서 모니터링 할 수 있다 하겠다.

모니터링 요령

1. 사실적인가

다큐멘터리는 꾸며낸 이야기가 아닌 '사실'을 통해 진실에 접근한다. 다큐멘터리는 픽션(*fiction*)이 아니라 논픽션(*non fiction*)이다. 따라서 다큐멘터리는 사실성(*reality*)이 생명이다.

다큐멘터리의 소재는 실제로 눈에 보이는 것뿐 아니라, 눈에는 보이지 않지만 실제로 존재하는 모든 것은 물론 존재했던 것, 앞으로 존재가 예측되는 것까지 포함된다.

다큐멘터리가 사실의 기록이라는 점은 분명하다. 그러나 모든 다큐멘터리가 사실이라고 하기에는 한계가 있다. 1922년 최초의 다큐멘터리로 불리는 〈북극의 나누크〉(*Nanook of the North*)를 만든 다큐멘터리의 아버지 플래허티(Robert Flaherty)와 같이 초기 다큐멘터리 제작자들은

1 설진아(2007), 《방송기획 제작의 기초》, 커뮤니케이션북스, p.117.

현실세계의 상황을 그대로 담아내는 사실주의자들이었다.

그러나 지금의 다큐멘터리는 다양한 제작기법들이 동원되면서 온전히 사실 그 자체라고 보기 힘든 경우가 많다. 가령 카메라 앞의 대상이 항상 사실을 말한다고 보기 힘들기도 하고, 카메라의 위치나 앵글에 따라, 음악과 음향에 따라 시청자들에게는 다른 이미지로 다가간다.

최근에는 직접 카메라로 포착하지 못했던 상황을 드라마화한 재연화면을 사용하거나, 실제를 방불케 하는 컴퓨터 그래픽 처리, 새로운 첨단 장비에 의한 영상가시화 방식을 사용하는 등 다큐멘터리는 끊임없이 진화하고 확장되고 있다.

사실성은 진실을 전달하는 과정에서 충분히 드러나야 한다. 사실성을 강조하기 위해 내용을 조작하거나 왜곡하면 다큐멘터리로서는 치명적인 함정에 빠지게 된다. 특히 재연기법을 동원하는 다큐멘터리의 경우 사실성에 특별히 유의해야 한다.

2. 진실한가

일종의 미니멀리즘으로 불리는 베리테(*vérité*)와 같이 제작자의 개입이나 해설을 배제하는 비(非)간섭주의적 기법도 있기는 하지만, 다큐멘터리 역시 선택의 과정을 거친다. 다큐멘터리는 단순히 사실을 기록하는 것이 아니라 예술성과 공익성을 강조하기 위해 재구성을 거치게 된다. 다큐멘터리에는 드라마틱한 스토리텔링이 있기 때문에 다큐멘터리를 작가론적 관점에서 접근하기도 한다. 결국 제작자나 연출자의 최소한의 해석과 주관이 개입될 수밖에 없다. 그러므로 카메라 앵글, 시점, 조명, 편집, 음향효과, 내레이션 등을 선택할 때 제작자의 선택이 진실해야 한다. 특히 가치나 이념 등 관념적인 상황을 가시화하는 과정 등에서는 더욱 그러하다.

과거의 실체를 밝히는 다큐멘터리에서는 재연이 동원된다. 역사 다큐멘터리뿐 아니라 휴먼다큐에서도 지난날을 보여주기 위해 재연이 등장한다. 재연과 조작은 다르다. 재연은 실체적 진실을 드러내기 위한 장치이고 조작은 실체적 진실이 아니다. 재연을 통한 연출 과정에서 과잉 연출은 사실의 왜곡과 조작의 발단이 된다.

이에 대해, 다양한 다큐멘터리를 제작해 호평을 받았던 KBS 출신 이영돈 PD는 "다큐멘터리 제작에서는 사실을 표현하는 데 상식적으로 통하는 기법들이 있다. 이는 조작의 개념과는 다른 것이다. 다시 말하지만 조작은 없는 사실을 만들어 내는 것이다. 반면 연출은 가능한 상황 사실을 효율적으로 표현해내는 것이다. (중략) 사실 제작에서 가장 중요한 것은 연출자의 양심과 도덕성이다. 어떤 부분을 편집해 넣는 것이 적절한지는 연출자가 누구보다 잘 알고 있다"[2]고 지적한다.

시청자는 다큐멘터리 프로그램이 제작자에 의해 내용전달에 함몰되어 지나치게 과장되거나 조작·왜곡되지 않는지 살펴보아야 한다. 다큐멘터리는 다른 어떤 장르보다 제작자 1인 역할이 크기 때문에 더욱 그러하다. 1998년 〈KBS 스페셜〉 수달 생태계 조작 사건[3] 등에서 드러나는 것처럼 시청률 경쟁에 매몰되어 있는 제작자들로서는 조작의 유

2 이영돈(2010), 《이영돈 PD의 TV 프로그램 기획 제작론》, 커뮤니케이션북스, pp.225~227.

3 1998년 5월 24일 〈KBS 스페셜-자연 다큐멘터리 수달〉에서 강원도 내린천에서 서식하고 있는 수달 새끼 남매가 암컷이 죽자 수컷이 주검에 낙엽을 덮어 주는 모습 등을 보여주어 감동적인 자연 다큐멘터리로 큰 호응을 얻었다. 그러나 방송 후 이 수달들이 경북지역에서 살고 있던 것을 포획해 장소를 이동시키는 등 조작적으로 연출한 것으로 드러나 대국민 사과방송을 하고, 담당 PD로부터 사장에 이르는 지휘계통이 모두 인사 조치를 당한 바 있다.

혹에서 벗어나기 쉽지 않다.

텔레비전으로 전달되는 다큐멘터리의 영상은 현실을 있는 그대로 반영하지 못하는 경우도 많다. 아니 사실상 현실 그대로를 보여주는 것은 불가능하다. 어차피 한 편의 다큐멘터리는 '진실'이 아니라 진실에 대한 '입장'을 전달해 주는 것이고 그 판단은 시청자의 몫이다. 그래서 다큐멘터리를 무조건 맹신해서는 안 된다.

3. 메시지가 객관적이고 분명한가

다큐멘터리는 일단 기획의도에서 주제가 분명해야 한다. 이 프로그램을 왜 지금 방송하는지도 분명해야 한다. 다른 프로그램도 마찬가지겠지만 주의·주장이 드러나는 다큐멘터리에서 주제는 더욱 중요하다.

사실을 바탕으로 진실을 전하는 장르로서의 다큐멘터리는 사실의 반영 그 자체로 여겨지지만, 역설적이게도 제작자의 판단과 가치가 프로그램을 지배한다. 다큐멘터리가 대체로 이데올로기 성향이 강한 만큼 제작자의 주의·주장의 메시지가 강하게 드러난다. 즉 다큐멘터리는 '객관적 소재'들을 작가의 주관에 따라 재구성하고 재해석하는 작업이다. 따라서 다큐멘터리에서의 주관은 '객관적 주관'이어야 한다.

그러나 주의·주장이 드러나는 성격의 다큐멘터리에서 지엽적이거나 단편적인 사실을 전체로 확대해 혼란을 야기하거나, 잘못된 지식을 심어 줄 수도 있다. 애당초 기획의도가 잘못되거나 취재력과 구성력의 부족으로 초점이 흐려지기도 하고, 기계적 중립이나 양비론으로 제작자의 입장이 모호해지기도 한다.

시청자는 제작자가 영상과 음성, 음악과 음향, 각종 이펙트 등을 조합해 자신의 의도한 메시지를 가장 효과적으로 전달했는지 따져보는 안목이 필요하다. 그리고 제작자는 보다 강렬한 인상을 남기기 위해서 다큐멘터리의 마지막 한 문장에 승부를 걸어 시청자가 마지막 한마디를 음미하면서 여운에 빠지도록 해야 한다.

4. 심층적이고 전문적인가

다큐멘터리는 비교적 방송시간이 긴 편이다. 사실을 통해 진실을 보여줘야 하기 때문에 짧은 시간에 소화하기 쉽지 않기 때문이다. 그래서 다큐멘터리 제작에는 대체로 시간과 제작비가 많이 투입되는 경향이 있다. 최근 방송사들이 초대형 다큐멘터리 제작을 통해 공익성과 방송사 스테이션 이미지를 제고시키고 있기도 하다.

이런 여건 속에서 제작되는 다큐멘터리는 당연히 깊이와 전문성이 반영되어야 한다. 다큐멘터리 제작자는 한 컷의 장면을 찍기 위해서 수많은 밤낮을 보내며 기다려야 하고, 남극이나 북극은 물론 사막과 정글, 심지어는 히말라야 꼭대기까지 카메라와 함께 가야 한다. 사실의 규명을 위한 화면과 육성을 확보하기 위해 사선을 넘기도 하고, 전장을 누비기도 한다. 사실과 진실을 드러내기 위해 정교한 영상을 확보해야 하고, 가능한 범위의 자료화면 확보와 가장 적절한 전문가의 인터뷰가 필요하기도 하다. 각종 조사와 실험 등으로 객관성과 전문성을 확보해야 하고 첨단 장비를 통해 가시화를 시도해야 한다.

이렇듯 다큐멘터리 제작자는 누구보다 치열하고 직업정신이 투철해야 한다. 이런 모든 조건들을 통해 깊이와 전문성이 반영될 때 다큐멘터리는 교양 프로그램의 꽃으로서 빛을 발하게 된다.

5. 신선한가

대체로 재미적인 요소보다는 의미적인 요소에 치중하는 다큐멘터리는 자칫 무겁거나 지루하기 쉽다. 이를 극복하기 위해 다큐멘터리는 신선해야 한다. 특히 소재나 인물, 접근방식, 영상미, 구성이나 진행 등에서 새로움을 주어야 시청자를 사로잡는다.

또 제작 기법에서도 새로운 실험정신이 발휘되도록 노력해야 한다. 사실에 충실해야 하는 것이 다큐멘터리의 본령이지만 형식상의 창의성과 실험을 통해 신선감을 확보해야 한다.

특종 성격의 다큐멘터리도 있을 수 있으나, 대체로 다큐멘터리는 소재가 비슷한 경우가 많다. 특히 시사성이 반영되거나 화제성이 있는 인물이나, 사건을 다룰 때는 아이템이 중복되는 경우가 많다. 최근 들어 각 방송사들이 유사한 시간대에 유사한 성격의 다큐멘터리를 대응 편성해 경쟁을 부추기기도 한다. 이런 경우 신선함으로 차별화를 이루어야 한다.

6. 화자의 역할이 적절한가

다큐멘터리는 특별한 경우를 제외하고는 이야기를 이끌어가고 전달하는 화자(話者)가 존재한다.

다큐멘터리에서의 화법은 준비된 영상을 연결해주는 내레이션으로 전개된다. 내레이터라고 불리는 화자는 얼굴을 드러내기도 하지만, 대체적으로 음성만으로 출연하는 경우가 대부분이다. 화자는 1인칭의 직접화법이나 3인칭의 간접화법을 구사하게 된다. 최근 들어 일부 다큐멘터리에서는 인기 연예인이나 사회 저명인사의 내레이션을 통해 친근감을 불어넣기도 한다. 그런가 하면 얼굴을 드러내지 않는 내레이터는 모든 것을 알고 있는 전지전능한 입장에서 '신의 목소리'로 다큐멘터리에 카리스마를 더하기도 한다.

이럴 경우 자칫 왜곡의 요소가 있을 수도 있는 만큼, 다큐멘터리의 화자는 언제나 진실을 이야기하는 기능을 해야 한다. 그리고 방송은 이야기 매체인 만큼 문체는 구어체로 쉽고도 간결해야 한다. 다큐멘터리에서 마지막 문장은 앞에서 지적한 것처럼 함축성과 여운을 남길 수 있게 마무리되어야 한다.

생활정보 프로그램

강기슭에 수십 미터에 이르는 깎아지른 절벽이 있다. 대부분 경치를 즐기려는 사람들이 들르지만, 더러는 세상을 비관하고 삶과 하직하려는 사람들이 찾기도 했다. 사람들은 그곳을 '자살바위'라고 부르기도 했다. 그 절벽입구 계단 쪽에 누군가가 '다시 한 번 생각하자!'라고 적힌 자그마한 팻말을 꽂아 자살의 유혹을 벗어나게 해주었다.

그러던 어느 비바람이 몰아친 날 뽑혀 날아간 그 팻말을 아무 생각 없는 사람이 주워다가 반대편 내려오는 길 계단에 꽂아 두었다. 그리고 자살바위에서 자살을 유혹을 뿌리치고 내려오던 사람이 이 팻말을 보고 다시 자살바위로 올라갔다.

한 겨울밤 산길을 걷던 청년은 추위와 피로에 지쳐가고 있었다. 그때 멀리서 불빛이 비쳤고, 거기에는 할머니가 경영하는 '귀곡산장'과 같은 숙박시설이 있었다. 간단히 요금을 치르고 냉기 가득한 방에서 잠을 청하려 하자 할머니가 문밖에서 물었다. "불너줘?" 청년은 짜증내며 대답했다. "그냥 잘게요." 한참 후 막 잠이 들려하자 다시 할머니가 다가와 물었다. "불너줘?" 청년이 신경질적으로 대답했다. "그냥 잔다니까요." 할머니는 고개를 갸우뚱거리며 돌아갔다.

그 다음날 아침, 청년은 얼어 죽어 있었다. 할머니가 '불 넣어 줄까?'라고 물었는데, 청년은 이 말을 '여자를 불러줄까?'라고 해석한 것이다.

우스갯소리로 들릴 이야기이지만, 여기에는 '정보'와 관련해 중요한 암시가 숨어 있다. 정보 제공의 시점과 방향, 내용에 따라서는 생명이 오갈 수도 있다는 사실이다.

정보란 어떤 사물이나 사정, 상황에 대한 소식이나 자료, 내용 등을 일컫는 말이다. 또 이런 것들에 대해 알고 싶거나, 이를 알리고 싶은 생각이기도 하다.

정보는 혼자 알고 있기보다는 여러 사람과 공유할 때 그 가치가 더욱 빛난다. 땅 속에 묻혀 있는 보석이 발굴되어야 그 가치를 발하듯이 정보도 교류되어야 가치와 힘을 얻게 된다. 특히 정보화 사회에서 정보는 삶의 질과 양식을 바꾼다. 정보는 곧 돈이자 권력이며, 성공적 삶의 열쇠이다.

이러한 인식을 배경으로 의식주 등 인간이 생활함에 있어 필요한 다양한 정보를 제공하는 생활정보 프로그램이 등장했다. 방송이 시청자들에게 제공하는 중요한 콘텐츠 중의 하나로 생활정보가 대두되었고, 이에 따라 복잡한 현대인들에게 삶을 풍요롭고 지혜롭게 하는 다양한 생활정보 프로그램들이 양산되고 있는 것이다. 방송사 입장에서도 이런 프로그램들은 주로 스튜디오에서 소수의 출연자들과 함께 생방송 위주로 제작하다보니 제작비가 적게 들면서도 안정된 시청형태나 광고 수익성이 보장되기 때문에 선호된다.

KBS 〈무엇이든 물어보세요〉 25주년 특집방송. 사진_KBS 홍보실 제공

생활정보 프로그램의 특징은, 대체로 와이드 프로그램 제작이 가능하다는 것이다. 의식주에 관련된 다양한 정보를 잡지형식(*magazine type*)으로 생산·가공하고 유통시키는데, 요일별로 같은 시간대에 방송되는 띠 프로그램 편성이 많다. 또, 시청대상인 타깃 오디언스(*target audience*)가 분명하다. 예를 들어 오전 시간에는 전업주부를 대상으로 한다든지, 방과 후에는 어린이를 대상으로 한다든지 대상층을 구분해 프로그램이 방송된다. 또 노인이나 장애인을 대상으로 하는 프로그램을 제작하기도 한다.

정보의 생명이 신속성에 있는 만큼 생활정보 프로그램은 대체로 생방송으로 제작되는 경우가 많다. 이럴 경우 필요에 따라서는 각 지역 네트워크를 연결하기도 한다.

생활정보 프로그램에서 다루는 내용은 의식주 전체가 대상이 되어 사실상 해당되지 않는 것이 없다. 특히 우리나라는 사철이 분명한 만큼 계절에 따라 다양한 생활정보가 교양과 교육의 기능과 접목되어 방송으로 다뤄진다. 뉴스 시간에 충분히 전달되지 못한 시사문제로부터, 날씨와 교통, 상품과 증권 부동산 등 경제, 요리와 음식, 패션과 미용, 건강과 의료, 육아와 출산, 여행과 문화예술, 과학과 교육, 재테크에 이르기까지 생활과 관련된 모든 정보가 생활정보 프로그램 소재가 된다.

모니터링 요령

1. 정보가 새로운가

정보는 계속적으로 생산되기 때문에 변화하면서 생로병사의 과정을 겪는다. 그래서 정보는 항상 업그레이드되고 업데이트되어야 생명력을 갖는다. 인터넷과 스마트폰 등의 통신기술의 진화로 누구든지 언제 어디서든 새로운 정보와 접촉할 수 있게 되었다. 이런 환경 속에서 생활정보 프로그램은 새로운 정보를 소개하지 못하면 신뢰를 받지 못하게 된다. 지구촌 시대에 접어든 가운데 국내뿐 아니라 해외의 정보도 동시적으로 수용되고 있다.

모든 장르의 방송 프로그램이 그러하긴 하지만 생활정보 프로그램은 '뭔가 새로운 것'(*something new*)을 찾기 위한 부단한 노력이 없으면, 날짜 지난 신문과 같은 대접을 받게 된다. 결국 생활정보 프로그램에서의 정보는 '최신' 생활정보를 말하는 것이다.

2. 정보 제공이 시의적절한가

생활정보는 생활에 바로 연결되는 정보를 말한다. 따라서 정보 제공의 시점(時點)은 그 무엇보다 중요하다. 계절의 변화나 환경의 변화, 기술의 변화는 물론 시대정신의 변화까지 시의적절하게 수용해야 한다. 특히 최신성, 즉시성, 동시성 등이 반영되는 날씨와 교통, 증권 등의 생활정보는 시점이 생명이다.

방송에서 계기성은 대단히 중요하다. 단순히 절기뿐 아니라 시사적인 계기나 현상이나 유행 등도 계기에 포함된다. 최근에는 촬영장비가 경량화·소형화되고, 위성을 통한 SNG 중계방식 도입 등으로 생방송을 포함한 현장 연결이 자유로워져 시의성 경쟁은 더욱 불붙고 있다. 모든 방송이 그러하지만 생활정보 프로그램은 타이밍이 곧 생명이다.

3. 정보에 깊이가 있나

잘못된 건강과 의학정보는 사람을 사망에 이르게 하는 것처럼, 정보는 사람의 목숨을 좌우하기도 한다. 따라서 생활정보 프로그램에서 다뤄지는 정보는 항상 스스로 검증의 장치를 가져야 한다. 대체로 생활정보 프로그램은 와이드 프로그램으로 시간적으로 여유가 있는 만큼 깊이 있게 접근할 수가 있다. 이를 위해 최고의 전문가에게 도움을 받아야 하고, 다양한 경험자들의 경험담도 담겨야 한다. 또한 제공되는 정보의 넓이와 깊이, 길이와 무게에서 전문성이 담보되어야 한다.

4. 대상 시청층이 분명한가

방송에서 '편성'이란, 만들어진 프로그램이라는 상품을 언제 어떤 시장에 어떤 사람에게 내다 팔 것인지를 결정하는 방송사의 중요한 기능이다. 불특정 다수를 대상으로 하는 프로그램이 다수이지만 어떤 경우에는 시청 대상을 한정하고 제작하기도 하는데 이런 방송 프로그램을 '대상 방송 프로그램'이라고 한다. 대체로 생활정보 프로그램은 대상층을 염두에 두고 제작되는 경우가 많다. 이럴 경우 시청대상인 타깃 오디언스(*target audience*)를 분명히 해야 한다. 이러기 위해서는 주 시청층의 취향과 라이프 사이클 등 수용자 분석을 면밀히 해서 이들의 관심사를 충족시켜주어야 한다.

5. 흥미를 유발하는가

모든 정보가 모든 사람에게 흥미를 유발하지는 않는다. 자신에게 관심이 없는 분야의 정보에는 시선이 가지 않을 뿐더러 제공되는 정보가 지나치게 전문적이거나 학술적이면 소화하기도 힘들다. 그래서 생활정보 프로그램에서 제공되는 정보는 흥미를 유발해야 한다. 딱딱하고 건조한 정보는 '재미라는 당의정'에 싸서 시청자에게 건네주어야 한다.

그리고 쉽게 풀어서 전달해야 한다. 좋은 강사는 어려운 것을 쉽게 풀어주는 강사이고, 좋지 않은 강사는 쉬운 것을 어렵게 설명하는 강사라는 지적은 방송 프로그램에도 그대로 적용된다. 특히 불특정 다수를 대상으로 하는 방송에서는 더욱 그러하다.

매거진 형식의 프로그램의 경우 코너를 재미있게 구성하고, 재미있는 아이템을 배열해 흥미 있게 진행되어야 한다. 구태의연한 정보를 기존의 관점으로 재미없게 전달하면 시청자는 당연히 채널을 돌리게 마련이다.

6. 진행자의 역할은 적절한가

대체로 프로그램 길이가 길고 스튜디오에서 진행하는 형식이 많은 생활정보 프로그램에서 진행자의 역할은 대단히 중요하다. 주 진행자는 물론 보조 진행자나, 현장과 스튜디오를 연결해주는 리포터 역시 마찬가지이다. 이런 고정 진행자들의 경우 우선 시청자들에게 친밀감을 주어야 한다. 그래서 주로 아나운서나 지명도 있는 연예인, 사회 저명인사 들이 진행 역할을 맡고, 인기 개그맨들이 분위기를 고조시키기도 한다. 진행자의 경우 친밀감 못지않게 신뢰감을 주어야 한다. 그의 입을 통해 제공되는 정보에 신뢰감을 줄 수 있는 인물이어야 한다. 그리고 긴 방송시간이나 생방송 등에서 발생할 수 있는 돌발 상황에 대한 순발력 등 대처 능력도 겸비해야 한다. 같은 정보인데도 누가 전하느냐에 따라 설득력이 다르다는 사실이 이를 입증한다.

토론 프로그램

최근 우리 사회의 중요한 화두는 '소통'(疏通)이다. 정치뿐만 아니라 크고 작은 조직에서도 소통의 중요성이 강조되고 있다.

민주주의 사회의 특징은 폭넓은 계층에서 각기 다른 주의와 주장이 전개되는 다양성에 있다. 그리고 이런 다양한 의견 표출은 여론화단계와 여론수렴단계를 거쳐 사회통합으로 이뤄지게 된다. 이런 민주정치에서 중요한 역할을 하는 것이 토론문화이다. 그래서 토론의 수준이 그 나라 민주주의 수준이라 말하기도 한다.

토론은 인간의 삶과 사회 유지에 필요한 합리적인 의사결정과정인 동시에 논증기술과 비판적 사고력, 커뮤니케이션 기술, 분석 추론 능력을 향상시키는 교육적 효과를 달성하는 도구이다. 따라서 직장이나 단체에서 토론을 잘하는 사람은 유능한 사람으로 인정받는다. 특히 지방자치 단체장과 국회의원, 대통령과 같이 직접선거로 출마하는 사람은 선거방송 등에서 토론을 잘하지 못하면 정치를 하지 말아야 할 정도이다. 이렇게 보면 토론은 출세의 도구이며 권력을 쟁취하는 무기이다.

토론(*debate*)과 토의(*discussion*)는 구분된다. 토론은 엄격한 규칙 아래 전개되는 반면 토의는 자유로운 의사 개진으로 이루어진다. 토론은 개인을 위주로 문제 해결방안을 모색하는 데 비해 토의는 집단을 통해 문제에 접근한다는 점에서 차이가 있다. 또 토론은 쟁점의 찬반이 분명한 데 비해 토의나 좌담, 방담 등은 쟁점의 찬반의 대립이 덜하다는 성격 차이가 있다.

방송에서 토론 프로그램은 사회적 현상과 과제들에 대해 공개적 토론을 통해 그 문제점을 분석, 설명, 평가하고 여론을 조성함으로써 사회적 합의를 이뤄 문제해결 방안을 모색하는 프로그램을 말한다. 오늘날 선거가 미디어 선거로 변화함에 따라 유권자들은 출마자에 대한 중요한 정보와 판단을 선거방송, 특히 후보자 토론방송을 통해 얻고 이에 따라 결정을 내림으로써 방송에 있어서 토론 프로그램은 더욱 그 역할과 가치가 확대되고 확장되었다.

토론 프로그램의 유형은 주제에 따라 정치 · 경제 · 사회 등 국내외 시사적 주제를 다루는 시사적 토론 프로그램과, 문화 · 예술 · 교육 등을 주로 다루는 교양적 토론 프로그램, 연예 · 오락 등을 주제로 삼는 오락적 토론 프로그램으로 나눈다. 따라서 토론 프로그램은 보도나 예능 프로그램에 속할 수도 있지만, 대체로 교육과 교양적 성격이 강해 교양으로 분류되는 경우가 많다.

패널의 역할에 따라서, 이해관계가 다른 2명 이상이 논쟁을 벌이는 찬반토론, 중요한 인물에 대해 패널들이 기자회견하는 형식으로 진행하는 회견식 토론, 현안에 대해 여러 사람이 자유롭게 토론하는 난상토론 등으로 구분 짓기도 한다.

구성 형식을 기준으로는 패널만으로 토론하는 단순구성 토론과 패널뿐 아니라 다양한 수용자들을 참여시키는 복합구성 토론으로 나눈다.

KBS 〈심야토론〉과 같은 토론 프로그램은 사회적 현상과 과제들에 대해 여론을 조성하고 사회적 합의를 이뤄 문제해결 방안을 모색하는 프로그램을 말한다. 사진_KBS 홍보실 제공

토론 프로그램의 기능은 사회적이고 공적인 현안에 시청자들의 관심과 주의를 환기하는 것이다. 또 다양한 전문가들의 주장을 통해 현안에 대한 상식과 정보를 확장하는 한편, 스스로 판단의 근거를 마련하게 해준다. 나아가 토론 프로그램은 여론을 형성하고 구성원들의 사회통합에 기여할 뿐만 아니라 민주주의의 기본인 토론문화를 활성화시키는 데도 일조한다. 반면, 토론 프로그램은 자칫 정략적으로 이용될 때는 여론을 조작하거나 오도·선동할 수 있고, 사회적 관심사를 희석시키는 역기능을 할 수도 있다.

민주사회에서 '여론 수렴의 장(場)' 역할을 하는 방송으로서 토론 프로그램은 어느 장르보다 공익적 역할을 수행하는 프로그램이다. 방송사 입장에서 보면 비교적 적은 제작비로 장시간 편성이 가능하다는 점에서 전략적으로 선호하기도 한다. 그러나 토론 프로그램은 대체로 시청률이 낮기 때문에 주요 방송사들이 심야시간대에 생색용으로 편성하는 데다, 그나마 프로그램 개편 때마다 존폐 논의의 단골 대상이 되는 형편이어서 위기를 맞고 있는 실정이다.[1]

모니터링 요령

1. 주제가 선명한가

토론 프로그램 성패의 3대 요소로 주제와 토론자, 사회자를 꼽는다. 토론의 기본은 주의·주장이나 이해관계가 다른 사람들이 주어진 주제에 대해 논리적 논쟁을 벌이는 것이다. 서로 다른 의견을 내놓고 각각 마땅함을 주장하는 토론 프로그램의 생명은 분명한 주제로부터 출발한다. 토론이 덕담이나 나누는 방담이나 좌담 프로그램과 구분되는 것도 찬반 주장을 명확하게 드러내기 때문이다.

따라서 토론 프로그램의 주제는 찬반이 분명하면서도 압축적이고 간결해야 한다. 토론의 주제만을 듣고도 쟁점이 부각되는 그런 주제를 택해야 한다. 그리고 패널을 소개할 때도 주제에 대해 어떤 입장을 가지는지를 도입부에서 밝혀 패널을 통한 주제의 선명성도 드러내야 한다.

1 2012년 현재 KBS 〈생방송 심야토론〉, MBC 〈100분토론〉, SBS 〈시사토론〉 같은 방송 3사의 대표적인 토론 프로그램은 모두 밤 12시 전후에 편성되어 있고, 평균 시청률이 3% 전후에 머물고 있다.

2. 시의성이 있는가

토론은 그 사회의 이슈를 주제로 삼는다. 그런 점에서 볼 때 토론 프로그램의 주제 선정에서 시의성은 기본이 된다. 토론 프로그램 성패의 열쇠는 얼마나 시의성 있는 주제를 어떤 인물을 섭외해 풀어 가는가에 달려 있다.

가장 뜨거운 이슈를 뜨거운 토론으로 연결시킬 때 토론 프로그램은 성공한다. 특히 법령이나 제도가 도입되기 전에 토론이 이루어져야 생산적이지, 이미 때를 놓쳐버리면 아무리 좋은 토론을 했다하더라도 무의미하다. 지나치게 민감한 이슈라는 이유로 이를 피한 탓에 시사 토론 프로그램에서 '토론은 있으나 시사는 없다'는 이야기를 듣게 되면 토론 프로그램으로서는 수치이다.

3. 형평성(공정성)과 대표성이 유지되었는가

토론 프로그램은 주의 · 주장과 이해관계가 다른 사람들이 대화를 통해 상대와 시청자를 설득하는 것을 목표로 하기 때문에 쌍방에 기회를 균등하게 제공하는 것은 기본이다. 물리적이고 기계적인 형평성과 공정성이 지켜져야 토론 프로그램이 신뢰받을 수 있다.

이 '형평성'에는 찬반 패널 수의 형평성은 물론, 발언시간의 형평성도 포함된다. 또한 초대된 패널의 경우 해당 분야의 대표성과 전문성이 반영되어야 하고 언변 능력에 대한 검토도 있어야 한다.

찬반을 두고 뜨거운 논쟁을 벌어야 하기 때문에 책임 있는 관계자나 명망을 유지하려는 전문가들은 토론 프로그램 출연을 꺼리는 경향이 강하다. 그럼에도 불구하고 제작자들은 출연을 꺼리는 출연자를 프로그램에 끌어내는 집요한 섭외력을 발휘해야 한다. 또 패널들의 위상에 대한 안배도 감안해야 한다. 사제지간이나 상하관계가 얽혀 있는 패널들이 찬반을 달리해 출연해 자리를 같이하면 한계를 드러낼 수 있음도 고려해야 한다.

방송사마다 토론 프로그램을 편성하고 있는 탓에 어떤 주제가 나오면 단골처럼 나오는 패널들이 있다. 그래서 시청자 입장에서는 매번 '그 밥에 그 나물'이라는 푸념을 하게 된다. 그런 시각에서 보면 토론 프로그램이 새로운 패널을 개발하고 발굴하는 것도 중요한 역할 중 하나이다.

4. 결론 유도가 생산적이었는가

토론은 쉽게 이야기해서 말싸움을 통해 상대방을 내편으로 끌어들이는 것이다. 따라서 각자의 패널은 자기의 전문성과 경험을 바탕으로 치열한 논리를 펼치게 된다. 그러나 토론 프로그램은 각자의 주의・주장만을 전달하는 데 목적이 있는 것이 아니라 시청자들이 주제에 대한 자기 판단을 할 수 있는 단초를 제공해야 한다는 점에서 생산적인 결론 유도가 대단히 중요하다.

하지만 매번 토론 프로그램이 결론을 도출할 수는 없고 꼭 도출할 필요가 없기도 하다. 왜냐하면 억지로 결론을 매듭짓는 대신 다양한 의견들을 듣고 시청자가 그 현안에 대해 입장과 견해를 갖도록 하면 되기 때문이다. 출연한 패널들도 패널 간의 논리전에서 승리하는 것 못지않게 시청자를 설득시키는 데 주력해야 한다. 토론자 간에 적절한 대결구도를 형성해 시청자들의 흥미를 유발하면서도 진행자의 마지막 인사말이 나오기 전에 시청자가 뭔가를 얻게 해주는 것이 중요하다.

토론 프로그램에서 특별히 눈여겨보아야 할 대목은 토론이 정략적으로 이용되지는 않았느냐는 점이다. 정권 차원에서 여론을 오도하거나 조작하기 위해 마련되지는 않았는지, 방송사가 또 다른 의도를 갖고 계획적으로 마련하지 않았는지 시청자가 감시해야 한다.

5. 다양한 의견 수렴이 이루어졌는가

토론의 구성 형식에 따라서는 패널들의 찬반 토론으로만 구성되는 단순 토론 프로그램도 있기는 하지만, 대체로 장시간 방송되는 토론 프로그램은 패널뿐 아니라 다양한 형태로 시청자의 의견도 수렴하는 장치를 도입한다. 특히 생방송의 경우 생방송 자체의 장점을 활용하기 위해 여러 가지 장치를 마련해 쌍방향 커뮤니케이션을 모색한다. 우선 방청객을 토론에 참여시키거나, 시청자를 전화로 연결시키기도 한다. 이메일이나 팩스 등의 장비와 휴대폰 문자, SNS, 인터넷 게시판 등을 이용해 모은 의견을 프로그램에 반영하기도 한다.

기본적으로 토론 프로그램은 사회적 이슈에 대한 다양한 의견을 수렴해 생산적인 결론을 도출하는 데 목적이 있는 만큼 적극적이고 다양한 의견 수렴은 매우 중요하다.

6. 진행자의 역할이 적절했는가

오랫동안 주입식 교육이 지배해온 탓에 우리나라는 토론문화가 취약한 실정이다. 최근에 교육을 받은 신세대들은 주의・주장이 분명하고 논리적이지만, 구세대들은 여전히 그렇지 못하다. 이런 토론문화의 부재 속에서 토론 프로그램을 진행해야 하는 진행자의 역할은 대단히 중요하다. 토론 패널의 섭외도 중요하지만 토론 프로그램에서 진행자의 역할은 절대적이다.

토론 프로그램에서 패널들은 매회 바뀌지만, 진행자들은 일정 기간 고정 출연한다는 점에서 진행자의 '퍼스낼리티'(*personality*)는 중요한 의미를 갖게 된다. 진행자는 주어진 주제에 대한 사전준비로 초대되는 전문가들과 충분히 이야기를 나눌 수 있는 박학다식함도 중요하지만 시청자의 눈높이를 배려해 진행해야 한다. 지나치게 냉랭한 분위기일 경우 적절히 대결을 유도해야 하고 지나치게 과열되면 농담 한 마디로 분위기를 전환할 수 있는 여유를 가져야 한다.

더불어 찬반 패널에 대한 공정하고 엄격한 지명권을 행사해 형평성 논란을 야기하지 않아야 함은 물론, 이야기가 딴 방향으로 흘러가면 방향을 잡아줄 수 있는 카리스마가 있어야 한다. 특히 생방송으로 진행되는 경우, 마련된 큐시트에 따라 시간 안배를 철저히 해서 시간이 지나치게 남거나, 부족하지 않게 해야 하고 방송 실수나 방송사고 등에 대한 순발력도 겸비해야 한다.

토론 프로그램 진행자는 프로그램 속에서 교통경찰 역할을 하기는 하지만 차량을 선도하는 오토바이를 탄 교통경찰이 아니라, 지나치게 개입도 방임도 하지 않는 사거리에서 경광등을 쥔 교통경찰 역할을 해야 한다.

✔참고문헌 및 추천 문헌

김기태(1999), 《텔레비전, 어떻게 볼 것인가》, 한나래.
김석호(2004), 《실전 TV 연출론》, 도서출판 숲속의 꿈.
배종대(2003), 《다채널시대 방송시대의 기획 제작》, 박문각.
설진아(2007), 《방송기획 제작의 기초》, 커뮤니케이션북스.
오미영(2004), 《토론 VS TV 토론》, 도서출판 역락.
이영돈(2010), 《이영돈 PD의 TV 프로그램 기획 제작론》, 커뮤니케이션북스.
최창섭(1993), 《방송총론》, 법문사.
최충웅(2000), 《텔레비전 제작실무론》, 나남.
한국방송공사(1999), 《교양 프로그램 제작 편람》.
한소진(2000), 《방송대본 이렇게 써라》, 나남.

오락 프로그램 모니터링

1. 뮤직 쇼
2. 버라이어티 쇼
3. 코미디 프로그램

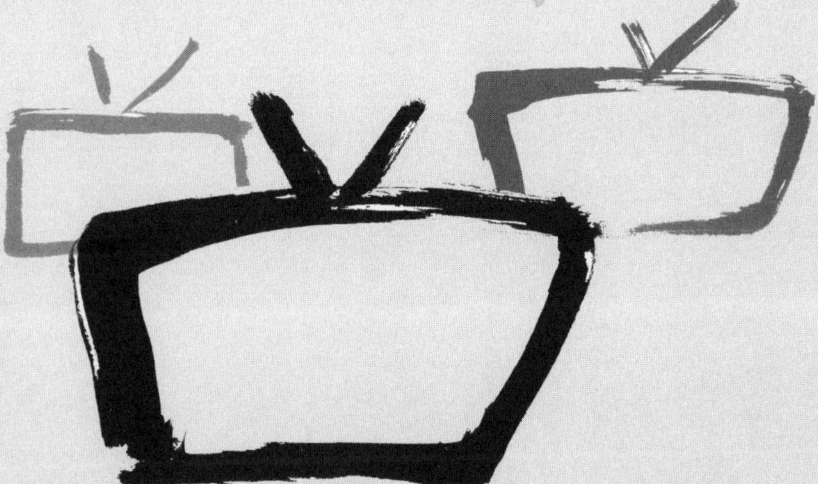

오락 프로그램 정의

국민정서의 함양과 여가생활의 다양화를 목적으로 하는 방송 프로그램

오락 프로그램 종류

① 드라마 ② 영화 ③ 코미디 ④ 뮤직 쇼 ⑤ 버라이어티 쇼 ⑥ 퀴즈 쇼 ⑦ 토크 쇼 등

오락 프로그램 모니터링 키워드

재미

어린 시절 읽었던 이솝이야기 중 '개미와 베짱이' 우화를 누구나 기억할 것이다. 그리고 베짱이처럼 시간을 낭비하지 말고 개미처럼 열심히 일해야 한다는 교훈도 잊지 않았을 것이다.

그러나 최근 들어 이 '개미와 베짱이' 우화를 재해석하는 시각이 대두되고 있다. 즉 개미가 한여름 더위에도 그처럼 일할 수 있었던 데는 베짱이의 연주소리도 한몫을 했다는 것이다. 그리고 무조건 일에만 매달리는 개미의 건조한 삶에도 문제가 적지 않다는 지적도 있다. 그래서 개미처럼 일하고 베짱이처럼 즐기는 '개짱이'라는 신조어도 탄생했다.

인간은 오래전부터 일과 놀이를 동시에 즐겼다. 일 자체도 중요하지만, 놀이는 일에 더 집중할 수 있게 해 노동의 효율성을 높이는 역할을 한다.

여기에 기술발달에 의한 기계화와 산업화로 인해 잉여시간이 늘어나면서 놀이에 대한 비중과 관심이 점점 증가하게 되었다. 또 치열한 생존경쟁 속에서 정신적, 육체적 스트레스에 시달리는 현대인들에게 '스트레스 해소'라는 또 다른 욕구가 부각되었다.

오늘날의 오락은 단순히 노는 것만을 의미하지는 않는다. 방송학자 김기태 교수는 "오락은 자유로워짐이라는 여가의 개념과 인간의 본능적인 욕구인 놀이, 즉 유희 활동 개념 그리고 이들과 미묘하게 서로 연결고리를 맺고 있는 예술 개념들을 종합적으로 소유한 개념"[1]이라고 풀이한다.

오락은 휴식을 제공하고 긴장을 해소해 부드럽고 자연스런 환경을

1 김기태(1999), 《텔레비전, 어떻게 볼 것인가》, 한나래, p.80.

조성함으로써 사회통합에 기여하는 기능을 한다. 뿐만 아니라 다양한 문화에 접근하고 이를 향유하게 한다. 그 외에도 유행과 인기스타를 창출하고 대중문화를 확산시켜 산업에도 기여한다.

결국 오늘날의 오락은 휴식과 재충전, 다시 말해 레크리에이션(*Recreation*)과 연계되어 있다. 이런 기능은 방송에서 자연스럽게 오락 프로그램의 탄생으로 연결되었고 그 기능이 점차 확대되었다. 앞서 말한 '베짱이 역할론'이 바로 오늘날 오락 프로그램 역할론의 배경이 되고 있다.

우리 방송관계법에서는 '오락 프로그램이라 함은 국민정서의 함양과 여가생활의 다양화를 목적으로 하는 방송 프로그램'이라고 규정한다. 오락 프로그램의 구체적 유형으로는 ① 드라마, ② 영화, ③ 코미디, ④ 버라이어티 쇼, ⑤ 퀴즈 쇼, ⑥ 토크 쇼 등으로 분류한다.

이와 함께 연예오락 프로그램이 과다하게 편성되지 않도록 종합편성 방송 사업자의 경우 전체 방송시간의 50%를 넘지 않도록 강제해두고 있다.[2]

연예오락 프로그램은 방송매체를 통해 아름다움이나 미적 감각 그리고 감정이입을 즐거움과 재미로 연결하는 프로그램으로, 감동과 긴장해소를 통해 생활에 활력을 제공하는 동시에 가치문화를 정립하는 데 목적이 있다. 연예오락 프로그램을 흔히 '쇼(*show*) 프로그램'이라고 부르기도 하는데, '쇼'라는 용어에 담긴 '보이다', '전시하다' 등의 의미와 같이 시각적이고 오락적 요소가 강한 각종 프로그램을 통칭한다. 이러한 '쇼

2 방송법 시행령 제50조 2항.

프로그램'은 구성요소에 따라 순수 뮤직 쇼와 버라이어티 쇼로 크게 나누기도 한다.

오락 프로그램 모니터링의 키워드는 단연코 '재미'이다. 어떤 방송학자는 오락 프로그램은 '눈으로 씹는 껌'이라고까지 정의하기도 했다.

재미없는 오락 프로그램은 오락 프로그램이 아니다. 왜냐면 '오락'이라는 말의 뜻이 '재미있게 놀아서 기분을 즐겁게 하는 일'이기 때문이다.

그러나 시청자들은 오락 프로그램을 보면서 재미있어 하고 즐거워하면서도 저질성, 선정성, 퇴폐성, 소비조장, 억지웃음 강요 등을 이유로 폄하하거나 백안시하는 태도를 취하는데, 우리나라 시청자들이 특히 그런 이중적 태도를 취하는 경향이 강하다.

이에 대해 오락 프로그램 PD 출신의 경원대 조의진 교수는 그의 논문에서 "텔레비전을 오락 프로그램이 아니라 교양이나 계몽적 매체로 보고 있는 시각이, 그리고 공익을 비오락적인 것에 국한시킨 인색한 시각이 자리하고 있고, 한국적 이중성이 오락 프로그램에 대한 이미지를 좁게 했다"[3]고 분석했다.

오락 프로그램 제작자들의 위상은 방송사 내부에서도 이중적이다. 오락 프로그램은 높은 시청률로 주말이나 평일 주요 시간대에 편성되어 비싼 광고비를 벌어들임으로써 최고의 수입원으로 기여한다. 그럼에도 불구하고 오락 프로그램제작자들은 대내외적으로 주로 제재대상이 되는 반면, 방송 관련 수상이나 방송사내에서 위상에 걸맞은 대우를 받

3 조의진(1992), "쇼 오락 프로그램 평가에 관한 연구", 한양대학교 언론정보대학원 석사논문, ii.

지 못하고 있는 실정이다.

정치적으로도 오락 프로그램은 이중적으로 이용되었다. 평소에는 그렇지 않다가 군사정권 시절 사회정화라는 미명 아래 연예오락 프로그램은 핍박을 받았고, IMF 시절에도 오락 프로그램은 편성에서 일부 폐지되거나 단축되는 수모를 겪기도 했다.

그러나 사람들은 누구나 즐거운 것을 추구한다. 누구나 반복되는 것에 이내 실증을 느낀다. 반면에 새로운 것에 대해서는 언제나 흥미와 재미를 느낀다. 오락 프로그램을 제작하는 제작자들에게는 이런 사람들의 속성이 언제나 과제가 된다.

끊임없이 새로운 것을 창출해 시청자를 즐겁게 해주는 일이란 쉬운 일이 아니다. "요즘 재미있어?"라는 말은 허물없는 사이에 흔히 주고받는 인사말 중 하나지만 오락 프로그램 제작자들은 이 인사말조차 부담을 느낄 만큼 '재미'라는 스트레스에 눌려 있다. 물론 오락 방송은 저속하지 않고 선정적이거나 폭력적이지 않은 '건전'한 재미를 주어야 한다.

방송은 일단 재미여야 한다는 데 이의를 제기하기 힘들다. 특히 시청률 경쟁에 함몰되어 있는 우리나라 방송 환경에서는 더욱 그러하다. 그래서 교양은 물론 보도 프로그램에서도 이미 오락적 요소가 가미되고 있다. 비오락 프로그램들은 오락성을 가미하고, 오락 프로그램은 교양과 시사성을 조화시키면서 방송문화 발전을 꾀하고 있는 것이다.

뮤직 쇼

뮤직 쇼, 버라이어티 쇼, 정보 쇼, 퀴즈 쇼, 스포츠 쇼, 뉴스 쇼…. 요즘 방송계에서는 모든 장르의 프로그램이 '쇼'(*show*) 화되고 있다. 한때를 풍미했던 모 방송사 인기 오락프로그램 제목이 '쇼! 쇼! 쇼!'(Show! Show! Show!) 였던 것처럼.

'쇼'라는 단어가 함의하듯, 텔레비전은 '보여주기'에 최적의 매체이다. 쇼는 극이나 행렬, 흥행, 연기, 경치 같은 구경거리, 볼거리, 웃음거리를 총체적으로 뜻한다.

원래 사람들은 일과 놀이에는 모두가 직접 참여하는 형태를 취했으나, 부의 축적이나 신분 상승으로 일부계급이 생산 활동에서 벗어나는 계층분화가 일어났다. 이로 인해 오락도 직접적인 참가오락에서 간접적인 방관 또는 감상오락의 영역이 생기게 되었다. 이는 오락에서 연기자와 관람자로 역할분화를 초래했다.

연예오락 프로그램의 또 다른 명칭인 '쇼 프로그램'은 무대에서 가수가 노래하는 뮤직 쇼에서 출발했다. 1962년 KBS의 〈가요 퍼레이드〉를 효시로 삼는 뮤직 쇼는 오락 프로그램 가운데서 가장 전통적인 장르이다.

특히 1980년대 초반 컬러 TV 방송과 더불어 텔레비전 수상기 보급이 급격히 이루어졌다. 이런 가운데 생활수준이 높아져 여가시간이 늘어남에 따라 다양한 뮤직 쇼가 등장하고 지속적으로 발전했다.

일각에서는 원래 방송이 음악방송에서 시작되었다는 주장도 있다. 방송학자 김우룡은 그의 저서에서 "원래 방송은 어떻게 가정으로 음악을 보낼 수 있을까 하는 기상천외한 발상에서 비약적인 발전의 토대를 마련했다는 것이 일반적인 생각이다. 마르코니 무선회사의 사환에서 RCA의 회장까지 됐던 사노프는 지구상에 정규 방송국이 훨씬 출현하기 전에 '전파를 피아노나 축음기처럼 가정용으로 쓸 수 있게 개발할 계획을 갖고 있습니다. 곧 무선을 이용하여 음악을 가정으로 보내는 것입니다'로 시작되는 건의서를 사장 앞으로 내고, 이 음악을 받는 수신기를 무선상자로 명명, 개발을 촉구했다"[1]는 일화를 소개하고 있다.

뮤직 쇼는 음악 중심의 구성 프로그램을 통칭하는데 그 유형으로는 내용에 따라서 ① 가요 쇼, ② 국악 쇼, ③ 클래식 쇼, ④ 음악 경연 쇼, ⑤ 연주회 등으로 구분된다.

또 형식에 따라서는 ① 공개방송과 비공개방송, ② 생방송과 녹화방송, ③ 스튜디오와 야외방송, ④ 단순구성과 복합구성 방송 등으로 구분되기도 한다.

1 김우룡(1992), 《방송학강의》, 나남, p.185.

1. 휴식의 즐거움을 주는가

치열한 경쟁사회 속에 살고 있는 현대인들은 남녀노소를 불문하고 누구나 스트레스에 시달린다. 따라서 휴식을 통해 일에서 오는 긴장을 해소해야만 한다.

우리 민족은 역사적으로 노래와 춤을 즐기는 민족이다.[2] 지금도 전국 골목골목마다 성업 중인 노래방 문화를 보더라도 이런 기질이 우리 핏줄 속에 흐르고 있음을 알 수 있다. 대대로 춤과 노래로 휴식을 즐긴 민족적 기질을 바탕으로 방송에서의 뮤직 쇼는 자연스럽게 생성되고 발전되었다고 볼 수 있다.

노래와 춤을 바탕으로 하는 뮤직 쇼는 표현과 전달방식이 감각적이며 직접적이고 수용성향도 보다 향수적이다. 또 오락을 통해 휴식을 즐기는 방편으로 뮤직 쇼는 접근노력이나 경비지불 측면에서 좋은 요건을 갖고 있다. 특히 연기자와 관람자가 구분되면서 양산된 인기가수들과 팬이 만나는 장(場)이기도 하다. 이렇게 뮤직 쇼는 과거 '듣는' 오락에서 '보고 즐기는' 오락으로 변모하면서 시청자들의 곁을 파고들었다.

뮤직 쇼는 일단 즐거워야 한다. 온 가족이 둘러 앉아 보면서 할아버지로부터 손자까지 발장단을 맞출 수 있으면 이보다 더 좋을 수 없다. 더

2 한반도 일대에 나타난 고대 국가들에 관한 가장 오랜 기록 가운데 하나로, 중국 서진(西晋, 265~316) 시기, 진수(陳壽, 233~297)가 편찬한 《삼국지(三國志) 위지(魏志) 동이전(東夷傳)》에는, 당시 여러 부족국가의 제천의식(祭天儀式)에 나타난 가무(歌舞) 풍속을 기록하고 있다.

불어 젊은이들이 가수의 노래와 춤을 따라하면서 신명이 난다면 뮤직 쇼는 나름대로 역할을 다한 것이다. 언제 어디서든지 박자와 음률에 몸과 마음을 싣게 한다면 그것으로 뮤직 쇼의 기능을 다하는 것이다.

그러나 뮤직 쇼를 보고 즐거움을 느끼지 못하고 짜증스럽다면, 그것은 어딘가 문제가 있는 프로그램이다. 시청자들은 자신의 입장에서뿐 아니라 전체적인 입장에서 그 문제가 무엇인지를 찾아내는 것이 중요하다.

2. 화려한 볼거리로 보는 즐거움을 주는가

쇼(*show*)는 보여 주는 것이다. 그리고 뮤직 쇼는 음악을 보여 주는 것이다. 기본적으로 음악은 청각적으로 즐기는 예술분야이지만, 방송에 있어 뮤직 쇼는 몸 전체가 즐거워야 한다.

그러기 위해서는 음악뿐 아니라 가수와 백댄서, 합창단과 무용단의 춤과 합창, 조명과 무대 세트, 음향과 자막을 비롯한 다양한 이펙트, 유려한 카메라 워킹 등 동원할 수 있는 모든 요건들을 총동원해 화려한 볼거리를 제공해야 한다.

특히 카메라 워킹은 평면적이고 정적인 분위기를 넘어 역동적이고 입체적인 영상포착으로 현장의 열기를 효과적으로 담아내야 한다. 최근에는 고화질 HD 영상과 입체적인 3D 영상 등이 도입되고 컴퓨터기술에 따른 조명과 이펙트 처리들이 결합하면서 뮤직 쇼는 나날이 진화하고 있다. 이제 뮤직 쇼는 시청자들의 오감을 자극하는 화려한 볼거리와 즐길 거리로 승부를 걸고 있는 것이다.

3. 현장감을 잘 살리는가

뮤직 쇼는 대체로 공개방송 형태를 취한다. 같은 노래를 불러도 청중이 있는 것과 없는 것은 가수에게도 큰 차이를 준다. 다시 말해 뮤직 쇼는 무대와 객석이 함께 한다는 것이다.

최근 들어서는 스튜디오를 벗어난 대형 뮤직 쇼는 수천, 수만 명의 관객을 동원하기도 한다. 뮤직 쇼는 노래하는 가수와 객석의 관람객이 하나가 되는 축제의 무대이다. 같이 박수치며 노래하고 춤추는 혼연일체를 꿈꾸는 마당이기도 하다. 이런 현장 분위기를 충분히 담아내어 안방에서 텔레비전을 보는 시청자들에게 현장에 있는 것 같은 임장감(臨場感)을 주어야 한다.

뮤직 쇼는 속성상 텔레비전을 통해서 볼 때는 현장의 열기가 그대로 전달되기는 힘들다. 그것은 만원을 이룬 프로야구 경기장 응원석에서 경기를 보는 것과 이 경기를 텔레비전 중계를 통해 보는 것이 다른 것과 마찬가지다. 그렇기 때문에 뮤직 쇼는 더욱 현장감 있게 제작되어야 한다. 가수의 땀 흘리는 모습과 숨소리, 열광하는 객석의 모습이 생생하게 전달되어야 한다.

그런가 하면 무게 있고 진중한 음악 연주회의 경우 거기에 걸맞은 현장 분위기가 포착되고 전달되어야 한다.

4. 오디오 처리가 잘 되었는가

뮤직 쇼는 음악이 기본이다. 그리고 음악(音樂)은 사람의 목소리나 악기 소리가 기본이다. 뮤직 쇼에서 사용되는 다양한 장치들은 음악을 즐겁고 재미있게 또는 생생하게 전달하기 위한 보조 역할을 수행한다.

소리를 기본으로 하는 뮤직 쇼는 오디오처리에 심혈을 기울여야 한다. 방송으로 전달될 때 오디오 처리는 뮤직 쇼의 생명이다. 가수의 목소리가 악기나 관중들의 함성에 묻히거나, 반대로 가수의 목소리를 반주나 현장음이 제대로 받쳐주지 못하면 문제가 된다. 특히 클래식 연주회의 경우 각 악기들의 배치와 악기들의 수음(收音)에 최선을 다해야 한다.

5. 시청대상의 취향과 욕구를 충족시키는가

음악에 대한 개인적 취향과 기호는 다양하다. 특히 노래에 대해서는 나이에 따라 취향이 변하게 된다. 그래서 뮤직 쇼는 대체로 연령별로 분화한다. 예를 들어 KBS의 경우 2012년 현재, 어린이들의 동요잔치인 〈누가 누가 잘하나〉에서부터 10대들이 즐겨보는 〈뮤직뱅크〉, 20~30대 위주의 〈유희열의 스케치북〉, 40~50대의 〈콘서트 7080〉, 60대 이상의 〈가요무대〉로 세분화되어 있다.

물론 다양한 세대가 즐길 수 있는 〈전국 노래자랑〉이나 〈KBS 열린 음악회〉도 있고, 〈국악 한마당〉 같은 특수한 뮤직 쇼도 있기는 하다. 그러나 노래에 대한 취향이 나이에 따라 달라지고 변하게 됨에 따라 방송사들은 대체로 이를 감안해 시청대상에 맞는 뮤직 쇼를 편성한다. 특히 10대들이 열광하는 가요 쇼의 경우, 스타덤과 팬덤을 이루면서 또 다른 대리만족과 함께 하나의 유행을 창조하는 만큼 이들의 취향과 유행을 외면할 수 없다. 반면 중장년층을 대상으로 하는 가요 쇼는 향수와 추억을 자극해 즐거움을 주어야 한다.

모든 프로그램이 그러하지만 뮤직 쇼는 특히 시청 대상을 꼼꼼히 분석해 그들의 요구를 수용해야만 성공할 수 있다.

6. 대중문화 확산에 기여하는가

역사적으로 보면 문화나 음악에 대해 우열이나 서열을 매겨 호칭했던 시절이 있었다. 예를 들면 '고급문화'나 '순수음악' 등이 이런 개념의 용어로 통용된 것이다.

그러나 지금은 '대중문화', '대중음악'이란 용어가 쓰이고 있지만, 이것이 결코 '저급'하거나 '불순'한 의미로 해석되고 있지는 않다. 대중문화도 당당하게 그 역할을 수행하기 때문이다.

우리나라 TV 뮤직 쇼는 초창기인 1960년대에 주로 미 8군 무대 가수들의 노래나 영화 부흥기의 영화주제가들로부터 싹트기 시작했다. 1970년대는 청바지 통기타 문화와 함께한 포크송이, 1980년대는 컬러 방송 개시와 함께 각종 댄스 음악과 대형 이벤트 음악의 유행으로 이어졌다. 1990년대에 접어들어서는 주 수용자층이 10대 중심으로 이동했고, 2000년대 이후에는 이른바 아이돌 스타에 의한 댄스와 대중가요의 확산으로 진화했다.

방송에서의 뮤직 쇼는 대중문화 발전에도 기여한다. 음반 산업은 물론 스타를 창출하고 유행을 선도하는 등 다양한 분야에 영향을 미치고 있다. 나아가 최근에는 우리 가수들이 해외에서 'K-pop'이라는 새로운 한류문화를 파급시키는 데 일조함으로써 국위선양과 함께 외화획득에도 기여하고 있다. 프랑스 파리에서 열린 우리 대중가요 콘서트가 현지인들의 열화 같은 요청으로 하루 더 공연을 연장했다는 사실은 국민적

〈뮤직뱅크〉의 파리 공연 장면. 최근 우리 가수들은 K-pop이라는 새로운 한류문화를 파급시키는 데 일조하고 있다. 사진_KBS 홍보실 제공

자긍심을 고취시킨다.

가까운 일본은 물론 중국과 동남아, 나아가 유럽과 아메리카 등 다양한 나라에서 한국 가요가 인기를 끌면서 한글과 우리말을 배우려는 분위기가 확산되고 있는 점도 고무적이다. 요즘 방송사 가요 프로그램 공개방송 방청객 중에는 외국인들이 크게 늘어나고 있는 것도 이런 일련의 흐름 속에 이루어지고 있다.

물론 지나치게 소비를 조장한다든지, 맹목적인 모방이나 과도한 노출, 간간히 터져 나오는 비리 등 여러 문제를 일으켜 비난을 받기도 하지만, 역기능을 최소화하고 순기능을 확장해 나가는 것이 뮤직 쇼의 과제이기도 하다.

7. 진행자와 출연자의 선정은 적절한가

뮤직 쇼에서 진행자는 무대 출연자와 시청자를 연결해 주는 가교역할을 한다. 주로 출연 가수와 노래를 소개하는 것이 기본이지만, 프로그램 성격에 따라 토크가 가미될 경우 진행자의 역할은 더욱 커지게 된다. 그러나 시사보도나 토론 프로그램 진행자와 달리 뮤직 쇼의 진행자는 시청자들에게 친근해야 하고 즐거움을 함께 나눌 수 있어야 한다. 〈KBS 전국 노래자랑〉의 진행자 송해 씨의 경우, 1988년부터 구순을 바라보는 지금까지도 독보적인 존재로 진행을 맡고 있음은 상징하는 바가 크다.

뮤직 쇼에서는 주로 무대에 서는 가수가 주인공이다. 가수를 꿈꾸는 수많은 지망자들에 비해 가수가 되기는 너무 힘든 데다 가수가 되어도 방송에 출연하기는 더욱 힘들다. 뿐만 아니라 유행가는 말 그대로 유행을 먹고 사는 만큼 그 경쟁은 더 없이 치열하다.

이러한 환경 속에서 카메라 앞에 서는 가수의 선정은 충분한 타당성을 갖고 있어야 한다. 특히 인기순위를 매기거나 시상을 목적으로 하는 뮤직 쇼에는 더욱 그런 명분이 확실해야 한다. 음악성 없는 가수가 뮤직 쇼에 출연하는 것은 음악성 있는 그 누군가의 기회를 박탈하는 것이기 때문이다.

가수들이 출연하는 뮤직 쇼의 경우, 선곡이 생명이다. 뮤직 쇼의 경우 어느 장르보다 PD의 연출권이 강력하게 보장되고 행사된다. 이에 대해 MBC 이흥우 예능 PD는 그의 저서에서 이렇게 밝히고 있다.

"예능 프로그램에서는 PD의 역할이 다른 어느 장르보다 중요하다. 또 그중에서도 음악 프로그램 연출이 PD로서 가장 보람이 있다고 예능

PD들은 말한다. 그만큼 음악 프로그램 연출은 섭외부터 노래 구성, 중간의 야외 구성물인 비디오 클립까지 대중문화의 한 축인 가요라는 장르를 재료로, 또 대상으로 성취감 있게 프로그램을 만들 수 있기 때문이다.

작곡가들은 더하겠지만 아직 방송을 타지 않은 미발표곡, 그중에서도 좋은 노래들을 먼저 듣고 방송 여부를 결정하고 멋지게 꾸며서 전파를 타게 한 뒤, 그 노래가 사람들 입에서 입으로 전해지며 들불처럼 퍼져가는 인기를 확인할 때면 PD들은 짜릿한 보람과 성취감을 맛본다."[3]
최근 들어 뮤직 쇼에서 가창력보다는 춤이 강조되고, 가수가 노래보다는 입담이나 운동신경을 자랑하는 프로그램들이 제작되는 풍토가 생겼는데 이는 개선되어야 한다. 또한 컴퓨터를 통해 정교하게 녹음된 노래에 입만 벙긋거리는 립싱크 가수보다는 가창력 있는 가수를 발굴해내는 것은 뮤직 쇼의 또 다른 책무이다.

시청자가 일일이 음악성을 평가하고 출연의 타당성을 검증하기는 힘들지만, 부정한 연결고리로 출연이 이루어지지 않도록 감시와 감독의 비판적 시각을 갖는 것이 중요하다. 뮤직 쇼 제작에서 누구를 불러 무슨 노래를 들려줄 것인가의 판단은 진정한 가요계의 발전과 시청자의 안목을 중심으로 이뤄져야 한다.

3 이흥우(2008), 《PD 스쿨》, 동아일보사, p.152.

버라이어티 쇼

'버라이어티'(*variety*)란 사전적으로 '여러 가지', '각양각색' 등의 의미를 갖는다. 따라서 '버라이어티 쇼'는 노래와 춤, 연주, 토크, 코미디, 개그, 마술, 묘기, 만담, 서커스, 인형극, 오페라, 드라마, 다큐멘터리, 영화, 토크, 게임 쇼, 퀴즈 쇼, 연예정보, 패러디 등 다양한 형태와 형식의 프로그램 포맷을 복합적으로 다루는 방송 프로그램을 의미한다. 버라이어티 쇼는 어떤 일정한 틀을 갖지 않기 때문에 개념이 포괄적이고 가변적이며 복합적이다.

텔레비전 버라이어티 쇼는 모든 방송사들의 개국 축하방송으로 출발한 데서 보듯이 역사가 오래된 프로그램이다. 버라이어티 쇼는 연예오락 프로그램 가운데서도 가장 재미있고 흥미 있는 요소들을 복합적으로 구성하는 만큼 시청률이 높아 각 방송사 입장에서는 주요 수입원이자 방송사 이미지를 높이는 역할을 하므로, 타사의 프로그램들과 전략적으로 치열한 경쟁을 벌이게 된다.

주말뿐 아니라 주요 시청시간대에는 대체로 장시간 버라이어티 쇼가 집중 편성되고, 시청자들도 즐겨보므로 최근에는 '연예 오락 프로그램의 꽃'으로 불린다. 특히 국내외 다양한 현장에서 유명인이나 인기 연예인들이 집단 체험으로 참여하는 '리얼 버라이어티 쇼'라는 포맷이 인기를 끌면서, 단순히 웃음을 주는 데 그치지 않고 감동과 정보까지 주는 등 진화를 거듭하고 있다. 최근 리얼 버라이어티 쇼는 예능 프로그램의 대세이며 트렌드를 이끌고 있는 것임은 분명하다.

버라이어티 쇼의 유형은 문자 그대로 버라이어티 하지만, 대별해 보면 다음과 같다.

- 토크 쇼: 인기인들이나 화제의 주인공들과 나누는 토크 중심 쇼
- 패널 쇼: 주로 인기인 중심의 패널들과 함께 다양하게 즐기는 쇼
- 오락 게임 쇼: 게임과 놀이, 경연 등 기량을 겨루는 오락 쇼
- 퀴즈 쇼: 재미와 흥미 위주의 오락 퀴즈 프로그램
- 연예 매거진 쇼: 연예가 정보 중심의 매거진 쇼
- 리얼 버라이어티 쇼: 연출이나 개입을 최소화하는 가운데 다양한 현장체험을 재미있게 구성하는 오락 쇼
- 공익 버라이어티 쇼: 오락성과 더불어 공익성을 강조하는 오락 쇼
- 테마 쇼: 하나의 주제를 설정해 테마를 중심으로 전개하는 오락 쇼
- 기타

버라이어티 쇼는 말 그대로 워낙 가변적이고 다양한 형식이기 때문에 일률적으로 모니터링 요령을 정리하기는 그 어느 장르보다 어렵지만 대체적으로 다음과 같다.

1. 재미있고 참신한가

재미를 목적으로 제작되는 오락 프로그램 가운데 가장 흥미로운 요소들을 망라해 제작되는 버라이어티 쇼는 단연 재미있어야 한다. 버라이어티 쇼는 예능적인 모든 요소뿐만 아니라 교양과 보도적인 성격까지 가미해, 사회적 물의를 야기하지 않는 범위 내에서 다루지 못할 영역이 없고 동원되지 못할 형식도 없다.

웃음과 즐거움을 줄 수 있는 다양함이 버라이어티 쇼의 생명이다. 그리고 그 다양함의 바탕에는 참신함이 깔려 있어야 한다. 그러나 시청률이 높은 관계로 각 방송사들이 주요 시간대에 대체로 장시간 편성하다 보니, 제목만 다를 뿐 비슷비슷해 진부해진 경향이 있다. 심지어는 타 방송사의 프로그램을 거의 베끼기 수준으로 제작해 방송사 사이에 갈등을 조장하고 시청자들에게 비난의 대상이 되기도 한다. 또 어떤 채널을 돌리든지 비슷한 진행자들이 각 방송사를 돌아가며 진행을 하고, 병풍처럼 둘러싼 출연자들도 그 얼굴이 그 얼굴이어서 식상함을 주기 쉽다.

치열한 시청률 경쟁 속에 매일 또는 매주 버라이어티 쇼를 제작하는 제작진들은 하늘아래 새로운 것이 얼마나 있느냐고 항변할 수 있겠지만, 진부한 내용이나 형식으로 시선을 계속 끌 수 없다는 사실을 잊지 말아야 한다.

2. 유행을 창출하고 세태를 반영하는가

보도나 교양 프로그램만 시의성을 중요시하는 것은 아니다. 정보성 버라이어티 쇼뿐 아니라, 전반적인 버라이어티 쇼들도 유행을 창출하고 세태를 반영해야 한다.

노래뿐 아니라 의상과 미용 등 패션과 문화를 유행시켜야 한다. 그리고 그 유행은 산업으로 연결되는 선순환을 이루어야 한다.

버라이어티 쇼 진행자나 출연자들의 외모나 말 한마디 등 일거수일투족은 무서운 파급력을 가진다. 따라서 자칫 잘못된 유행과 세태를 선도하면 걷잡을 수 없는 사회적 파문을 일으키게 된다는 사실도 잊어서는 안 된다.

프로그램 속에서 따라 해서는 안 될 상황을 보여 줄 경우에는 반드시 따라하지 말라는 경고를 자막이나 멘트로 처리되었는지 눈여겨볼 필요가 있다.

3. 시청자의 욕구를 충족시키는가

같은 시청자라 하더라도 버라이어티 쇼를 보는 시청자의 욕구는 보도나 교양 프로그램을 볼 때와는 차이가 있다. 시청자들은 재미와 흥미를 기대하기 때문이다. 따라서 이런 욕구를 채워주어야 하는 것이 버라이어티 쇼의 책무이다.

1990년 초 TV를 통해 등장한 '서태지와 아이들'을 계기로 이른바 '신세대'들이 연예산업과 대중문화에 주된 소비주체로 등장함에 따라, 방송이 '신세대 취향'을 만들어가는 한편 그 취향을 프로그램에 반영하는 새로운 패턴이 형성되었다.

현재 주말을 포함한 주 시청시간대에 편성되거나 심야에 편성된 버라이어티 쇼 역시 신세대 취향에 포커스를 맞추고 있다. 신세대 취향의 사회자들의 진행 아래 신세대 취향의 연예인들이 대거 출연해 신세대 취향의 이야기와 놀이와 게임으로 만들어져 신세대들로부터 높은 시청률을 확보하고 있다.

신세대들의 높은 시청률은 신세대 취향의 산업과 관련된 광고수입 증가로 이어지면서 방송사 내에서도 경쟁력을 인정받고, 사회적으로는 신세대 문화코드를 형성한다. 이제 버라이어티 쇼는 TV 리모컨을 손에 쥔 대중문화의 소비주체인 신세대의 욕구를 외면하고는 살아남기 힘들어졌다.

그러다 보니 젊은 세대에 영합하는 소비 지향적이고 말초적 프로그램이 양산된다는 비판을 면하지 못하고 있기도 하다. 이런 비난을 극복하기 위해서는 보다 다양한 계층의 요구를 충족시킬 수 있는 버라이어티 쇼 프로그램을 선보여야 한다.

4. 선정적이고 폭력적이지 않는가

모든 예능 프로그램 제작에서 가장 큰 유혹은 선정성과 폭력성이다. 선전성과 폭력성은 인간의 본능과 연계되어 누구에게나 시선을 끄는 요소이다. 특히 버라이어티 쇼에는 수많은 연예인이 동원되어 출연자 간의 경쟁이 펼쳐지다보면 시청률을 의식해 적정선을 넘는 경우가 있을 수 있다.

그러나 가족매체인 텔레비전 프로그램에서 선정성과 폭력성은 그 수위를 지키지 않으면 여러 가지 문제를 야기하게 된다. 선정성과 폭력성은 행위적 선정성과 폭력성뿐 아니라 언어적 선정성과 폭력성도 포함되므로 재미에만 빠져들지 말고, 냉정하고 비판적 시각으로 지켜보아야 한다(방송 프로그램에서의 선정성과 폭력성에 대한 모니터링 요령은 후반부에 별도로 설명되어 있음).

5. 웃음 그 이상을 주는가

버라이어티 쇼는 재미를 추구하는 대표적인 텔레비전 장르이다. 그러나 버라이어티 쇼는 웃음만을 주기 위해 만들어지지 않는다. 최근 각 방송사들이 선보이는 리얼 버라이어티 쇼의 경우 웃음과 함께 감동의 눈물까지 선사해 시청자들로부터 박수갈채를 받음으로써 버라이어티 쇼의 진가를 발휘하고 있다.

출연진과 제작진의 땀과 눈물이 시청자에게 진정성으로 다가가고 감동으로 이어질 때 출연과 제작, 시청의 의미와 역할이 증폭되는 것이다. 배를 잡고 웃다가도 어느 순간 눈시울이 붉어지며 가슴 뭉클하게 하는 버라이어티 쇼는 보는 사람에게 행복감을 준다.

6. 진행자와 출연자의 역할 소화가 적절한가

언젠가부터 버라이어티 쇼에 연예인 위주의 집단 진행방식이 대세를 이루고 있다. 특히 주로 개그맨 출신 진행자와 또 다른 연예인으로 구성된 보조 진행자도 동원된다. 출연진도 대체로 인기 연예인 위주로 대거 투입된다.

KBS 〈해피선데이-1박 2일〉 같은 리얼 버라이어티 쇼가 인기를 끌면서, 단순히 웃음을 주는 데 그치지 않고 감동과 정보까지 주는 등 진화를 거듭하고 있다. 사진_KBS 홍보실 제공

그래서 최근 버라이어티 쇼는 집단 진행자들을 중심으로 좌우로 집단 출연자들이 흡사 병풍처럼 둘러선 형태를 갖추고 진행된다. 재미를 극대화하기 위해 주로 일본에서 도입된 이런 진행과 구성은 정갈하거나 정선된 분위기보다는 함께 와글거리며 웃고 즐기는 데 초점이 맞춰진다.

그런데 어느 채널을 돌려도 나오는 진행자들, 어느 프로그램에서나 볼 수 있는 출연자들로 프로그램을 차별화하지 못하고 있다. 아나운서나 전문 진행자가 밀려난 채 연예인들이 인기인이라는 이유로 진행을 하고 출연진 역시 인기 연예인 위주로 초대되어 웃음을 주는 데 주력하게 된다. 그러다 보니 진행자로서 또는 보조 진행자로서의 역할분담이나 역할소화가 제대로 이뤄지지 못하는 경향이 적지 않다.

출연자들 역시 바쁜 스케줄 속에 충분한 준비 없이 출연해 출연의도를 제대로 살리지 못하는 경우도 적지 않다. 방송에 부적합한 말이 난무하고 사석에서의 말장난을 방불케 하는 사담과 사생활 폭로와 같은 말초적인 이야기로 일관하는 경우도 허다하다. 재미도 중요하지만, 방송의 공적 기능과 품위유지에 위배되지 않도록 경계해야 할 부분이다.

코미디 프로그램

사람은 행복하기 때문에 웃는 것이 아니라, 웃기 때문에 행복하다.
- 윌리엄 제임스

사람은 웃을 수 있는 동물이다. 따라서 사람은 웃길 수 있는 동물이다. 웃음은 인간이 몸 전체로 즐기는 감동의 표현이다. 미소, 고소, 냉소, 조소, 폭소, 대소, 홍소, 실소, 담소, 파안대소, 박장대소 등 웃음에는 종류도 많다. 그만큼 웃음에 이르는 감정도 다양하다. 우리는 '소문만복래'(笑門萬福來) 나 '일소일소'(一笑一少) 같은 말을 통해서도 웃음의 의미와 가치를 발견하게 된다.

최근 '웃음 치료사'라는 새로운 직업이 등장한 데서 알 수 있듯이 웃음은 건강에도 좋다는 것이 입증되었다. 좀더 의학적으로 살펴보면, 사람이 유쾌하게 웃으면 두뇌 속에 '엔도르핀'이라는 호르몬이 활성화되고 이로 인해 면역기능을 하는 '티 임파구'를 강하게 해준다는 것이다.

또 웃음은 건조한 분위기나 인간관계를 부드럽게 해주는 친화작용을 하고, 웃음이 가미되면 딱딱한 설명도 집중력을 갖게 해서 오래 기억하게 하는 작용도 한다. 그러나 무엇보다 웃음은 사람을 '즐겁게' 한다.

웃음의 유형을 구체적으로 살펴보면, 크게 세 가지로 구분된다. 첫째로 주변에 즐겁고 기쁜 일이 생겼을 때 자연스럽고 꾸밈없게 웃는 '자발적 웃음'이 있고, 일종의 커뮤니케이션으로서 말을 대신해서 웃는 '언어적 웃음'이 있다. 그리고 외부로부터 타의에 의해 웃게 되는 '타의적 웃음'이 있다. 이 가운데 웃음을 창출해내는 코미디 프로그램은 타의적 웃음을 유발하는 데 목적이 있다.
텔레비전의 중요한 기능 중 하나가 '오락'이고, 오락은 '재미있게 놀아서 기분을 즐겁게 하는 일'이기 때문에 웃음을 유발하고 선사하는 코미디 프로그램은 방송의 중요한 역할을 수행한다. 그래서 코미디 프로그램은 뮤직 쇼와 함께 '예능 프로그램의 원형질'로 불린다.

코미디는 웃음을 제공하기 위해 벌이는 희극을 말한다. 코미디의 어원은 'comus'(잔치, 축배)와 'ode'(노래)의 합성어로 술 마시고 춤추며 놀았다는 그리스의 신화에 바탕을 둔다는 설이 지배적이다. 웃음과 관련해서는 '해학'으로 풀이되는 '유머'(*humour*), '재치'라는 의미의 '위트'(*wit*), 코미디에서 발전한 '개그'(*gag*) 등의 용어가 있기는 하지만, 코미디는 다른 우리말로 바뀌지 않고 외래어로 정착되어 통용되고 있다.

:: 코미디 프로그램의 특성과 기능

재미 부담 없는 웃음을 유발해 일상의 긴장이나 스트레스를 해소시킨다. 개개인들이 코미디를 통해 긴장과 스트레스를 해소하게 되면, 사회적, 국가적으로도 여유 있고 윤택한 분위기를 조성할 수 있다. 재미는 예능 프로그램의 키워드이자, 코미디 프로그램의 원형질이다.

풍자성 풍자는 웃음 그 자체로서 강한 호소력을 발휘할 뿐만 아니라,

교훈적 기능도 겸한다. 우리나라 전통 마당놀이를 보더라도 풍자를 통해 관객을 웃길 뿐 아니라, 웃음을 통해서 잘못된 제도나 관습, 어리석음과 실수, 악덕 등을 비판해서 바로잡는 데 목적을 둠을 알 수 있다. 코미디는 잘못을 비판하되 논리적이거나 웅변적으로 주장하는 것이 아니라, 웃음을 통해 대상을 풍자함으로써 그 힘을 발휘하게 된다.

보편성 코미디 프로그램은 할머니, 할아버지부터 어린 손자, 손녀가 같은 공간에서 함께 즐기기에 좋은 프로그램이다. 3대가 웃음을 통해 시공을 같이하는 것이다. 이렇게 코미디처럼 불특정 다수를 시청 대상으로 하는 장르도 드물다. 따라서 코미디 프로그램은 보편성을 확보해야 한다. 보편성이 넓을수록 웃음의 영역이 넓어지고 증폭된다. 보편성은 타당성을 바탕으로 확보된다. 다만, 다양한 계층을 웃음으로 만족시키려다 보면 지나치게 통속화되거나 저속화될 위험성이 있어 이를 경계해야 한다.

공감대 사람은 누구나 웃을 수 있다. 그러나 똑같은 장면을 목격하고도 웃는 사람이 있고 웃지 않는 사람도 있다. 웃음을 유발하게 되는 배경에는 개개인의 서로 다른 문화와 가치관, 성격, 교육 수준, 생활환경, 수용태도가 작용하기 때문이다. 만약 한 이민자가 그 나라의 코미디 프로그램을 보고 온전히 따라 웃게 되면 그 사회에 성공적으로 동화된 것을 의미한다. 이런 점을 감안했을 때 코미디 프로그램은 남녀노소를 포함한 다양한 계층을 넘나들며 웃음을 선사하기 위해서는 최대한 공감대를 확보해야 한다.

사람들의 웃음을 유발하게 되는 요인으로는 ① 반복, ② 모방, ③ 과장, ④ 바보스러움, ⑤ 기대와 기대 밖, ⑥ 반전, ⑦ 부조화, ⑧ 불균형, ⑨ 착각과 착오, ⑩ 억지, ⑪ 비틀기, ⑫ 말장난, ⑬ 성대모사 등이 있다. 코미디 프로그램은 이런 요인들을 상호관계 속에 복합적으로 연계시켜 더 큰 웃음을 유발하고 증폭시킨다.

우리나라의 코미디 프로그램의 변천사를 살펴보면, 우리나라 최초의 TV 코미디 프로그램은 1964년 TBC 개국과 더불어 시작된 〈웃으면 천국〉이다. 그러나 이 프로그램이 단명해 사라진 뒤 1969년 MBC 개국 프로그램으로 방영된 〈웃으면 복이 와요〉가 본격적인 TV 코미디 프로그램의 시작으로 평가된다.

그 이전에는 라디오를 통해 장소팔, 고춘자 등의 만담(漫談) 식 코미디가 인기를 끌다가 본격적인 TV 코미디를 통해 홀쭉이와 뚱뚱이(양석천, 양훈), 막둥이 구봉서, 후라이보이 곽규석으로 이어지는 소극(笑劇) 식 코미디가 정착하게 된다. 또, 이 시기에는 비실이 배삼룡과 땅딸이 이기동을 주축으로 한 슬랩스틱 코미디로 난센스식 코미디가 주류를 이루었다.

1970년대에는 주로 콩트 나열식 코미디가 인기를 끌었다. 콩트 나열식 코미디는 한 프로그램 안에서 몇 개의 상황극을 콩트로 만들어 배열한 코미디이다. 이 시기 들어 코미디 제작에서 전문작가와 연출자의 존재가 부각되기 시작했다. 작가는 코너별 상황을 창출하고 연출자는 이에 적합한 인물을 캐스팅해 내용에 맞게 연출을 지시했다. 당시 대표적 콩트 코미디는 구봉서의 〈위대한 유산〉, 배삼룡 · 이기동의 〈고전 유머극장〉 등이 있다.

그리고 1974년 TBC의 〈살짜기 웃어예〉라는 프로그램을 통해 개그

2000년대 이후에는 〈개그콘서트〉, 〈폭소클럽〉, 〈웃으면 복이 와요〉와 같은 공개 코미디가 인기를 차지하고 있다. 사진_KBS 홍보실 제공

맨이 등장하게 된다. '개그'는 과장된 몸짓이 아닌 재치와 기지에 빛나는 '말'을 통해 웃음을 유발하는 진화된 코미디의 형식으로 주로 스탠딩 토크 코미디 형식으로 진행되었다. 전유성이 대표적인 개그맨 1세대이고, 고영수, 장고웅, 김병조 등이 개그맨으로 활동했다. 개그의 등장은 코미디의 영역 확장과 더불어 기존 코미디에 대한 고정관념을 파괴시켰다.

개그맨들의 본격적인 활동과 더불어 1980년대는 코미디 방송 역사 중 가장 전성기로, 당시 〈유머 1번지〉, 〈쇼 비디오자키〉, 〈청춘만만세〉 등의 프로그램이 인기를 끌면서 대표적 오락 프로그램으로 자리 잡으며 폭발적인 인기를 누렸다.

1990년대 들어서는 버라이어티 프로그램이 유행하면서 코미디 기법

중의 하나로 기존 작품들을 변형시켜 웃음을 만드는 '패러디'가 유행하기 시작했다. 한편으로는 〈일요일 일요일 밤에〉의 '인생극장'류의 극화 코미디가 등장하고 코믹 다큐멘터리가 나타나는 등 코미디 제작기법이 확장되었다. 또 이 시기에는 〈남자 셋, 여자 셋〉, 〈세 친구〉, 〈LA 아리랑〉과 같은 시추에이션 코미디인 '시트콤'이 정착해 코미디의 또 다른 영역을 구축했다.

2000년대 이후에는 〈개그콘서트〉, 〈폭소클럽〉, 〈웃으면 복이 와요〉, 〈웃음을 찾는 사람들〉과 같은 공개 코미디가 인기를 차지하고 있다. 혼자서 웃음을 유발하는 형식에서 벗어나 콘서트 형식을 융합한 가운데 몇몇이 팀을 이루어 스탠딩 코미디 코너를 꾸려가고, 코너와 코너의 연결이나 구성에서 속도감을 불어 넣는 등 다양한 변신을 꾀했다.

뿐만 아니라 최근의 트렌드인 버라이어티 쇼 프로그램에도 코미디언이나 개그맨이 대거 진출해 연기를 하는 것은 물론, 주요 예능 프로그램의 진행도 독식하다시피 하는 등 코미디와 코미디언의 영역이 확장, 진화되었다. 대표적인 개그맨으로 유재석, 강호동, 이경규, 김용만, 이휘재, 신동엽 등이 손꼽히고 새로운 역량을 겸비한 신인들이 속속 등장해 코미디의 위력을 입증하고 있다.

:: 코미디의 분류

방청객 유무에 따른 분류

공개 코미디　공개 코미디의 경우 현장감과 생동감이 살아 좋은 점도 있지만, 반드시 방청객을 웃겨야 하는 부담도 따른다.

비공개 코미디 생동감과 현장감의 부족을 방청객 대신 웃음소리를 입혀서 제작하게 되는데, 자칫 제작진만 웃는 코미디가 될 위험부담이 있다.

구성형태에 따른 분류

시추에이션 코미디 상황코미디(*situation comedy*)로 흔히 줄여서 '시트콤'(*sit-com*)이라 부른다. 고정 등장인물과 고정 세트 등 상황을 미리 정해두고 상황을 부여해서 웃음을 주는 일종의 드라마 형태의 코미디이다.

코미디 단막극 일정한 시추에이션 형식 없이 매회 이야기를 마무리 짓는 코미디이다.

버라이어티 코미디 온갖 장르의 오락적 요소를 섞어서 웃음을 선사하는 코미디 프로그램이다. 주로 주말이나 심야에 펼쳐지는 버라이어티 쇼 프로그램과 경계가 다소 모호해진 경향이 있지만, 그 중심에 코미디를 두는 프로그램이다.

토크 코미디 진행자를 중심으로 대화를 통해 펼쳐가는 코미디 형식이다. 진행자의 개성과 캐릭터가 잘 드러나는 코미디이다. 따라서 프로그램 타이틀에 진행자의 이름을 붙이는 경우가 많다.

콩트 코미디 쇼 짤막짤막한 콩트들을 코너로 구성해 연결하는 코미디 형식이다. 주로 최근 공개 코미디에서 관중들에게 속도감 있는 웃음을 선사한다. 〈개그콘서트〉, 〈웃음을 찾는 사람들〉 등과 같이 다양한 볼거리를 버무려 큰 인기를 얻고 있는 고정 코너의 경우, 유행어를 창조하는 등 영향력이 강하다.

뮤지컬 코미디 코미디에 뮤지컬을 접목시킨 형식이다. 코미디언의 음악적 기량이 뒷받침되어야 한다.

고전 해학극 전해오는 야담이나 유머를 각색해서 웃음을 주는 형식이다.

코미디 인형극 코미디언이나 개그맨이 등장하지 않고 인형을 앞에 내세워 웃음을 주는 코미디이다. 인형을 손에 들고 입술을 움직이지 않고 다른 목소리로 인형과 대화하듯이 하는 복화술(腹話術)도 넓은 의미에서 여기에 속한다.

내용에 따른 분류

홈 코미디 가정을 배경으로 하는 상황극으로 온 가족이 보기에 부담이 없는 내용이 중심이 된다. 미국의 〈코스비 가족〉 등이 대표적인데, 우리나라의 시트콤들은 대체로 홈 코미디에 포함된다고 볼 수 있다.

난센스 코미디 주로 콩트 코미디에서 이용하는 내용으로 난센스를 통해 웃음을 선사한다.

풍자 코미디 풍자를 통한 고발적 내용을 다룬다. 그리고 이를 통해 교훈과 더불어 개선의 효과를 노리게 된다.

내용에 따라서는 시사 코미디, 정치 코미디, 사회 문화 코미디 등으로 세분되기도 한다. 특히 정치 코미디는 시청자들 모두의 관심을 끌 수 있지만, 당시의 시대 상황에 따라 진폭을 달리하기도 한다. 정치적 선진국들은 교황이나 국가원수 같은 지도자들을 코미디의 소재로 삼아 즐거움을 주는데도, 정치적 후진국에서는 한계상황을 드러내고 있다. 우리나라도 대통령을 코미디의 소재로 삼기는커녕 외모가 비슷하다는 이유로 한동안 출연이 금지된 연기자도 있었다. 그 후 민주화와 더불어 현직 대통령의 육성이나 몸짓을 코미디로 삼는 변화를 가져오기도 했으나, 정치 코미디가 완전히 정착되기까지는 시간이 걸릴 듯하다.

섹스 코미디 섹스는 식욕과 더불어 인간의 본능이기 때문에 동서양을 막론하고 코미디의 가장 좋은 소재이다. 그래서 술자리나 격의 없는 자리에서는 음담패설이 부담 없이 오가기도 한다. 그러나 이것이 방송을 통해 소개되는 데는 엄격한 한계가 있다. 따라서 어느 수위에서 어떻게 다룰 것인지 고민이 따라야 한다.

슬랩스틱 코미디 주된 내용보다는 상황을 익살스럽거나 우스꽝스런 연기를 통해 풀어가는 코미디이다. 외국의 경우 찰리 채플린이 대표적이고 우리나라에도 배삼룡, 심형래, 이창훈 등이 슬랩스틱 코미디로 인기를 얻었다. 이들의 바보스런 연기를 보고 사회적으로 소외되거나 위축된 사람들에게 우월감과 자신감을 갖게 하는 긍정적 기능을 한다.

우리나라 시청자들이 코미디를 보는 시각은 대단히 이중적이다. 대체로 보지도 않고 저속하고 저질이라고 폄하하는 경향이 경하다. 그런가 하면 재미있게 보고 웃었으면서도 보지 않은 것처럼 하는 엄숙성도 있다. 또 자신과 연계된 부분이 희화화되면 강력히 반발하는 경향도 있다. 그런가하면, 1977년에는 한때 정부당국에 의해 '사회정화'라는 미명아래 코미디가 전면 금지되는 촌극을 겪기도 했다.

코미디는 코미디일 뿐이다. 따라서 시청자들은 다른 장르와 달리 아량을 갖고 프로그램을 볼 필요도 있다.

모니터링 요령

1. 풍자와 해학이 충분한가

서구에서 코미디는 축제의식이 있는 날 술과 춤, 노래에 젖어 야유와 농담을 주고받는 과정에서 태어났다고 본다. 우리나라에서 공동체의 잔치인 마당놀이를 통해 풍자와 해학을 즐겼던 것이나 다를 바 없다.

결국 코미디는 해학과 풍자, 익살 등으로 사람을 웃기는 과정을 통해 속박과 구속에서 벗어나 자유와 해방을 추구한 것이다. 코미디는 기본적으로 시사적인 것이나 세태풍자를 일반성과 보편성에 입각하여 재구성한 것으로 정치적, 사회적 불만이나 스트레스를 양성화하고 이를 통해 공감대를 형성한다.[1] 이런 관점에서 볼 때, 코미디는 현실에 바탕을 두고 웃겨야 한다.

그러나 현실을 그대로 보여주면 웃길 수가 없다. 그래서 '현실을 비틀어야' 한다. 이것이 풍자와 해학이다. 마당놀이에서 가면을 쓴 광대가 사대부를 싸잡아 풍자하면 관객은 배를 잡고 웃게 되는데 거기에서 카타르시스가 발생한다. 오늘날 코미디언은 마당놀이에서 탈을 썼던 광대가 맨얼굴로 브라운관에 나와 활동하는 것이라고 볼 수 있다. 동작 하나 말 한 마디도 곱씹어 볼 수 있는 코미디가 진정한 코미디이다.

1 장세진(1987), "코미디 프로그램의 문제점과 개선방안 연구", 〈방송연구〉, 여름호, p.201.

2. 억지웃음을 강요하지는 않는가

웃음은 자연스러워야 한다. 그러나 코미디 프로그램은 인위적이고 작위적인 과정을 통해 시청자를 웃기는 프로그램이다. 결국은 작위적인 연출을 통한 웃음이지만, 시청자가 전혀 작위성을 감지 못한 채 자연스럽게 웃을 수 있게 해야 한다. 이를 위해 반전과 역발상, 반복과 모방, 과장과 바보스러움, 패러디와 말장난 등을 정교하게 배합시켜 웃음을 끌어내야 한다. 이것이 바로 하이 코미디(*high comedy*)이다. 만약 이런 정교함이 부족하면 시청자들은 쓴웃음과 비웃음을 짓게 되고, 그런 코미디는 결국 외면당하게 된다.

3. 참신한 웃음을 선사하는가

코미디언은 한 번 웃긴 것으로 다시 웃길 수가 없다. 가수는 노래 한 곡을 히트시켜 평생을 부를 수 있지만, 코미디언에게 재탕은 없다. 이것이 코미디언의 운명이자 과제이다. 그래서 언제나 새로운 웃음거리를 위해 새로운 연기를 해야 하는 코미디언이야말로 진정한 탤런트라고 말할 수 있다.

웃음은 시대와 함께 변천한다. 1970년대 전후의 만담을 들어보면 지금은 별로 우습지 않지만 당시에는 누구나 배를 잡고 웃었다. 지금도 같은 코미디 프로그램을 보면서 연령층에 따라 웃는 정도가 다를 수 있다. 과거 악극단식이나 만담형태의 고전 코미디가 개그맨들의 등장으로 토크 버라이어티, 개그 코미디로 영역이 확장된 것을 보아도 시대와 함께 코미디가 변화해 참신한 웃음을 선사한 것을 알 수 있다.

이처럼 코미디 프로그램도 시대와 더불어 변해야 한다. 그리고 웃음의 소재를 확장하기 위해 꾸준한 변신이 요구된다. 이른바 성역으로 일컬어지던 정치와 종교, 사회 이슈 영역들도 과감히 코미디로 소화시키는 도전정신이 필요하다. 소재와 영역의 벽을 허물고 형식에서도 기존 형식을 파괴하는 과감한 실험정신이 요구되기도 한다. 물론 이런 변화는 모든 프로그램 제작에도 적용되는 것이지만, 유독 코미디 제작에 강조되는 이유는 한번 웃긴 것으로 다시 웃기기 힘들다는 이유 때문이다.

4. 웃음을 통해 대리 만족을 주는가

우리가 웃는 이유 중의 하나로 '우월감'이 있다. 자기보다 현저히 못한 경우를 보고 웃게 되고 때로는 이로 인해 위로도 받는다. 가난했던 우리의 지난 역사 속에서 코미디 프로그램은 이런 역할을 해왔다. 관객이 자신을 직접 프로그램 속 주인공이나 스토리에 투사해 동일시 또는 우월감을 느끼게 함으로써 일종의 자기만족을 얻게 하는 것이다.

1970년대를 전후한 시기에 이른바 바보연기의 슬랩스틱 코미디가 이런 경우에 해당한다. 배삼룡, 심형래, 이창훈 등으로 대표되는 바보연기는 못 배우고 가난해 소외된 사람들에게 '자신보다 못한 사람'들을 보여 주면서 배를 잡고 웃게 했고 살아가는 데 위로를 주었다. 그래서 코미디가 단순히 유치, 천박, 치졸하고 저질스럽다고 색안경을 쓰고 볼 것이 아니라는 것이다. 당시에도 엘리트들이나 기득권을 가진 사람들은 코미디가 유치한 프로그램이라며 지탄했겠지만, 열악한 공단시설 등지에서 하루하루를 힘겹게 살던 이들에겐 손꼽아 기다려지는 것이기도 했다. 시대는 많이 바뀌었다고 하더라도 코미디 프로그램은 이처럼 대리만족을 줄 수 있도록 노력해야 한다.

이와 함께 시청자들도 코미디에 좀더 관대할 필요가 있다. 우리 주변에는 수많은 이익단체들이 조직되어 활동하고 있다. 코미디는 생활 주변에서 이야기를 끌어다 웃기는 프로그램이다. 그러다 보면 직업, 지역, 성별 등을 소재로 희화화하게 된다. 그럴 때마다 자신들이 속한 영역을 코미디의 소재로 삼았다고 항의하고 제작에 제동을 걸게 되면 아무것도 다룰 수 없다.

코미디 작가들이 한국에서 코미디의 소재로 다뤄도 문제없는 것은 '전도협' 같은 단체가 결성되어 있지 않은 '도둑'밖에 없다고 허탈해 하는 것은 그 자체가 코미디 같다. 더 많은 사람들에게 대리만족을 주고 웃음을 준다면 자신들의 이해관계에 연연하기보다는 보다 관대해질 필요가 있다.

개인뿐 아니라 사회와 정치 분야에도 이런 관대함이 요망된다. 이런 관점에서 보면 지난 1977년 코미디를 정책적으로 방송 금지시킨 사건은 우리 코미디 프로그램 역사에 그 자체가 코미디로 기억될 것이다. 코미디는 결국 웃자고 하는 일이니까.

5. 웃음 그 이상을 주는가

1980년대 중반 당시 최고의 인기 코미디 프로그램이었던 〈유머 1번지〉 중 군 내무반을 코미디 소재로 삼았던 '동작 그만' 코너에서 메기병장으로 사랑받던 이상운이 전역하는 장면을 보고 눈물짓던 기억이 오랫동안 남아있다. 전역하는 모습이 우스꽝스러워서가 아니라 전우애와 인간적 유대감 속에 감동적으로 묘사되어 눈물이 났던 것이다. 정말 좋은 코미디 프로그램은 웃음을 넘어 눈물까지도 선사한다. 대체로 그냥 한바탕 웃음으로 끝나기도 하지만, 웃음이 그친 다음 그 여운이 오래 남으면, 그 어느 장르의 프로그램보다 더 감동적일 수 있다. 우리는 너무 웃게 되면 눈물이 나오는 것을 체험하게 된다. 반대로 실컷 목 놓아 울고 나면 후련해지기도 한다. 진정으로 좋은 코미디 프로그램은 웃음 그 이상의 무엇을 주어야 한다.

코미디의 사회적 영향력은 대단하다. 코미디 프로그램은 남녀노소를 가리지 않고 인기를 얻고 있는 데다 코미디언이나 개그맨은 웃음을 준다는 점에서 어떤 연기자보다 친근감이 있다. 그래서 코미디언의 어투 하나, 행동 하나하나가 대중들에게 유행으로 전파된다. 이런 점에서 코미디와 코미디언은 웃음 그 이상을 주어야 한다.

6. 각종 장치의 활용이 적절한가

코미디 프로그램은 상징성으로 웃음을 만들기 때문에 방송에서 웃음을 유발하는 각종 장치들을 다양하게 활용한다. 우선 세트가 효율적으로 제작되어야 한다. 대체로 야외보다는 실내에서 제작되는 데다 장소이동이 그다지 많지 않기 때문에 세트가 중요하다. 그리고 소품들도 효율적으로 배치되어 최소의 장치로 최대의 효과를 낼 수 있어야 한다. 의상이나 분장, 조명 등도 드라마와 같은 정극이 아니기 때문에 웃음을 유발하는 장치로서 기능을 다해야 한다. 관객의 웃음소리 집음은 물론 웃음을 기계적으로 입히는 과정도 그 정도가 모자라거나 지나치지 않아야 한다.

✔참고문헌 및 추천 문헌

강태영 · 윤태진(1999), 《한국 TV 예능오락 프로그램의 변천과 발전》, 한울.
김기태(1999), 《텔레비전, 어떻게 볼 것인가》, 한나래.
김석호(1992), 《방송구성작가의 실전》, 도서출판 숲속의 꿈.
김성덕(1998), 《TV 코미디 어떻게 쓸 것인가》, 제3기획.
김우룡(1992), 《방송학강의》, 나남.
김웅래(1993), "한국 텔레비전 코미디 프로그램의 통제 유형에 관한 연구", 〈방송시대〉 가을호.
______(2004), 《방송연예론》, 한울아카데미.
방송문화 진흥회(1996), 《영상시대의 방송 소프트웨어》.
설진아(2007), 《방송기획 제작의 기초》, 커뮤니케이션북스.
이홍우(2008), 《PD 스쿨》, 동아일보사.
장세진(1987), "코미디 프로그램의 문제점과 개선방안 연구", 〈방송연구〉, 여름호
최영묵 · 주창윤(2008), 《텔레비전 화면 깨기》, 한울.
최충웅(2000), 《텔레비전 제작실무론》, 나남.
한소진(2000), 《방송대본 이렇게 써라》, 나남.

기타 프로그램 모니터링

1. 드라마
2. 라디오 프로그램
3. 등급제 프로그램
4. 선정성·폭력성
5. 간접광고(광고효과 제한)
6. 명예훼손·인권침해
7. 공정성
8. 선거방송

드라마

"드라마틱하다."

"극적이다."

"한 편의 각본 없는 드라마와 같다."

우리가 일상생활에서 강렬한 인상이나 깊은 감동을 받았을 때 흔히 쓰는 말이다. '드라마틱'(*dramatic*)이나 '극적'(劇的)이라는 말에서 느껴지는 것처럼, 드라마는 어떤 특별한 상황묘사를 사실적으로 함으로써 시청자들의 공감대를 형성하는 데 목적을 둔다.

대부분의 드라마는 꾸며진 이야기이다. 물론 사실에 바탕을 둔 논픽션 드라마가 없는 것은 아니지만, 논픽션 드라마 역시 주인공을 포함한 주변인물들이 실제인물이 아니고 대역 배우라면 그 역시 꾸며진 이야기이다.

사실을 그대로 화면에 담는 다큐멘터리와 달리, 드라마의 성패는 없는 이야기를 꾸며내거나 있던 이야기를 재연하는 과정에서 얼마나 사실적으로 묘사하느냐에 달려 있다. 결국 드라마는 '작위적인 이야기를 얼마나 작위적이지 않게 전달하느냐'가 관건이다. TV 드라마의 특성은 바로 시청자를 사로잡는 흡인력이 있다는 것인데, 흡인력은 사실감 있는 스토리 전개와 연기, 그리고 자연스런 연출 등에 기반을 두게 된다. 흡인력은 몰입의 또 다른 이름으로, 결국 좋은 드라마는 자연스럽게 몰입시키는 힘을 가진 드라마이다.

드라마(*drama*:劇)라는 말의 어원은 '행동하다'(*do*)라는 의미의 그리스어인 'dramenon'에서 유래한다. 드라마는 연극이나 영화와 마찬가지로 '드라마투르기'(*dramaturgy*)라는 서사구조를 기본으로, 인간의 경험을 극적 상황과 사건을 통해 감각적으로 전달해 수용자들에게 새롭게 해석케 하는 방송형식이다. 따라서 TV 드라마는 사람이 살아가는 온갖 세상사를 문학적·영상적 예술미를 통해 보여주는 텔레비전 프로그램의 한 유형이다.

TV 드라마 PD 출신으로 KBS 제 1호 대(大)PD가 되었던 장기오 PD는 "드라마는 인간이 살아가는 모습이다. 그냥 사는 것이 아니고 누군가와 함께 살아가고 미워하고 화해하는 그런 사람들의 사는 모습이다. 그들의 삶이 저속하건 고급스럽건 간에 드라마는 살아가는 모양과 감정의 교합, 가치관, 윤리에 대한 찬반의 전시장이며 토론장이다. 보는 사람들은 흥미 있는 줄거리를 추적하면서 결국은 드라마에 등장하는 인물들의 생각에 공감하고 반발하고, 동정하고 보완하는 기분으로 받아들이며 그런 드라마를 통해 인간을 또는 인생을 인식하고 이해하게 되는 것이다. TV 드라마는 "인간의 다양한 모습을 그린다는 의미에서 연극을 아버지로 영화를 어머니로 삼고 태어난 이 시대의 가장 새롭고 영향력 있는 예술의 한 장르이다"[1]라고 설명한다.

1 장기오(1997), 《TV 드라마 바로보기, 바로쓰기》, 박영률출판사, p.11.

우리는 영화를 총 연출하는 사람을 '영화감독'이라고 부른다. 최근 들어 방송 프로그램을 연출하는 PD들을 '감독'이라고 부르기도 하는데 그다지 보편화된 호칭은 아니다.

그러나 방송 PD 중에서도 드라마 PD들은 오래전부터 '감독'으로 불렸고, 보편화된 호칭으로 이어져 왔다. 이것은 같은 PD라는 집단 속에 있으면서도 드라마 PD들의 성향이나 역할이 무엇인가 다르다는 점을 암시하는 것이다.

흔히들 방송, 특히 TV를 '종합예술'이라고 한다. 내용을 담는 소프트웨어에서부터 형식을 담는 하드웨어에 이르기까지 다양하고 전문적인 분야들이 어우러져 프로그램이 만들어지는 만큼 '종합예술'이라는 표현이 부자연스럽지 않다.

그 가운데서도 방송 드라마 특히 TV 드라마는 연출자가 어느 장르보다 많은 출연진과 제작진들을 지휘 통솔해야 한다. 그리고 그 많은 전문 인력이 동원된 프로그램인 만큼 어느 장르보다 예술적이어야 한다.

TV 드라마는 연극에 비해 영상적이고 영화에 비해 연극적이다. 그래서 방송 드라마는 '종합예술 중의 종합예술'이다. 최근 들어 다소 그 열기가 식기는 했지만 드라마는 방송이라는 '꽃 중의 꽃'으로 일컬어져 왔다. 방송드라마는 앞에서 살펴본 '오락 프로그램' 장르의 대표 분야이지만 오락 프로그램 모니터 요령과 별도로 이를 독립시키고 보다 정교하게 설명하는 이유 역시 여기에 있다.

우리나라 최초의 TV 드라마는 1956년 5월 12일 개국했던 한국 최초의 상업 TV인 HLKZ-TV에서 시작되었다. 미국 RCA의 텔레비전 수상기 배급 목적으로 세워진 상업방송으로 당시 한창 인기를 끌던 국극단(國

劇團)의 창극을 스튜디오에 옮겨 재현하는 방식을 시도하는 과정에서 〈천국의문〉(단세니 원작, 황은진 연출)이 최초로 방송된 것이다. 그 후에도 외국작품 번안이나 연극을 재구성하는 형식으로 드라마가 방송되었으나, 당시의 드라마는 열악한 스튜디오 사정 등으로 15분 전후의 단막극에 불과했다. 그럼에도 불구하고 대부분 연극인들로 구성된 제작진과 출연진들이 양성되었으며, 1961년 12월 31일 KBS TV 개국은 TV 드라마가 선보이는 기반이 되었다.

KBS 최초의 드라마는 1962년 1월 26일 밤 10시에 방송된 생방송 금요극장 〈나도 인간이 되련다〉(유치진 원작, 이기하 연출)이었고 같은 해 6월에 선보인 〈서울의 지붕 밑〉은 최초의 텔레비전 연속극이 되었다. 한편 1964년 개국한 TBC-TV는 12월 9일에 일일연속극 〈눈이 나리는데〉(한운사 작, 황은진 연출)를 방송했는데 이 드라마는 최초의 일일연속극이자 녹화 드라마의 시대를 여는 작품으로 기록된다. 그 후 TV 드라마는 각 방송사의 주력 경쟁 장르로 자리 잡으며 발전했다.

:: 드라마의 유형

방송매체, 형식, 단위, 성격과 소재 등에 따라 다양하게 분류된다. 우선 방송매체별로 ① TV 드라마, ② 라디오드라마, 형식별로 ① 연속극, ② 시추에이션, ③ 미니시리즈, ④ 단막극으로 구분된다.

방송단위별로는 ① 일일극, ② 주간극, ③ 대하드라마, ④ 특집드라마로, 방송성격과 소재별로 ① 홈드라마, ② 멜로드라마, ③ 역사드라마, ④ 수사 첩보드라마, ⑤ 정치드라마, ⑥ 청소년드라마, ⑦ 농어촌 드라마 등으로 분류된다.

〈겨울연가〉를 필두로 한 한국의 TV 드라마는 '한류'라는 이름으로 전 세계에 파급되는 한국의 대표 문화산업이다. 사진_KBS 홍보실 제공

이제 우리나라 TV 드라마는 이전에 주부들이 한가해진 오전시간에 즐겨 보던 그런 드라마가 아니다. 한국의 TV 드라마는 바야흐로 '한류'라는 이름으로 전 세계에 파급되는 한국의 대표 문화산업이다.

예를 들어 2003년 4월부터 일본에서 방송된 우리 TV 드라마 〈겨울연가〉는 3년 사이에 4차례나 방송되는 가운데 주인공 배용준은 '욘사마'라는 애칭으로 일본에서 한류스타의 대명사로 각인되었다.

한국경제연구원은 〈겨울연가〉의 경제적 효과를 한국 1조 원, 일본 2조 원 등 한 편의 드라마가 한일 두 나라에 총 3조 원의 경제효과를 유발했다고 보고했다. 이는 자동차로 비유하자면 약 30만 대를 수출하는 것과 맞먹는 수치이다.

이것은 경제적 효과에 그치는 것만이 아니다. TV 드라마의 수출은 한국의 정서와 문화를 전파해 한국을 새롭게 보는 데 엄청난 기여를 하고 있다. 일본 디지털할리우드대학 이태문 교수는 "한류 드라마에 대한 사랑은 자연스럽게 한국사회와 문화에 대한 관심으로 이어졌는데, 그 가운데 한국어 학습지가 크게 증가한 건 고무적인 현상이 아닐 수 없다. 실제로 〈겨울연가〉의 인기에 힘입어 2004년도 NHK 교육텔레비전의 '한글강좌'의 교재가 전년도보다 2배 이상인 20만부가 팔려 외국어교재 가운데 영어 다음으로 팔리는 기현상을 연출하기도 했다"[2]고 소개한다.

이제 한류 드라마에 관심을 가지는 것은 일본뿐만이 아니다. 중국, 동남아 주요 국가는 물론 중동과 아프리카 남미까지 수출되면서 한국의 위상을 드높이고 있다. 따라서 해외로 수출되는 TV 드라마를 제작하거나 참여한 사람들은 민간외교관의 역할까지 수행하고 있는 것이다.

모니터링 요령

드라마의 모니터링의 키워드는 '몰입'과 '감동'이다. 다시 말해 드라마는 몰입 속에 감동을 전달한다. 드라마틱한 상황설정과 상황연출로 드라마는 시청자를 사로잡는다.

TV 드라마는 다른 장르에 비해 시청자 스스로가 몰입의 자세를 취하게 된다. 특히 연속극에 빠져 있는 시청자의 경우 방송 전에 화장실을 다녀오는 등 외부로부터 방해를 받게 되는 요소를 사전에 제거한다. 물론 사전에 예약을 하고 직접 찾아가 돈을 지불하고 밀폐된 공간에서 감상하는 영화나 연극에는 미치지 못하지만, TV 드라마는 다른 장르보다는 시청자가 스스로 몰입에 대비한다. 팔다리에 깁스를 하거나 붕대로 감은 환자들이 정형외과 대합실에서 단체로 일일 연속극에 빠져 있는 동안은

2 이태문(2007), 《TV 드라마와 한류》, 경상대인문학연구소, p.117.

숨죽인 듯 조용하다가 드라마가 끝나자마자 "아이 다리야, 아이고 팔이야"라고 고통을 호소하는 장면에서도 몰입의 한 단면을 보게 된다.

TV 드라마는 시청자들을 감동과 재미로 몰입시켜야 한다. 그리고 몰입은 감동을 더욱 심화시킨다. 한 편의 좋은 영화를 보고 나면 갑자기 삶이 윤택해지는 듯한 만족감을 느끼듯이, 한 편의 좋은 드라마를 보고 잠드는 밤, 하루가 행복해지는 듯한 그런 감동과 여운이 있어야 한다.

그런가 하면 어떤 드라마는 보고 나면 그 드라마가 주려는 메시지가 무엇이었는지 모호하거나 상황묘사가 적절치 못해 짜증을 불러와 오히려 잠자리를 불편하게 하는 경우도 없지 않다.

흔히들 인생을 한 편의 드라마에 비유하는데, 그렇다면 한 편의 드라마에는 인생의 의미가 자연스럽게 농축되어 있어야 한다. 감동이 없는 드라마는 드라마가 아니다.

TV 드라마는 종합예술 중의 종합예술로 다른 어떤 분야보다 많은 스태프들이 동원되어 제작된다. 이런 관점에서 드라마를 모니터링하는 방법을 항목별로 구체적이고 세부적으로 살펴보자.

1. 소재

소재는 주제를 구현하기 위한 재료이자 골격이다. 드라마는 대체로 극적인 착상이나 동기에서 출발된다. 이를 실현하기 위해 소재를 선택하고 그 소재를 가공해 주제를 부여한다.

드라마는 사람들이 살아가는 이야기를 극화한 것이다. 따라서 우리 주변의 모든 것들은 소재가 될 수 있다. 그러나 TV가 공익적 역할을 가진 가족 매체라는 점에서 소재선택에 엄연한 한계가 있다. 중요한 것은 선택의 안목이다.

① 선택할 만한 가치가 있는 소재인가?
② 독창성이 있는 소재인가?
③ 반사회적이거나 비윤리적 소재는 아닌가?

2. 주제

주제는 작품의 근간을 이루는 정신을 말하며, 작가가 시청자에게 호소하려는 자신의 철학이자 사상, 즉 작가정신이다. 주제는 드라마를 통해 무엇을 말하고 무엇을 전달할 것인가를 결정하는 그 '무엇'이다. 이는 드라마를 이끌어가는 힘이며 시청자를 사로잡는 원동력이기도 하다.

① 작가의 의도나 메시지가 잘 부각되는가?
② 여러 가지 에피소드들이 하나의 주제로 응집되는가?
③ 시청자를 사로잡는 호소력과 흡인력이 있는가?

3. 스토리

TV 드라마는 이야기를 근간으로 전개된다. 그 이야기가 곧 스토리이자 내용이다. TV 드라마의 스토리는 진부한 이야기가 아니라 꼭 일어날 만한 이야기를 반드시 일어나도록 순서를 정해 잘 정리해둔 것이다. 하나하나의 사건이나 사실을 만들어 이야기를 연속시키는데 바로 그 하나하나의 이야기가 스토리이고, 스토리들이 연속적으로 이어지는 것이 플롯이다.

TV 드라마는 어느 장르보다 시청률 경쟁이 심하고 여기서 뒤지면 방송사 이미지에 타격을 받기 때문에 방송사들은 드라마에 승부수를 두지 않을 수 없다. 그러다보면 보다 자극적이고 충격적 스토리만 양산할 위험성이 상존한다.

① 대중의 정서에 어긋나는 대목은 없는가?
② 진실을 왜곡하거나 부정적 인생관을 심어줄 우려는 없는가?
③ 외설, 폭력, 범죄 등을 미화하거나 모방심리를 자극할 소지는 없는가?
④ 단순 오락을 넘어 지적인 자극을 충분히 주는가?
⑤ 시대상을 진실되게 반영하는가?

4. 구성

구성은 드라마의 뼈대이다. 스토리를 전개하기 위해 발단, 전개, 결말의 단계를 거치게 되는데, 각 단계마다 위기와 클라이맥스, 반전의 요소를 적절히 배합하고 배치해 시청자를 사로잡게 된다.

TV 드라마는 결국 주인공이 일관되게 추구하는 기둥 줄거리와 조역이나 단역들이 만들어내는 다양한 에피소드인 곁 줄거리를 시간과 공간적으로 배치하는 기승전결이라는 드라마투르기로 운용된다.

① 장면전환은 원활히 이루어지나?

② 스타일은 통일되었나?

③ 성격묘사는 진실하며 등장인물의 개성은 살아있나?

④ 배역안배(인물배치)는 적절한가?

⑤ 대사는 자연스러우며 성격에 맞게 구사되는가?

⑥ 인물의 등·퇴장과 사건은 개연성과 당위성을 지니는가?

⑦ 사건은 논리적 바탕 위에서 전개되는가?

⑧ 억지와 작위성이 드러나는 곳은 없는가?

⑨ 생략과 비약을 효과적으로 이용했나?

⑩ 영상의 장점은 충분히 살렸나?(라디오 드라마 같은 구성은 아닌가?)

⑪ 클라이맥스를 향해 갈등은 증폭되고 있는가?

⑫ 클라이맥스는 폭발력과 호소력 있게 다가왔는가?

⑬ 극적 긴장과 서스펜스는 끝까지 유지되는가?

⑭ 필연적 귀결, 논리적 결말인가?

⑮ 라스트는 여운이 남는가?

⑯ 전체적으로 설득력이 있고 감동을 주는가?

5. 연출

드라마의 3요소는 극본, 연출, 연기이다. 물론 드라마에서 중요한 것은 극본이다. 좋은 극본은 아무리 연출이 나빠도 평균 수준의 작품이 될 수 있지만, 나쁜 극본은 아무리 연출을 잘해도 좋은 작품이 될 수 없다는 사실이 이를 입증한다.

그러나 TV 드라마에서 연출자는 다양한 재료를 가공해 최고의 맛을

내게 하는 주방장과 같은 역할을 한다. 연출은 극본을 해석하고 연기자를 설정하고 연기를 끌어내는 가운데 이를 극대화하기 위한 장치들을 마련해야 하는 핵심적 기능이다. 결국 연출은 영상스토리인 드라마를 견인하는 힘이다.

① 작품분석과 해석이 정확한가?
② 객관성과 주관성은 적절히 조화를 이루는가?
③ 캐스팅은 적절한가?
④ 구도, 인물배치, 동작선과 몽타주(편집)는 효과적으로 구사되는가?
⑤ 영상적 표현력은 갖추었는가?
⑥ 연기, 기술, 미술 등 제 분야는 유기적 조화를 이루었는가?
⑦ 전체적으로 통일감 있는 연출이 되었는가?
⑧ 메시지 전달에 성공했는가?

6. 미술

TV 드라마는 텔레비전의 어떤 장르보다 예술성이 강한 장르이다. 특히 작은 화면을 통해 모든 것이 가시적으로 전달되는 만큼 미술적 비중이 더욱 강조된다. 스튜디오에서 이루어지는 세트 촬영의 경우 인위적으로 만드는 세트와 의상, 분장 등이 더없이 중요하다. 뿐만 아니라 야외 촬영에서도 자연과 조화를 이루는 미술적 장치가 드라마의 경쟁력에 지대한 영향을 미친다.

① 소도구, 대도구는 적절히 배치되었는가?

② 고증에 충실했는가?

③ 분장은 자연스러우며 등장인물의 성격과 일치하는가?

④ 색조화가 잘 이루어져 있는가?

⑤ 공간 활용이 잘 이루어져 있는가?

⑥ 조명과 영상의 조화는 적절한가?

⑦ 세트는 사실적이며 양감과 질감(입체감)은 살아있나?

⑧ 의상은 성격과 신분에 맞는가?

⑨ 노출이 심하거나 지나치게 선정적인 분위기의 의상은 아닌가?

⑩ 지나치게 화려한 의상, 가구들로 사치심이나 위화감을 조장하지 않는가?

⑪ 세트 흔들림 등 거짓(가짜)임이 드러나는 곳은 없는가?

7. 조명과 색상

텔레비전은 빛의 매체이다. 이 빛을 카메라라는 광학장치를 통해 포착해 전달한다. 카메라 포착에 있어 가장 큰 영향을 미치는 것이 조명과 색상이다. 그래서 텔레비전을 '조명의 예술'이라고 부르기도 한다. 조명은 단순히 빛과 그림자만을 의미하지는 않는다. 조명은 곧 드라마의 분위기와 인물의 성격을 좌우하기도 한다.

① 낮과 밤, 새벽과 황혼 등 시간 구별은 분명한가?

② 명암의 대비는 적절한가?

③ 인물의 성격과 감정선은 잘 살렸나?

④ 눈, 비, 번개 등 특수효과는 잘 살았나?

⑤ 광원과 그림자의 방향은 제대로 되어있나?

⑥ 한 물체에 그림자가 여러 개 생긴 현상은 없는가?

⑦ 색상은 선명하고 자연스러운가?

⑧ 색이 번지거나 노이즈 현상은 없는가?

⑨ 야외촬영과 스튜디오 녹화의 조명 톤은 일치하는가?

⑩ 조명이 노출되는 곳은 없는가?

8. 음향

음향은 빛과 함께 텔레비전의 중요한 전달 수단이다. 특히 TV 드라마는 주로 감정을 실은 연기자의 대사로 전달된다는 점에서 소리의 전달은 더욱 중요성을 띄게 된다.

① 소리의 원근이 잘 표현되는가?

② 잡음은 없는가?

③ 연기자의 대사와 감정(호흡)은 잘 포착되는가?

④ 소리가 찌그러지는 현상은 없는가?

⑤ 대사와 음악, 효과 등이 조화롭게 믹싱되었는가?

⑥ 마이크가 노출되거나 마이크 그림자가 보이지는 않는가?

9. 음악과 효과

TV 프로그램에서 음악과 효과는 최고의 양념이자 화장이다. 웃음을 이끌어 내거나 눈물을 쏟게 하는 가장 효력 있는 장치인 것이다. 연기자가 아무리 연기를 잘하고 배경이 더없이 아름다워도 이를 배경음악이 살려주지 못하면 감동전달에는 한계가 드러난다는 점에서 음악과 효과의 역할은 매우 막중하다. 가령 볼륨을 줄여 묵음상태에서 드라마를 본다고 가정해보면 그 중요성은 명확해질 것이다.

① 작품의 정서와 분위기에 맞는 음악인가?
② 음악이 내용이나 주제를 살려주고 있는가?
③ 음악이나 효과가 너무 두드러져 오히려 작품분위기를 해치지 않나?
④ 음악이나 효과가 타이밍에 맞게 구사되었나?

10. 카메라

TV 드라마 시청자는 카메라의 시점(視點)으로 드라마를 본다. TV 카메라라는 광학적 장치를 통해 배경을 보여주고 연기자의 표정을 전달하는 가운데 감동을 이끌어낸다.

흔히 TV를 클로즈업(*close up*)의 예술이라고 한다. 최근 들어 화면이 큰 TV가 보급되고 있지만 이런 제한적 요건 속에서 가장 적절하게 드라마의 분위기를 표출하는 카메라의 역할은 중요하다.

① 전체적인 구도가 잘 잡혔는가?

② 카메라 앵글과 움직임은 유연하게 구사되는가?
③ 화면포착의 순발력이 떨어지지는 않는가?
④ 작품 분위기에 맞는 색조를 유지하는가?
⑤ 연기자의 감정을 잘 포착하는가?
⑥ 영상미와 역동성을 살렸는가?
⑦ 조명과의 조화가 잘 이루어졌는가?

11. 연기

드라마는 소재와 주제가 선택되고 작가에 의해 대본이 완성된 뒤 여러 분야 스태프들의 지원 아래 연기자의 연기로 완성된다. 따라서 시청자가 최종적으로 보고 듣게 되는 것은 연기자의 대사와 연기이다. 결국 연기는 드라마 제작의 중심축이자 종착역이며, 드라마의 얼굴이자 드라마 그 자체이다.

① 자연스러운가? (과잉연기나 신파성 연기에 젖어 있지는 않은가?)
② 진지한가? (연기태도에 성실성과 진지성이 담겨 있는가?)
③ 진실한가? (겉멋에 치중하지는 않는가?)
④ 역할의 성격에 맞고, 배역을 제대로 소화해 내는가?
⑤ 개성적이고 매력적인가?
⑥ 말을 바르고 정확하게 구사하는가?
⑦ 상대역과 호흡을 잘 맞추는가?
⑧ 의상이 분위기와 어울리는가?
⑨ 연기자가 타성적 연기(매너리즘)에 빠져 있지는 않는가?

⑩ 전체적인 연기의 앙상블은 어떠한가?

⑪ 겹치기 출연을 하지 않는가?

⑫ 사생활이 문란하거나 도덕적 지탄을 받는 연기자는 없는가?

✔참고문헌 및 추천 문헌

권이상(1999), 《TV 드라마 만들기》, 나남.

경상대학교 인문학연구소(2007), 《TV 드라마와 한류》, 도서출판 박이정.

김성희(2001), 《방송드라마 창작실기론》, 도서출판 연극과 인간.

김연진(1991), 《드라마 ABC》, 풀잎.

______(2004), 《드라마분석방법론》, 집문당.

김용수(2004), 《TV 드라마의 세계》, 박이정.

이환경(2006), 《이환경이 말하는 TV 드라마 작법》, 시나리오 친구들.

장기오(1997), 《TV 드라마 바로보기 바로쓰기》, 박영률.

최상식(1991), 《TV 드라마 작법》, 한국방송작가 교육원.

한국방송공사(2012), 《KBS 텔레비전방송 50년》, KBS.

한국방송작가협회(2005), 《드라마 아카데미》, 도서출판 펜타그램.

라디오 프로그램

비디오가 처음으로 선보였을 때 성급한 사람들은 극장이 곧 문을 닫게 될 것이라고 속단했다. 그러나 동네 골목마다 비디오 대여점이 있는 데도 극장은 극장대로 성시를 이루고 오히려 최근 들어서는 극장의 대형화 바람이 전국적으로 번져가고 있다.

텔레비전이 등장했을 때도 라디오는 이제 그 수명을 다했다고 믿는 사람들이 많았다. 그러나 라디오는 라디오대로 건재하고 있다. 물론 라디오 전성기처럼 위력을 발휘하지는 못하고 있지만, 라디오는 라디오만의 영역을 개발하고 특성화되어가고 있다. 라디오는 아직 살아있고, 앞으로도 살아있을 것이다.

:: 라디오방송의 특성

라디오는 개인적 매체이다.

텔레비전은 대체로 가족매체라고 볼 수 있다. 혼자서도 시청할 수 있지만, TV 수상기는 대개 거실에 있고 가족들이 둘러앉아 함께 시청하는 매체이다. 최근 들어 DMB 방송의 등장으로 어디서든 TV를 시청할 수

초기의 라디오. 사진_KBS 홍보실 제공

있게 되어 TV가 개인매체가 되는 경향이 생겼지만, 아직도 거실을 차지하고 있는 것은 TV 수상기이다.

그러나 라디오는 대부분 집집마다 여러 대 있기 마련이다. 방마다는 물론 심지어는 아파트 싱크대 위에 붙박이로 설치될 만큼 라디오는 여러 장소에서 찾아볼 수 있다. 따라서 라디오는 함께 듣기보다는 혼자 듣는 개인적 매체로 변모했다고 볼 수 있다. 특히 자가 운전자의 증가로 운전 중 혼자 듣게 되는 경우가 늘었다. 라디오가 개인매체라는 점 때문에 어떤 라디오 진행자들은 프로그램을 시작하면서 "여러분"이라는 말을 빼고 그냥 "안녕하십니까?"라고 인사를 시작하기도 한다. 또한 텔레비전은 어차피 일정한 거리를 두고 시청해야 하지만, 라디오는 청취자의 귀에다 대고 친근하게 속삭인다는 점에서도 TV와는 차이가 있다.

라디오는 이동이 용이한 매체이다.

초기 진공관식 라디오를 보면 오늘날 텔레비전 수상기보다 더 컸던 것을 확인할 수 있다. 그러나 트랜지스터라디오의 개발로 라디오는 점점 소형화되었고, 디지털화로 더욱 소형화·경량화되었다. 라디오는 이제 손안의 매체이자 주머니 속의 매체가 된 것이다.

자전거를 타고 가다가 앞에 사람이 나타서 자전거 벨을 울리면 노인들보다 요즘 젊은이들이 더 피하지 않는 것을 알 수 있다. 왜냐하면 걸어 다니는 젊은이들 대부분이 귀에 이어폰을 끼고 있기 때문이다. 출퇴근이나 통학 시간 대중교통을 이용하는 젊은이들을 살펴보면 귀에 이어폰을 끼고 있지 사람을 찾아보기 힘들다.

뿐만 아니라 자동차가 생활용품이 되어버린 오늘날 자동차 이동 중에도 라디오 청취는 보편화된 일상의 일부가 되었다. 라디오는 자동차 속에서 교통 정보를 제공하고 막힌 길에서 지루함을 덜어주곤 한다. 이렇듯 라디오는 이제 이동 중에도 그림자처럼 사람들을 따라다닌다.

라디오는 상상의 매체이다.

라디오는 소리로만 전달되는 방송 수단이다. 그래서 화면이 있는 텔레비전보다 훨씬 상상력이 작용되는 매체이다. 가령 연속극의 경우 텔레비전 연속극은 등장인물들이 실제인물처럼 연기하기 때문에 상상력을 발휘하는 데 제약이 있다. 그러나 라디오 연속극의 경우 등장인물의 모습을 얼마든지 상상할 수 있다. 그 상상은 자기의 이상형으로 얼마든지 그려볼 수 있고 또 나름대로의 이상형을 창출할 수 있다. 목소리가 널리 알려진 어떤 여자성우는 아름다운 용모인데도 불구하고 끝까지 텔레비전 출연을 거부했는데, 이 역시 비슷한 맥락에서 이해할 수 있다.

드라마에서 전쟁을 묘사할 때도 텔레비전은 그 규모를 육안으로 가

시화시켜야 하지만, 라디오의 경우 효과음을 통해 청취자가 얼마든지 그 규모를 상상할 수 있다. 라디오는 소리로만 전달하는 '눈먼 매체'이긴 하지만, '마음의 눈'으로 더 자세히 그려볼 수 있는 '또 다른 시각매체'이다. 보이지 않아 더 많은 것을 그려볼 수 있는 매체가 라디오인 것이다.

라디오는 음악방송에 유리하다.

음악은 소리를 통한 즐거움을 준다. 그래서 음악은 라디오에 적합한 분야이다. 라디오방송은 음악영역을 통해 전문화되기도 한다. 클래식부터 팝, 가요, 민요, 국악까지 다양한 음악 장르를 접할 수 있다. 기술의 발달로 FM 방송이나 유선 라디오같이 입체적이면서 깨끗한 음질로 수신이 가능해지면서 라디오 음악은 청취자에게 더욱 다가와 있다. 음악을 통한 라디오방송은 선호하는 장르별, 연령별로 차별화할 수도 있다. 요즘의 젊은이들은 평소에도 이어폰을 끼고 다니며 음악을 듣는데 라디오방송은 이러한 경향에 적응하기 쉬울 것이다.

라디오는 기동성과 속보성이 앞서는 매체이다.

텔레비전 중계차는 크기도 크고 이에 동원되는 제작진의 수도 많아서 한번 이동하여 설치하기까지 시간과 물량이 많이 소요된다. 그러나 라디오 중계차는 텔레비전 중계차보다 훨씬 소형이며 설치도 용이하다. 그래서 각종 현장에 먼저 도착할 수 있고 화면을 연결할 필요가 없기 때문에 훨씬 쉽게 현장연결이 가능하다. 요즘은 스마트폰의 보급으로 휴대전화 하나만으로도 어디든지 연결이 가능하다. 그래서 라디오는 텔레비전보다 더 유연한 매체이다.

라디오는 지역방송에 유리한 매체이다.

왕년의 가수왕 최곤(배우 박중훈)이 인기를 잃고 철부지 생활을 계속하자 매니저 박민수(배우 안성기)가 강원도 영월 라디오방송 DJ 자리를 마련해준다. 그러나 최곤은 이를 우습게 여기고 사사건건 충돌하고 말썽을 일으키지만 마침내 방송을 통해 주민들과의 살갑고 인간적인 소통으로 지역방송 라디오스타가 된다.

지진과 쓰나미로 도시 전체가 마비가 된 가운데 주민들은 지역 라디오방송에 의존하지 않을 수 없었다. 생존자 확인은 물론 마을버스 운행 여부나 비상 급수차가 어디에서 급수를 하는지 등 필요한 정보를 직원 8명의 작은 FM 방송이 제공해주어 그나마 피해를 줄일 수 있었다.

첫 번째 사례는 2008년 개봉된 이준익 감독의 영화 〈라디오스타〉의 내용이다. 이 영화는 흥행에 성공한 가운데 청룡영화상을 비롯해 그해 주요 영화제 수상을 휩쓸었다.

두 번째 사례는 2011년 3월 11일 진도 9.0의 지진이 일본 동북지역을 휩쓸어 사상 최악의 참화를 초래했을 때 피해지역 가운데 한 곳인 후쿠시마현 이와키시의 조그만 커뮤니티 FM 방송인 〈이와키 FM〉의 실제 이야기이다. 이 라디오방송은 전 직원 15명 중 7명이 재난을 당한 가운데 나머지 직원들이 최악의 고립상태에서도 지역민들을 위한 정보제공에 혼신의 힘을 쏟아 화제가 되었다.

이 두 사례는 라디오방송의 지역적 특성을 단적으로 보여준다. 거대한 전국채널의 방송도 중요하지만, 지역민들에게는 작지만 피부에 와 닿는 로컬방송도 필요하다. 이런 필요성을 라디오방송은 잘 채워줄 수가 있다. 타 지역에서는 소용없는 것들일지라도 지역주민들에게는 무엇보다 소중한 정보들을 전해주는 지역 라디오 프로그램은 작지만 강한 방송 프로그램이다.

라디오는 효율적 매체이다.

라디오는 텔레비전 수상기에 비해 가격이 저렴하다. 그래서 누구나 구입이 가능하다. 방송사 경영의 입장에서도 라디오는 텔레비전에 비해 인력이나 시설 측면에서 적은 제작비가 들어간다.

라디오 광고는 텔레비전 광고보다 위력적이지는 않다. 때문에 라디오 광고료와 텔레비전 광고료는 비교가 되지 않는다. 그러나 바로 이것이 라디오 광고의 또 다른 장점이기도 하다. 라디오의 특성을 잘 이용하면 시청 대상층이 구분되어 있는 청취자들을 상대로 저렴한 광고료로 광고의 효과를 높일 수 있는 경제적 장점이 있다.

또 라디오는 귀로만 듣는 매체이기 때문에 라디오 청취는 다른 일과 병행할 수 있다. 라디오를 들으며 팔다리를 사용할 수 있다. 앞서 설명한 것처럼 운전이나 공부, 설거지를 하면서나 일터에서 일을 하면서 라디오를 들으면 작업의 효율성이 높아지게 된다. 라디오는 일을 방해하는 매체가 아니라 일을 돕는 매체이다.

라디오는 새로운 가능성을 안고 있는 매체이다.

디지털 시대를 맞아 라디오도 진화하고 있다. 앞서 설명한 것처럼 방송과 통신의 융합으로 라디오방송은 MP3플레이어나 컴퓨터, 휴대전화를 통해 시간과 공간의 제한을 받지 않고 언제 어디서든지 프로그램과 연결이 가능해졌다. 또, 컴퓨터나 휴대전화를 통해 언제든지 쉽게 프로그램에 참여하기에도 용이하다. 그래서 라디오는 더욱 친밀한 매체로 자리잡아가고 있다.

뿐만 아니라 라디오만의 특성을 살려 라디오는 그 영역을 새롭게 구축하는 중이다. 예를 들어 교통방송이나 음악방송, 교육방송, 전쟁이나 자연재해 비상방송, 국제방송이나 대북 심리전방송, 해외방송 등으로 틈새시장을 확보해나가고 있다. 전기도 끊기게 되는 국가 비상상태에서도 건전지만으로 수신이 가능한 라디오는 그 위력을 발휘하게 될 것이다.

라디오방송이 보여주지 않아도 된다는 것은 단점이자 곧 장점이다. 그러나 이를 잘 활용하면 앞으로 더 많은 영역을 개척할 수 있을 것이다. 라디오는 더 이상 올드미디어가 아니다.

모니터링 요령

라디오방송은 텔레비전방송의 모태이다. 기술적으로도 라디오방송 시대를 거쳐 텔레비전 시대가 열렸기 때문이다. 라디오방송은 영상이 없는 텔레비전방송이고, 텔레비전방송은 영상이 있는 라디오방송이다. 그래서 라디오방송 프로그램 모니터링 역시 텔레비전방송 프로그램과 크게 다르지 않다.

라디오방송 프로그램 역시 보도와 교양, 오락 장르로 나누어지며, 앞에서 살펴보았던 텔레비전 프로그램 유형과 큰 차이가 없다. 따라서 텔레비전방송 프로그램 모니터링 요령 가운데 영상적인 영역만 제외하면 곧바로 라디오방송 프로그램 모니터링 요령이 된다.

라디오는 사운드(*sound*)의 매체이다. 모든 전달은 소리에 의해서만 전달된다. 방송에 자주 출연하는 연사들의 이야기에 의하면 라디오방송이 텔레비전방송보다 훨씬 어렵다고들 한다. 왜냐하면 라디오는 침묵을 허용하지 않기 때문이다. 출연자가 말이 막히거나 대답하기 어려운 상황에 봉착하면 텔레비전의 경우 힘들어하는 표정 그 자체로도 메시지가 되고 전달수단이 되지만 표정전달이 없는 라디오에서는 공백을 두지 말고 계속 말을 주고받아야 한다는 압박감을 받는다. 방송사에서는 일반적으로 라디오방송에서 10초 전후의 시간에 아무 소리가 안 들리면 라디오방송 주조정실의 자동 송출장치를 통해 비상음악이 울리도록 되어 있다.

프로그램 모니터링도 텔레비전에 비해 라디오가 쉬울 것이라는 선입견을 갖기 쉬우나 정작 라디오의 모니터링이 더 어려울 수 있다. 왜냐하면 텔레비전의 경우 영상과 소리, 즉 비디오와 오디오가 어우러져 프로그램을 이룸으로써 상호보완작용 또는 상호상승작용이 가능해 우선 지켜보고 분석하기가 용이하다. 그러나 라디오는 시각적 요소가 배제된 채 오로지 소리로만 구성되어 있어 분석 자체가 단조롭고 지루하다.

눈에 보이지 않는 소리로만 전달되는 라디오 프로그램을 오로지 청각에 의존해서 장단점을 가려내고 평가한다는 것은 결코 쉬운 일이 아니다. 그래서 라디오 프로그램의 모니터링은 오히려 지난(至難)한 작업이다.

✔참고문헌 및 추천 문헌

박소웅(2005), 《신 라디오방송 제작론》, 한울아카데미.
박원달(2003), 《라디오 제작 실무론》, 커뮤니케이션북스.
이두원(2002), 《라디오 프로그래밍》, 커뮤니케이션북스.
한국방송공사 라디오센터(2001), 《뉴미디어 시대 라디오 프로듀서 되기》.

등급제 프로그램

:: 도입배경과 근거, 적용범위

방송 프로그램 등급제는 어린이와 청소년들에게 유해한 내용(선정성, 폭력성, 언어사용 정도)으로부터 보호하고 악영향을 최소화하기 위해 도입된 제도적 장치이다. 청소년들이 폭력적, 선정적 프로그램에 반복 노출되면 이를 당연시하거나 자연스럽게 여기고 모방할 우려가 크다. 텔레비전이 만연하는 청소년 범죄에 직접적 영향을 끼친다고 단정할 수 없지만 적어도 그럴 우려만은 부인하기 어렵다는 전제 아래 이 제도가 도입되었다.

이 제도는 1960년대 초 이후 연구결과를 바탕으로 미국, 캐나다, 프랑스, 호주 등에서 1990년대를 전후한 시기에 채택하기 시작했다. 우리나라는 2000년 1월 방송법 제 33조 3항[1]에 등급제 실시가 명시됨에 따라 2001년 2월부터 영화와 수입 드라마, 애니메이션, 뮤직비디오에

1 방송법 제 33조 3항: 방송사업자는 아동과 청소년을 보호하기 위해 방송 프로그램의 폭력성, 음란성 등의 유해정도 시청자의 연령 등을 감안하여 방송 프로그램의 등급을 분류하고 이를 방송 중에 표시하여야 한다.

등급제를 적용시켰다. 그 후 2007년 4월부터는 쇼, 오락, 드라마 등 다음 프로그램 장르를 제외한 모든 프로그램으로 확대해 실시되고 있다.

등급제 대상 제외 프로그램

① 보도 프로그램

② 범죄, 사고 등을 다룬 재연물이나 기록물을 제외한 다큐멘터리 프로그램

③ 생활정보 프로그램

④ 시사관련 대담・토론 프로그램

⑤ 교육・문화예술 프로그램

⑥ 지식이나 재치를 겨루는 순수 퀴즈 프로그램

⑦ 이종격투기 등 폭력성이 지나친 종목을 제외한 스포츠 프로그램

⑧ 기타 방송위원회가 인정하는 프로그램

:: 등급분류 및 등급표시

프로그램의 등급은 '모든 연령 시청가, 7세 이상, 12세 이상, 15세 이상, 19세 이상 시청가' 등 5개 등급이다.

등급기호는 흰색 테두리에 노란 바탕의 원형에 검정색 숫자로 해당 등급을 표시한다. 등급기호는 화면 왼쪽 상단이나 오른쪽 상단에 대각선 크기의 1/20 이상 크기로 표기하고, 부연설명 자막을 시작 전에 5초 이상 고지해야 한다. 단 '모든 연령 시청가' 프로그램은 자막고지만 하고 별도 표시를 하지 않는다.

표기 시점은 본방송 프로그램 시작과 동시에 30초 이상, 방송 중에는 10분마다 30초 이상 표시해야 하며, 19세 이상 등급은 본방송 시작부

터 끝날 때까지 지속적으로 표기한다.

등급제 표시는 본 방송뿐 아니라 예고방송과 신문이나 인터넷의 방송편성 표에도 표기해야 한다. 등급제 대상인 프로그램이 방송에서 등급표시를 하지 않을 경우, 방송법 제108조 3항에 의해 3천만 원 이하의 과태료에 처하게 된다.

:: 등급분류 기준

프로그램 등급제의 제도적인 등급기준은 방송통신심의위원회가 제정한 '방송 프로그램의 등급분류 및 표시 등에 관한 규칙'이다(권말 부록 참조).

방송등급의 부여는 각 방송사별로 프로그램 회당 부여된다. 프로그램이 방송되기 전에 각 방송사 제작부서는 해당등급을 각 방송사 심의부서에 신청하고 심의부서에서 등급을 최종 부여한다. 각 방송사별로 등급을 부여하기 때문에 같은 가수의 같은 뮤직비디오가 다른 등급을 받기도 한다.

각 방송사는 등급제 실시의 가이드라인인 '방송 프로그램의 등급분류 및 표시 등에 관한 규칙'과는 별도의 등급분류 세부기준을 마련해 적용하고 있다. 주요 방송사들의 등급분류 세부기준은 엇비슷한데 KBS의 '방송 프로그램 등급분류에 관한 지침'은 다음과 같다.

:: KBS 방송 프로그램 등급분류에 관한 지침 세부기준

모든 연령 시청가

① 다음 각 호의 조건을 구비한 경우 모든 연령 시청가로 분류한다.

1. 주제 및 내용이 취학 전(7세 미만) 어린이를 포함한 모든 연령의 시청자가 시청하기에 부적절하지 않은 것
2. 폭력적 · 선정적 표현 또는 부적절한 언어사용이 없는 것
3. 일반적으로 용인되지 아니하는 특정한 사상 · 종교 · 풍속 등과 관련하여 모든 연령의 시청자에게 정신적 · 육체적으로 유해한 표현이 없는 것

② 폭력성, 선정성, 언어사용과 관련한 세부적인 기준은 다음 각 호와 같다.

1. 폭력성: 자연재해나 안전사고로 인해 발생한 인명과 재산의 손실 등을 묘사한 장면으로, 7세 미만의 어린이들이 두려움을 느낄 수 있을 정도로 묘사가 길거나 상세하지 않아야 한다.
2. 선정성: 남녀간 애정표현 중 가벼운 포옹, 손잡기, 단순한 신체 접촉 등의 수위를 넘지 않아야 한다.
3. 언어사용: 7세 미만의 어린이들의 언어습관에 악영향을 끼칠 수 있는 단어의 무분별한 배합, 외국어와 국어의 무분별한 조합으로 만든 유행어, 기타 욕설, 은어, 비어와 같은 유형의 언어는 사용하지 않아야 한다.

7세 이상 시청가

① 다음 각 호의 조건을 구비한 경우 7세 이상 시청가로 분류한다.

1. 주제 및 내용에 7세 미만의 어린이에게 정신적 · 육체적으로 유해

한 표현이 있어 보호자의 시청지도가 필요한 것
2. 폭력묘사가 가상의 세계에서 다루어지더라도 폭력의 방법이 구체적이고 현실적으로 표현되지 아니한 것
3. 일상적인 애정표현을 넘어서는 신체의 노출이나 성적 행위를 연상시키는 장면이 없는 것
4. 어린이의 바른 언어습관 형성을 저해할 수 있는 은어, 속어, 저속한 유행어 등이 사용되지 아니한 것

② 폭력성, 선정성, 언어사용과 관련한 세부적인 기준은 다음 각 호와 같다.
1. 폭력성: 가상적, 희극적 상황에서 허용된 대상(사람, 동물, 사물)에 대한 폭력묘사라도 위협적, 엽기적이어서는 안 되며 모방의 우려가 없어야 한다. 다만, 비인격적 대상, 즉 로봇이나 괴물, 외계인 등일 경우에는 부분적으로 허용할 수 있다.
2. 선정성: 선정적 신체 노출과 성적 행위를 연상시키는 일체의 장면이 없어야 한다. 다만, 선정적 느낌이나 성적 행위를 연상시키지 않는 입맞춤과 몸에 붙는 의상 등은 묘사할 수 있다.
3. 언어사용: 존경의 대상, 연장자, 특정집단(인종, 직업 등), 장애인, 신성한 존재 등을 비하하거나 모욕하는 언어적 표현은 없어야 한다.

12세 이상 시청가

① 다음 각 호의 조건을 구비한 경우 12세 이상 시청가로 분류한다.
1. 주제 및 내용에 12세 미만의 어린이에게 정신적·육체적으로 유해한 표현이 있어 보호자의 시청지도가 필요한 것
2. 폭력을 갈등해결을 위한 긍정적 수단으로 인식하게 할 수 있는 묘

사가 없으며, 각각의 폭력묘사는 청소년을 자극하거나 모방을 유발할 정도로 구체적이지 아니한 것

3. 입맞춤 또는 착의상태의 성적 접촉묘사가 있더라도 청소년의 성적 욕구를 자극할 정도로 구체적이거나 노골적이지 아니한 것
4. 청소년의 바른 언어습관 형성을 저해할 수 있는 은어, 속어, 저속한 유행어 등이 사용되지 아니한 것

② 폭력성, 선정성, 언어사용과 관련한 세부적인 기준은 다음 각 호와 같다.

1. 폭력성: 폭력이나 위해 상황을 직접적으로 묘사한 일체의 폭력 장면과 음향은 표현할 수 없다. 다만, 신체 또는 물질의 가벼운 손상 장면, 위협의 수준에 그친 폭력이나 위해행위, 격투기(레슬링, 권투, 태권도, 가라데 등) 경기에 수반되는 단순 폭력행사(과도한 혈흔 등 제외)에 대한 표현은 가능하다.
2. 선정성: 정도가 진하고 긴 입맞춤, 속이 비치거나 신체가 드러나는 옷, 성 행위를 연상시키는 접촉 장면 등은 표현할 수 없다. 다만, 수영장, 해변 등에서의 자연적 노출은 묘사할 수 있다.
3. 언어사용: 일상생활과 폭력 및 갈등상황에서 오가는 거친 언어, 가벼운 욕설, 은어, 저속한 유행어, 비속어, 과다한 기성과 괴성 등은 사용할 수 없다.

15세 이상 시청가

① 다음 각 호의 조건을 구비한 경우 15세 이상 시청가로 분류한다.

1. 주제 및 내용에 15세 미만의 청소년에게 정신적・육체적으로 유해한 표현이 있어 보호자의 시청지도가 필요한 것
2. 폭력묘사가 현실적이고 구체적이라 하더라도 사회정의에 위배하

여 정당화되거나 미화되지 아니한 것

3. 성적묘사가 건전한 남녀관계의 애정표현을 벗어나지 아니하고 신체의 부분 노출, 암시적인 성적 접촉 및 대화 내용이 선정성을 띠지 아니한 것

4. 일상생활에서 사용되는 악의 없는 욕설, 은어, 속어, 유행어 등이 건전한 언어습관을 저해하지 않는 범위 내에서 사용된 것

② 폭력성, 선정성, 언어사용과 관련한 세부적인 기준은 다음 각 호와 같다.

1. 폭력성: 피가 낭자하고, 유해 정도가 심한 상황, 집단 난타, 총격, 차량 폭파의 근거리 장면 등은 표현할 수 없다.

2. 선정성: 성적 행위로 연결됨을 시사하는 입맞춤, 성기나 성생활에 대한 흥미 위주의 묘사, 착의 상태의 성적 접촉 등은 표현할 수 없다.

3. 언어사용: 유해언어(성적 표현, 인격모독, 비어, 국적 불명 언어 등)와 폭력장면에서의 거친 언어 또는 욕설과 그에 준하는 언어(신조어, 도박과 관련된 언어 등)는 사용할 수 없다.

19세 이상 시청가

① 다음 각 호의 조건을 구비한 경우 19세 이상 시청가로 분류한다.

1. 주제 및 내용이 성인을 대상으로 하고 있어 19세 미만의 청소년이 시청하기에 부적절하며, 시청을 제한할 필요가 있는 것

2. 살생묘사 및 유혈장면 등 강도 높은 폭력장면이 현실적이거나 구체적으로 묘사된 것

3. 신체의 부분 노출, 직접적·암시적인 성적 접촉, 성행위 등 선정적인 표현이 구체적이거나 노골적으로 묘사된 것

4. 모욕적인 언어나 욕설, 저주, 저속한 동작 등이 사용된 것

② 폭력성, 선정성, 언어사용과 관련한 세부적인 기준은 다음 각 호와 같다.

1. 폭력성: 과도한 폭력행위와 결과에 대한 사실적 묘사, 강간, 성추행, 신체적 고문, 생명체에 대한 폭력행사 등은 표현할 수 없다.
2. 선정성: 성행위, 자위행위, 성적인 유혹을 연상시킬 수 있는 나체, 음향, 애니메이션, 도구, 몸짓 등은 표현할 수 없다.
3. 언어사용: 폭력, 갈등 장면에서 사용되는 거친 용어, 성기나 성행위를 직간접적으로 표현하는 언어, 성행위를 연상할 수 있는 동작이나 표정 등은 사용할 수 없다.

기준 불일치시의 등급분류

등급결정을 함에 있어 폭력성, 선정성, 언어사용 정도 등의 내용기준이 일치하지 않을 경우에는 가장 유해한 표현을 기준으로 등급을 분류하여야 한다.

19세 이상 시청가 프로그램의 제한 요건

'19세 이상 시청가' 프로그램은 '청소년 보호법' 제 2조 3호에 의해 '청소년 유해매체물'로 분류된다. 이에 따라 청소년보호법에 정한 '청소년 보호시간대'에 프로그램 편성은 물론 예고방송도 할 수 없게 되어있다.

'청소년 시청보호 시간대'는 평일 오전 7시부터 9시까지, 오후 1시부터 밤 10시까지이고, 공휴일과 초등학교와 중・고등학교 방학기간 동안에는 오전 7시부터 밤 10시까지를 말한다. 단, 유료채널의 경우에는 오후 6시부터 밤 10시까지를 말한다.

결국 드라마 같은 경우 19세 이상 등급 판정을 받으면 밤 10시 이후에 편성해야 하는데 보통 드라마 재방송이 주말 낮에 많이 편성되는 만큼 19세 이상 등급을 받으면 재방 편성 등에서 불이익을 감수해야 한다.

:: 방송 프로그램 등급제의 문제점

방송 프로그램 등급제는 등급기준 적용이 모호하다. 선정성이나 폭력성은 계량화가 불가능한 가운데, '구체적, 노골적, 저속한, 현저히' 등 막연하고 자의적인 용어에 의해 등급이 부여된다는 점에서 논란의 여지가 상존한다.

그래서 다분히 기계적으로 등급이 부여된다. 대부분의 미니시리즈 드라마는 한결같이 '15세 이상 시청가' 등급으로 책정되는 것도 이런 흐름 속에서 이루어진다.

학교나 가정에서 미디어교육이 부재한 가운데 등급제 부연설명 자막의 문구는 더욱 비현실적이다. 가령 초등학생 딸과 거실에서 TV를 보다가 연속극이 시작되면서, 15세 등급 표시와 함께 "이 프로그램은 15세 미만의 청소년이 시청하기에 부적절하므로 보호자의 시청지도가 필요한 프로그램입니다"라는 자막이 떴다. 그러자 같이 있던 엄마가 딸에게 눈을 흘기며 "너 숙제 안 하냐?"라고 힐난하고 방으로 내쫓는다면 혹시 똑똑한 딸이 있어 엄마에게 '시청지도'를 요구할까봐 걱정인 것이 현실이다.

19세 이상 등급물이 오히려 면죄부나 시청률 제고의 방편으로 악용될 가능성도 없지 않다. 어린이, 청소년들에게 유해한 프로그램도 밤 10시 이후에 19세 등급을 표시하고 방송하면 선정성이나 폭력성 등에서

면죄부를 받을 수 있다. 또한 19세 등급 표시는 이른바 '금단의 열매효과'(*forbidden fruit effect*)를 조장해 시청률을 높이는 방편으로 악용될 소지도 없지 않다.

19세 등급 이상가를 밤 10시 이후에 편성해야만 한다는 규제도 비현실적이다. 과외수업에 시달리는 대부분의 청소년들의 귀가 시간은 보통 밤 10시 이후이기 때문에 집에 와서 잠시라도 텔레비전을 볼 수 있는 시간은 평일에는 심야시간밖에 없는 실정이다. 이런 문제를 해결하기 위해 미국을 비롯한 일부 국가에서는 시청범위를 제한할 수 있는 V-chip과 연동시켜 실효성을 높였다. V-chip이란 TV 주사 신호를 통해 함께 제공되는 등급제 정보에 근거해 자동적으로 어린이나 청소년의 접근을 봉쇄하는 장치를 말한다. 미국의 경우 1998년부터 미국에서 생산되는 모든 TV 수상기에 수신차단 장치를 의무적으로 장착하게 하고, 여기에 등급을 미리 입력시켜두면 등급을 식별해 프로그램을 차단한다.

그리고 어린이와 청소년들이 인터넷 등 유해매체물에 쉽게 노출되어 있어 방송 프로그램의 선정성이나 폭력성은 아이들에게 크게 자극적이지도 않은 것이 사실이다. 그럼에도 불구하고 방송이 미치는 영향이 지대하고 심각하다는 점에서 이런 규제를 피할 길은 없다.

모니터링 요령

1. 등급 표시가 되어 있는가

앞에서 열거한 제외 대상 프로그램 외에는 등급표시를 의무적으로 해야 한다. 특히 어린이, 청소년들에게 부정적 영향을 미칠 프로그램들이 등급표시를 제대로 했는지를 눈여겨볼 필요가 있다.

2. 적정한 등급이 부여되어 있는가

화면이나 스토리 전개와 부여된 등급이 걸맞은지 보아야 한다. 어떤 경우에는 피를 튀기는 폭력장면이나 어른들이 보기에도 선정적인 화면에 12세나 15세 등급으로 표시되는 경우가 허다하다. 또 어린이들이 주로 보는 애니메이션에서의 폭력성이나 선정성도 간과해서는 안 된다.

전반적으로 프로그램 등급제가 마지못해 기계적으로 이루어지지는 않는지 비판적인 시선으로 지켜보아야 한다.

3. 19세 등급이 면죄부나 시청률 제고를 위해 악용되지 않는가

어느 언론관계 세미나에서 한 언론학자가 주말 심야 19세 유선방송 프로그램을 눈을 비벼가며 보았는데 끝내 별것이 없어 실망했다는 농담 아닌 농담을 들은 기억이 있다. 오피니언 리더인 대학교수도 이런데 일반 시청자 특히 청소년들에게 19세 등급 표시가 오히려 더욱 부작용을 초래하지는 않는지 살펴볼 일이다.

4. 부모들의 시청지도 안목을 키워야 한다

등급제 프로그램의 등급 부연설명 자막이 헛구호에 지나지 않으려면 자녀들과 함께 소통할 수 있는 시청지도 안목을 키워야 한다. 등급제 표시가 떴다고 무조건 공부하라며 아이들을 방으로 쫓아 보내지 말고 프로그램을 함께 보고 토론할 수 있는 진지한 자세가 이제 필요한 시점이다. 특히 선정성의 경우, 자녀들에 대한 적절한 성교육도 병행시킬 수 있을 것이다. 이런 점에서 폭넓은 TIE(*television in education*)의 필요성이 강조된다.

선정성 · 폭력성

방송제작자들은 자신이 제작하는 프로그램이 경쟁력에서 밀리게 되면 두 가지 유혹에 빠지게 된다. 그것이 바로 선정성과 폭력성이다.

'섹스'와 더불어 '폭력'이라는 인간의 본능적 말초신경을 자극하면 쉽게 시선을 끌 수 있다는 것을 알기 때문이다. 때로는 의도적으로 이런 문제를 야기해 논란을 충동질하는, 이른바 '노이즈 마케팅'(*noise marketing*)으로 프로그램 경쟁력을 끌어올리기도 한다.

선정성과 폭력성에 대한 문제는 우리나라만의 문제는 아니다. 방송과 통신의 융합에 의해 전개된 '다매체 다채널시대'와 더불어 매체와 채널 간의 무한경쟁에 빠지게 되면서 전 세계적으로 심각성을 더해가고 있다. 방송 프로그램도 상업적 문화상품으로 인식되는 가운데 시청률 경쟁에 내몰리면서 선정성과 폭력성은 더욱 심각한 문제로 대두된 것이다. 매체와 채널은 늘어났지만, 수요에 미치지 못하는 콘텐츠 제작은 결국 값싼 저질 프로그램으로 대체되는 실정이다.

우리나라의 경우, 뉴미디어로 등장한 케이블 TV가 유료방송이라는 점에서 다소 느슨한 규제 속에 선정적이고 폭력적인 프로그램을 양산했다. 그러나 최근에는 케이블 가입자가 90%에 근접하면서 대부분의 가정 안방에까지 선정적이고 폭력적인 프로그램이 범람하고 있다. 이런 가운데 이제 종합편성 방송사가 경쟁에 합류함으로써 무한경쟁 속에 그 심각성은 더욱 심화될 것이다.

시청자들이 텔레비전에서 폭력적이고 선정적인 내용이나 장면을 보고 곧바로 따라 하지는 않을지도 모른다. 그러나 TV는 영화나 연극과 달리 안방이나 거실에 가구처럼 존재하면서 일상에 스며드는 생활매체라는 데 문제가 있다. 어린이나 청소년은 물론 성인들조차도 선정성이나 폭력성에 반복적으로 노출되면 가랑비에 옷 젖듯이 섹스와 폭력에 대한 판단력을 상실하게 될 우려가 크다.

:: 방송심의에 관한 선정성 · 폭력성 규정

시청률을 견인하는 힘이 있다하더라도 성과 폭력의 표출에는 적정수위가 있다. 이를 무시하면 그것은 약이 아니라 독이 되어 해당 방송은 지탄 대상이 된다. 이를 예방하기 위해 방송통신위원회가 정한 '방송심의에 관한 규정'에서는 아래와 같은 사항을 명문화해두고 있다.

제 5절 소재 및 표현기법

제 35조(성표현)

① 방송은 부도덕하거나 건전치 못한 남녀관계를 주된 내용으로 다루어서는 아니 되며, 내용전개상 불가피한 경우에도 그 표현에 신중을 기하여야 한다.

② 방송은 성과 관련된 내용을 지나치게 선정적으로 묘사하여서는 아니 되며 성을 상품화하는 표현을 하여서도 아니 된다.

③ 방송은 성과 관련한 다음의 각호의 내용을 방송하여서는 아니 된다. 단 내용전개상 불가피한 경우에는 극히 제한적으로 허용할 수 있다.

1. 기성 · 괴성을 수반한 과도한 음란성 음향 및 지나친 성적 율동 등을 포함한 원색적이고 직접적인 성애장면
2. 성도착 · 혼음 · 근친상간 · 사체강간 · 시신 앞에서의 성행위와 변태적 형태의 과도한 정사장면
3. 유아를 포함한 남녀 성기 및 음모의 노출이나 성기 애무 장면
4. 폭력적인 행위 및 언어를 동반한 강간 · 윤간 · 성폭행 등의 묘사장면
5. 어린이 · 청소년을 성폭력 · 유희의 대상으로 한 묘사장면
6. 위 각호에 준하는 사항의 구체적 묘사

제 36조(폭력묘사)

① 방송은 과도한 폭력을 다루어서는 아니 되며, 내용전개상 불가피하게 폭력을 묘사할 때에도 그 표현에 신중을 기하여야 한다.

② 방송은 스포츠 · 게임 프로그램 등에서 지나치게 폭력적인 내용을 방송하여서는 아니 된다.

③ 방송은 지나치게 가학적이거나 피학적인 내용으로 프로그램을 구성하여서는 아니 된다.

제 37조(충격 · 혐오감) 방송은 시청자에게 지나친 충격이나 불안감, 혐오감을 줄 수 있는 다음 각호의 내용을 방송하여서는 아니 된다. 단 내용전개상 불가피한 경우에는 극히 제한적으로 허용할 수 있으나 이 경우에도 표현에 신중을 기하여야 한다.

1. 참수 · 교수 및 지체 절단 등의 잔인한 묘사
2. 자살 장면에 대한 직접적인 묘사나 자살방법을 암시하는 표현
3. 총기 · 도검 · 살상 도구 등을 이용한 잔학한 살상 장면이나 직접적인 신체의 훼손 묘사
4. 훼손된 시신 · 신체 장면
5. 잔인하고 비참한 동물 살상 장면
6. 위 각호에 준하는 사항의 구체적 묘사

선정성과 폭력성에 대해서는 이런 제도적 장치 외에도 각 방송사는 자체적으로 강령이나 규칙, 가이드라인, 핸드북, 지침, 기준 등에 선정성과 폭력성에 대한 규제를 명문화해두고 있다. 시청자들은 이런 규정을 바탕으로 프로그램이 약인지 독인지 잘 구분하고 선택할 줄 알아야 한다.

선정성과 폭력성은 모두 행위적, 언어적 요인을 포함한다. 다시 말해서 선정성에는 행위적 선정성과 언어적 선정성이 있다. 폭력성에도 행위적 폭력과 언어적 폭력이 있다.

2004년 미식축구 슈퍼볼게임 결승전 하프타임의 공연 중 벌어진 일이다. 마이클 잭슨의 여동생인 자넷 잭슨의 윗옷이 흘러내리면서 순간적으로 가슴이 노출되는 장면이 방송되었다. 수억 명이 시청하는 가운데 이 장면이 방송된 뒤 중계를 맡았던 CBS 방송은 정중히 사과를 했음에도 FCC(미국연방 통신위원회)로부터 거액의 벌금이 부과되었다. 문제의 장면은 생방송 도중 짧은 순간 벌어진 예기치 못한 해프닝임에도 처벌이 따른 것을 보면, 성에 대해 개방적인 미국에서조차 불특정 다수의 사람들이 시청하는 텔레비전의 선정성에 대해서는 엄격하다는 사실을 입증한 사례다.

성은 인간의 본능적 속성이다. 섹스에 대한 욕구를 관음증으로 적절히 부채질하면 누구나 본능적으로 이끌리게 된다. 따라서 이런 유혹을 받

2004년 미식축구 슈퍼볼게임 결승전 하프타임의 공연 중, 자넷 잭슨 윗옷이 흘러내려 방송사고가 일어났다.

는 것을 무한경쟁에 빠져 있는 방송제작자의 잘못만으로 돌리기에는 한계가 있다. 많은 제작비와 인력을 투입해 공들여 만든 의미 있는 프로그램은 외면당하고, 볼거리에 연연하는 시청자의 태도로 이러한 매체환경이 조성되는 측면도 분명히 있기 때문이다.

1. 드라마에서의 선정성 모니터링

드라마는 어느 장르보다 선정성 논란의 여지가 많다. 드라마는 스토리 전개 자체와 스토리를 운반하는 대사나 장면에서 선정성이 내재될 수 있기 때문이다. 실제로 드라마 스토리가 음란하다거나 연출이 외설적이라는 비난에 봉착하는 경우도 허다하다.

'음란'의 사전적 의미는 음탕하고 난잡한 것이고, '외설'은 성욕을 함부로 자극하는 난잡함을 뜻한다. 두 단어 모두 난잡하다는 공통적인 뜻을 갖고 있다. 그러나 이 난잡하다는 것이 계량화가 불가능한 데다 개인적 취향이나 정서에 따라 그 기준이 각기 다르기 때문에 일률적으로 적용하기에는 어려움이 있다. 이런 시각에서 예술과 외설의 경계 논란이 초래된다. 그러니 보편적 상식에 기초할 수밖에 없다.

그러나 근친혼이라든지 혼외정사 등 불륜을 미화하거나 부도덕을 합리화해서는 아니 된다. 강간 등 성폭력 장면, 지나친 노출이나 과도한 정사장면도 상식의 범위를 넘어서서는 안 된다. 드라마는 연속극이 대부분으로 다른 어떤 장르보다 흡인력이 큰 데다 온 가족이 함께 본다는 점에서 제작에 더욱 유의해야 한다. 따라서 시청자들은 드라마에서 선정성의 수위를 따져볼 필요가 있다.

2. 쇼 오락에서의 선정성 모니터링

연예오락 프로그램에서 선정성 논란은 오래도록 계속되었다. 1990년부터 2010년까지 20년 동안 방송에서의 선정성과 폭력성 위반 실태를 조사한 한 연구결과에 따르면, 영화(200건), 오락 · 버라이어티(190건), 드라마(167건), 음악 쇼(79건), 정보 · 교양(76건) 순으로 나타났다. 오락 · 버라이어티 총 190건 중 160건이 유료방송에서 위반한 것으로 나타났다.[1]

연예오락 프로그램에서는, 연중행사로 지상파 텔레비전이 경쟁적으로 중계방송을 했던 미스코리아 선발대회를 지상파에서 중계하지 못하는 것처럼 여성의 상품화 논란이 계속되고 있다. 심지어 지금은 여성의 상품화뿐 아니라 젊은 남성들을 벗기기 대상으로 삼아 남성의 상품화도 논란거리가 되고 있다. 뮤직 쇼와 뮤직 비디오에서는 출연자들의 선정적인 의상과 노출, 선정적인 춤사위와 가사의 음란성이 문제가 되기도 하며 코미디 프로그램에서는 성적 풍자가 선정적이라는 지적을 받기도 한다.

방송광고 역시 성적인 코드를 암시하면 광고효과가 커지기 때문에 선정성 유혹에 빠지기 쉽다. 심지어 어린이들이 즐겨보는 애니메이션에서도 스토리나 외모 표출에서 선정선 논란을 야기하기도 한다.

1 방송통신심의위원회(2010, 12), "유료방송의 선정성 폭력성 기준에 관한 연구", p.79.

3. 보도에서의 선정성 모니터링

뉴스 등 보도 프로그램에서는 실태고발이나 정보제공이라는 미명하에 선정적 아이템을 선정할 가능이 상존한다. 짧은 리포트이지만 선정적인 내용과 화면 처리로 시청자들의 시선을 사로잡으려는 경향이 없지 않고 이로 인해 '보도의 연성화' 비난이 사라지지 않고 있다. 인간 내면에 잠재해 있는 관음증이나 노출증을 적절히 부채질하는 보도 프로그램들도 문제를 야기한다. 실제로 시사(탐사) 프로그램의 경우도 성과 관련된 주제로 방송이 되면 시청률이 상승한다. 왜곡된 성문화를 고발하고 바로잡는다는 미명 아래 방송되는 프로그램은 또 다른 부정적 성문화를 조장하거나 역정보를 주어 범죄에 이용되기도 한다.

이렇듯 선정성은 장르를 넘어 시청률 제고의 수단으로 제작자들을 유혹한다.

4. 전체적인 맥락에서의 모니터링

성에 대한 도덕률과 가치관은 변화한다. 따라서 성을 바라보는 방송제작자나 시청자의 시각도 변하기 마련이다.

우리나라 TV 드라마에서 첫 키스신은 1992년 MBC 〈여명의 눈동자〉에서 채시라와 최재승이 보여주었다. 당시로서는 파격적인 묘사로 이 드라마 연출자인 김종학 PD는 당시 방송위원회로부터 징계를 받았다.

이에 앞서 국내 영화의 경우 1954년 〈운명의 손〉에서 여배우 윤인자 씨가 처음으로 키스신을 선보였는데, 당시 세간에 큰 화제와 논란을 불러일으켰고, 이 영화의 한형모 감독은 윤인자 씨의 남편으로부터 법정

국내 영화 최초의 키스신이 나온 〈운명의 손〉.

소송에 내몰리기도 했다는 후문이 나돌았다고 한다.

지금은 아무렇지도 않게 표현하는 것들이 이런 관계자들의 모험과 도전으로 이루어졌다. 이제는 오히려 우리 드라마에 키스신이 지나치게 남발된다는 비판이 제기될 정도이다.

이처럼 선정성 논란은 시대의 변천에 따라 그 범위가 변하기 마련이다. 선정성의 경우 짧은 신(*scene*)이나 시퀀스를 대상으로 문제를 삼는 것도 바람직하지 않다. 프로그램에서 궁극적으로 지향하려는 기획의도를 감안해 전체적인 맥락에서 이해하려는 성숙된 시청자세도 필요하다.

그리고 제작자들은 시대를 앞서 이끌어 가는 자세를 견지해야 하지만, 지나치게 앞서가 사회에 물의를 일으키지 않도록 해야 한다. 특히 어린이와 청소년들에게 성에 대한 부정적 인식이나 모방을 조장해서는 안 된다.

선정성을 판단하는 데는 '상황'과 '상식'이 기준이 되어야 한다. 같은 여성의 가슴 노출일지라도 아프리카 원주민을 다루는 다큐멘터리의 경우 아무도 문제 삼지 않은 것처럼.

폭력성 모니터링 요령

2001년 조폭사회를 다룬 영화 〈친구〉가 흥행에 성공한 뒤 그 무렵 청소년들이 조폭을 보는 시각이 변하면서 심지어 조폭사회를 동경했다는 조사결과가 발표되어 충격을 주었다. 그리고 이 영화에서 장동건이 '동수'라는 역할로 상대방 조직폭력배에게 무참히 살해당하면서 내뱉은 대사는 한동안 유행어가 되어 나돌기까지 했다.

정도의 차이는 있겠지만 인간은 폭력에 이끌리는 본성이 있다. 극중에서 악당을 물리치는 주인공의 폭력 행위에 박수를 보내게 되고, 여성 등 연약한 사람들이 잔인해 보이는 격투기를 보면서 대리만족을 느끼기도 한다. 방송이 이런 인간 내면의 폭력적 본성을 이용하면 시선을 끌 수가 있다. 그러나 방송에서의 폭력성 조장은 또 다른 모방범죄를 부추겨 사회를 불안케 하는 등 다양한 부작용을 초래하는 탓에 적절한 수위에서 여과되지 않으면 안 된다.

1. 폭력행위가 미화되지는 않았는가

인간사회가 약육강식의 다른 동물 생태계와 다른 점은 법과 도덕을 중시한다는 점이다. 그래서 인간은 육체적으로 약할지라도 사회에서 제도적으로 보호받으며 살 수가 있다. 때로는 약자를 괴롭히는 악의 무리들을 폭력으로 물리치고 약자를 구하는 광경을 통해 쾌감을 느끼거나 박수를 보낼 수도 있으나, 이런 폭력적 방식이 문제를 근본적으로 해결하지는 못한다.

방송에서 폭력을 통해 카타르시스를 느끼게 하거나, 폭력을 통해 문제를 해결하는 방식을 제시하는 등 폭력을 미화하거나 정당화하면 오히려 또 다른 폭력에 의한 피해를 조장하게 된다는 점을 간과해서는 안 된다. 이런 점에서 방송 프로그램은 폭력의 미화가 내용 전개상 불가피하다 하더라도 신중에 신중을 기해야 한다.

2. 폭력이 필요 이상 구체적으로 묘사되지는 않았는가

폭력을 묘사할 때는 모방범죄를 염두에 두어야 한다. 뉴스와 같은 보도 프로그램은 물론 정보나 연예오락 프로그램, 드라마 등에서 폭력적 범죄 수법을 지나치게 구체적으로 소개하면 그 자체가 역정보가 되어 또 다른 범죄를 부추기게 된다. 심지어 어린이 만화에서의 지나친 폭력묘사나 코미디나 개그에서의 폭력조차도 이런 위험성을 내포한다. 국내외에서 벌어지는 잔혹한 범죄사건에는 대체로 영화나 방송을 보고 흉내를 냈다는 범인들이 연루된 사실이 이를 입증하고 있다.

앞서 지적한 것처럼 필요 이상 구체적이고 반복적인 폭력묘사는 모든 사람들에게 가랑비에 옷 젖듯이 스며들어 가치관을 어지럽히게 된다. 이런 측면에서 성폭력, 가정폭력, 학교폭력, 조직폭력 등 모든 폭력을 묘사할 때 최대한 유의해야 한다.

3. 언어적 폭력이 자제되었는가

폭력성에도 행위적 폭력성과 언어적 폭력성이 있다. 방송에서 지나친 폭력행위가 문제되듯이 언어적 폭력도 심각하게 다루어져야 한다.

특히 요즘 자라나는 청소년들은 욕설이 빠지면 대화가 되지 않을 정도이고, 성인들도 욕설에 익숙하다. 이런 배경에는 방송의 역할도 한몫을 했음을 숨길 수 없다. 인기 드라마나 코미디 연예오락에서 만든 폭력적 유행어가 사회에 아무렇지 않게 통용되었기 때문이기도 하다. 사람의 인격을 무시하고 자존심을 건드리는 자극적이고 폭력적인 언어가 사회를 더욱 폭력적으로 몰고 가고 있는 것이다.

4. 전체적인 맥락에서의 모니터링

방송에서의 폭력성도 전체적인 맥락에서 파악할 필요가 있다. 앞에서도 설명했듯이 1993년 개봉되어 전 세계에 충격을 주면서 흥행에 성공한 스티븐 스필버그 감독의 영화 〈쉰들러 리스트〉는 독일의 나치가 유태인을 학살하는 과정을 장시간에 걸쳐 처참하게 묘사했다. 그러나 어떤 사람도 이 영화를 잔혹물이나 폭력물로 평가하지는 않는다. 오히려 인간의 소중함을 일깨워준 휴머니즘 영화로 기억되었다. 이런 평가는 장면 장면을 따로 떼어놓고 보기보다 전체적인 맥락에서 파악하였기 때문이다.

물론 이런 시각이 폭력 묘사에 대한 관대한 태도를 보임으로써 제작자들이 폭력 연출을 조장하게 하려는 것은 아니다. 다만 방송 프로그램을 지나치게 단편적이나 지엽적으로 이해하지 말자는 것이다.

간접광고(광고효과 제한)

과거 방송위원회 시절 해마다 지상파방송 심의제재 사유 현황 발표에 따르면 '간접광고'가 30% 전후의 비율을 차지해 다른 사유와 압도적인 차이를 보이며 1위를 기록했다.[1]

그러나 최근 시청자들은 일부 프로그램에서 이런 문구를 이따금씩 만날 수 있을 것이다.

"이 프로그램은 간접광고가 포함되어 있습니다."

앞뒤가 맞지 않는 이런 현상은 방송법이 개정되어 2010년 1월부터 방송에서 간접광고가 일부 허용되었기 때문에 일어난 일이다.

간접광고는 방송 프로그램 안에서 상품을 소품으로 활용하여 그 상품을 노출시키는 형태의 광고를 말한다. 쉽게 이야기해 예전에는 TV 드라마에서 라면을 끓여 먹는 경우 라면의 상표가 드러나면 간접광고

1 2002년 당시 방송위원회가 발표한 '지상파방송 심의제재 사유 현황 발표'에 의하면 '간접광고'가 총 제재건수 504건 중 188건으로 37.7%였고, 다음이 20.2%인 102건의 '협찬고지 위반'이었는데 해마다 이런 경향이 반복되었다.

로 제재를 받았으나, 이제는 합법적으로 간접광고 절차를 밟으면 상표를 노출해도 된다는 것이다.

이렇게 방송 프로그램에 특정상품이 간접광고로 노출되는 것을 PPL이라고 한다. PPL은 영어 'Product Placement'의 준말로, 영화나 방송 드라마 등에서 소품으로 등장하는 상품을 의미한다. PPL은 상품광고주 측에서는 자사 제품의 브랜드 이미지를 높일 수 있고, 프로그램 제작자 측에서는 제작비를 충당할 수 있어 서로 이익이 부합할 수 있다.

지상파 방송에서 노출이 가장 많은 '가족시간대'2에 15초짜리 광고를 한 번 내는 데는 천만 원에 가까운 광고비를 지불해야 한다. 광고주 입장에서 이런 직접광고는 막대한 제작비가 들고 광고효과를 위해서는 반복적으로 내보내야 하는 부담을 안고 있나. 그럼에도 불구하고 시청자들은 광고를 광고로만 인식하지만, 광고할 제품을 프로그램 속에 자연스럽게 노출시키면 적은 비용으로 훨씬 더 강력한 광고효과를 거둘 수 있다.

이런 이유로 무분별한 간접광고가 광고시장은 물론 방송 프로그램과 시청자를 혼란시킬 수 있다는 이유로 엄격히 금지되었으나, 급변하는 방송환경에 따라 간접광고가 허용된 것이다. 그러나 간접광고가 무제한 허용된 것이 아니고, 간접광고 절차를 밟지 않은 것들은 여전히 '광고효과 제한'이라는 규제 속에 묶여 있으므로 눈여겨볼 필요가 있다.

2 평일 저녁 7시부터 밤 10시까지, 토요일과 공휴일은 저녁 6시부터 밤 10시까지를 말한다.

1. 간접광고 조건에 해당하는가

우선 방송법 시행령이 인정하는 간접광고 규정을 살펴보자

제59조의 3(간접광고)

① 법 제73조 제2항 제7호에 따른 간접광고의 허용범위·시간·횟수 또는 방법 등은 다음 각 호의 기준에 따른다.

1. 방송분야 중 오락과 교양 분야에 한정하여 간접광고를 할 수 있다. 다만, 어린이를 주 시청대상으로 하는 프로그램과 보도·시사·논평·토론 등 객관성과 공정성이 요구되는 방송 프로그램의 경우에는 간접광고를 할 수 없다.
2. 간접광고는 방송 프로그램의 내용이나 구성에 영향을 미치거나 방송사업자의 편성의 독립성을 저해해서는 아니 된다.
3. 간접광고를 포함하고 있는 방송 프로그램은 해당 상품을 언급하거나 구매·이용을 권유하는 내용을 방송해서는 아니 된다.
4. 방송광고가 금지되거나 방송광고의 허용시간을 제한받는 상품 등은 간접광고를 할 수 없다.
5. 간접광고로 노출되는 상표, 로고 등 상품을 알 수 있는 표시의 노출시간은 해당 방송 프로그램시간의 100분의 5를 초과할 수 없다. 다만, 제작상 불가피한 자연스러운 노출의 경우는 그러하지 아니한다.
6. 간접광고로 노출되는 상표, 로고 등 상품을 알 수 있는 표시의 크기는 화면의 4분의 1을 초과할 수 없다. 다만, 이동멀티미디어방

송의 경우 3분의 1을 초과할 수 없다.

② 방송사업자는 방송 프로그램에 간접광고가 포함되는 경우 해당 프로그램 방송 전에 간접광고가 포함되어 있음을 자막으로 표기하여 시청자가 명확히 알 수 있도록 하여야 한다.

이 조항들에 의하면 방송에서 간접광고가 허용된 장르는 오락과 교양부문이며, 이 가운데 어린이 프로그램과 보도성 프로그램은 제외된다. 또 오락과 교양 프로그램의 경우 모두 인정되는 것이 아니라 간접광고의 절차를 밟아 공식적으로 그 대가를 지불한 경우에만 해당된다.[3] 이렇게 간접광고가 공식적으로 허용된 프로그램의 경우, 규정에 따라 해당 프로그램 본방송이 시작되기 전에 간접광고가 포함되어 있음을 자막으로 고지하도록 되어 있다.

따라서 먼저 간접광고가 허용된 장르인지, 그리고 절차에 따라 간접광고 고지를 정확하게 하고 있는지를 살펴 볼 필요가 있다.

2. PPL의 구매를 유도하거나 충동하지 않는가

PPL은 말 그대로 방송에서의 소품이다. 스토리 운반이나 화면 구성을 위해 자연스럽게 처리되어야 한다. 따라서 PPL 때문에 프로그램의 내용이나 구성에 영향을 미쳐서는 안 된다. 또 PPL을 구체적으로 언급하거나 구매나 이용을 유도하거나 권유해서는 아니 된다. 예를 들어, 방송에서 라면을 끓여 먹을 때 간접광고가 허용된 상품이나 상표가 표기된 라

3 지상파의 경우 간접광고를 희망하는 업체나 단체가 한국방송광고진흥공사에 간접광고를 신청하고 소정의 광고비를 지불해야 한다.

면 봉지 노출은 가능하지만, 대사를 통해 "맛이 특이하다"거나, "면발이 쫄깃하고 국물 맛이 시원하다"는 등 상품에 대한 언급은 안 된다.

그러나 적지 않은 비용을 지불하는 광고주 입장에서는 광고효과를 위해 노출 횟수나 화면 사이즈, 상품 관련 대사를 은근히 제작진에게 요구할 가능성이 크다. 방송제작진의 경우에도 제작비 지원 등을 감안할 때 가능한 PPL을 지속해주기를 바라게 된다. 이런 이해관계로 인해 PPL을 노골적으로 직접광고할 우려가 상존한다. 이런 점을 감안해 노출 시간과 화면 사이즈를 제한하고 대사나 내레이션 등을 통해 해당 상품을 구체적으로 언급하지 못하게 하고 있는 것이다.

그러나 자세히 보면 교묘히 이런 규제를 위반하는 경우가 없지 않음을 알게 될 것이다.

3. 광고와 프로그램이 구분되는가

방송에서 광고라 함은 어떤 식으로든지 해당 방송사에 광고비를 지불하게 되어 있는데, 그 종류는 다음과 같다.

- 방송 프로그램광고: 방송 프로그램의 전후(방송 프로그램 시작타이틀 고지 후부터 본방송 프로그램 시작 전까지 및 본방송 프로그램 종료 후부터 방송 프로그램 종료타이틀 고지 전까지를 말한다)에 편성되는 광고
- 중간광고: 1개의 동일한 방송 프로그램이 시작한 후부터 종료되기 전까지 사이에 그 방송 프로그램을 중단하고 편성되는 광고
- 토막광고: 방송 프로그램과 방송 프로그램 사이에 편성되는 광고
- 자막광고: 방송 프로그램과 관계없이 문자 또는 그림으로 나타내

는 광고

- 시보광고: 현재시간 고지 시 함께 방송되는 광고
- 가상광고: 방송 프로그램에 컴퓨터 그래픽을 이용하여 만든 가상의 이미지를 삽입하는 형태의 광고
- 간접광고: 방송 프로그램 안에서 상품을 소품으로 활용하여 그 상품을 노출시키는 형태의 광고

방송은 위에 열거한 광고와 달리 특정 프로그램 제작 과정에 직·간접적으로 필요한 경비나 물품, 용역, 인력 또는 장소를 제공받을 수 있는데 이를 '제작협찬'이라고 부른다. 이 경우 프로그램 종료 전 스크롤 등을 통해 협찬자막을 내보낼 수 있다.

이런 제작협찬의 경우 프로그램을 통해 특정상품이나 기업, 영업장소 또는 공연 등에 관한 사항을 구체적으로 소개하거나 의도적으로 부각시켜 광고효과를 주어서는 안 된다. 또 협찬상품의 명칭이나 상표, 로고, 슬로건, 디자인 등 일부를 변경하여 부각시키는 방법으로 광고효과를 주어서는 안 된다.[4]

결국 방송은 그 자체가 대중성과 파급력을 갖기 때문에 광고의 경우 절차를 밟아서 광고형태로 방송케 하고, 광고가 아닌 경우 프로그램을 이용해 광고효과를 주는 것을 엄격히 규제하고 있는 것이다. 그런 만큼 현명한 시청자는 프로그램이 불법적이나 편법적으로 광고효과를 주지 않는지 눈여겨볼 필요가 있다. 왜냐하면 이런 불법과 편법은 광고시장 질서를 교란함은 물론 방송시장의 환경도 오염시키기 때문이다.

4 방송통신위원회 '방송심의에 관한 규정' 제46조.

4. 광고가 악용되고 있지 않는가

사이비언론의 가장 큰 폐해 가운데 하나가 기사와 광고를 교환하는 것이다. 업체나 단체는 물론 심지어 개인들에게 불리한 기사를 작성한 뒤 이를 공개하지 않는 조건으로 광고나 돈으로 교환하는 것이다. 이는 사회정의를 수호하고 감시역할을 하라고 준 보검을 사적인 이익을 추구하는 범죄의 흉기로 악용하는 것이나 다를 바 없다.

이렇게 거래된 보도 내용은 일반 시청자들의 눈에는 비춰지지 않기 때문에 판명하기 힘들다.

적정 규모의 사회에 전문성을 가진 집단이 적정선 이상으로 팽창하면 그 피해는 주민들에게 돌아간다. 가령 의사가 적정 수보다 많으면, 하지도 않아도 되는 수술 건수가 늘어난다. 변호사가 적정 수보다 많으면, 불필요한 소송이 증가하게 되는 것이다.

이런 관점에서 우리 사회에서 언론, 특히 방송채널이 너무 많은 것은 아닌지 돌아볼 필요가 있다. 지방에서는 수익이 떨어지는 방송사들의 횡포가 논란의 대상이 되어왔다. 특히 종편을 비롯한 방송채널이 갑자기 늘어난 상황에서 이런 현상이 언론 발전에 기여할 것이지, 언론 환경과 질서를 흐리게 할 것인지 눈여겨볼 필요가 있다.

방송에서 광고가 불법적으로 악용되는 것을 눈감아주거나, 사익을 위해 적당히 타협하는 풍토는 결국 자신을 포함한 모든 시청자들에게 해악을 가져다준다는 점에서 엄격하게 다루어야 한다.

명예훼손 · 인권침해

"텔레비전에 내가 나왔으면 정말 좋겠네, 정말 좋겠네."

익숙한 동요 가사가 아니더라도 대부분의 사람들은 기회가 되면 텔레비전에 나왔으면 하는 기대와 희망을 갖는다. 우연히 길거리를 지나가다가 야외촬영 배경에 자신이 찍혔다고 생각되면 언제 방송되는 어떤 프로그램인지 알아보고 방송이 나갈 때 확인해보게 되는 것이 보통 사람들의 심리이다. 비록 통째로 편집되어 자신의 모습이 나오지 않아 실망한다고 해도 말이다.

그러나 방송은 항상 '양날의 칼'이다. 수십 년간 헤어져 살던 이산가족을 만날 수 있게 해주는 한편, 수십 년 찾아 헤매던 원수의 거처를 알려주는 것이 방송이기도 하다. 어떤 사람은 한 번의 방송출연으로 하루아침에 스타가 되어 인생이 통째로 바뀌는 환희를 맛보게 된다. 그런가 하면 방송에 소개되어 그동안 쌓았던 부와 명예가 한순간에 무너져 버리는 사람도 있다.

이처럼 사람들에게 영욕을 안겨 주는 방송은 언제나 신중해야 한다.

방송제작자의 부주의나 실수로 인해 피해자에게 돌이킬 수 없는 상처와 손실을 끼칠 수 있다는 사실을 유념해야 한다. 이런 결과를 초래했을 때 경우에 따라서는 민·형사상 처벌까지 감수해야 한다는 사실도 언제나 염두에 두어야 한다.

그러나 현실에서 방송을 비롯한 언론매체들의 명예훼손이나 프라이버시 침해 등 인권침해 사례는 여전히 높은 빈도를 차지한다. 언론의 주요 기능 가운데 하나가 사회고발과 감시라 하더라도 무고한 피해자들이 속출하는 것은 우리 언론의 또 다른 횡포이며 부끄러운 현실이기도 하다.

이런 피해를 줄이기 위해서 방송제작자들은 이런 인권침해에 대해 각별히 유의해야 하고, 수준 높은 시청자들 역시 이런 피해가 줄어들도록 보다 엄격한 시청 안목을 유지해야 한다.

모니터링 요령

1. 명예가 훼손되지 않았는가

명예란 자기의 도덕적·인격적 존엄에 대한 자각과 이에 대한 타인의 승인이나 존경을 의미한다. 명예훼손은 이런 명예가 외부로부터 침해받는 것이다. 명예는 돈으로도 지켜지거나 보장받기 힘든 만큼 명예훼손에 대해서는 형법 제33장에서 '명예에 관한 죄'로 엄격히 규제되고 있다.

일대일의 면전에서 명예가 훼손되거나 자존심에 상처를 받는 것도 견디기 힘든데 만약 방송으로 인해 수만, 수백만 명의 대중들 앞에서 명예를 훼손당하면 그 당사자는 회복하기 힘든 피해를 입게 된다. 실제로 명예훼손은 방송에서 가장 빈발하는 인권침해 사례에 해당한다.

그래서 우리 형법은 출판과 방송 등 언론매체를 통한 명예훼손에 대해서는 더욱 엄격한 잣대를 적용하고 있다. 특히 방송에서의 명예훼손은 사람뿐 아니라 조직이나 단체에도 적용되며, 죽은 사람에게도 적용된다.

우선 '방송심의에 관한 규정' 중 해당 조항을 살펴보자.

제 20조(명예훼손 금지)

① 방송은 타인(자연인과 법인, 기타 단체를 포함한다)의 명예를 훼손하여서는 아니 된다.

② 방송은 사자(死者)의 명예도 존중하여야 한다.

③ 제 1항 및 제 2항에 해당하는 경우에 그 내용이 진실한 사실로서 오로지 공공의 이익에 관한 때에는 예외로 한다.

명예훼손은 공연히 사실을 적시해서 명예를 훼손하거나, 공연히 허위 사실을 적시해 명예를 훼손하는 하는 경우로 나누어진다. 형법상에서 명예훼손 성립요건은 피해 당사자의 명예를 훼손했다는 구체적인 사실 제시가 있어야 한다. 구체적인 사실이 아닌 추상적 판단이나 경멸적 감정 표현의 경우는 형법상에서 명예훼손이 아닌 모욕죄의 적용을 받는다.

결국 사실의 확인이 중요하다는 것이다. 비록 시각을 다투는 방송 경쟁 속에서도 모든 프로그램은 엄격한 사실 확인의 기반 위에서 방송되어야 한다. 다만, 진실한 사실로 공공의 이익과 관련될 경우, 가령 시청자의 알권리 충족과 언론의 사회적 책무 수행을 위한 때에는 한정적으로 예외로 한다. 이 경우에도 방송제작자나 방송사는 프로그램의 진실성과 공공성을 전제로 신중하게 다루어야 한다.

2. 프라이버시가 침해되지 않았는가

프라이버시는 개인의 사생활이나 일상이 당사자의 의사와 상관없이 공개되거나 간섭받지 않을 자유를 말한다. 명예훼손이 당사자의 사회적 평가와 관련된다면, 프라이버시는 개인의 주관적 감정과 연관이 있다.

방송은 개인의 평온한 사생활을 적극적으로 방해하거나, 사생활의 비밀과 자유를 침해하여서는 안 되고, 사적인 전화나 통신 등의 내용을 당사자의 동의 없이 방송해서도 안 된다. 또한 방송은 흥미를 목적으로 특정인의 사생활을 본인이 인지하지 못한 상태에서 녹음 또는 촬영하여 당사자의 동의 없이 방송하는 등의 방법으로 개인의 인격권을 부당하게 침해하여서는 안 된다.

다만, 공인의 경우 예외로 인정이 된다. 공인이란, 재능이나 명성, 또는 직업 때문에 일반인이 관심을 갖는 공적인 인물이 된 사람을 말한다. 여기에는 정치인이나 연예인, 운동선수 등과 같이 본인의 의지로 공인된 경우와, 범인이나 그 가족, 피의자와 같이 자의와 상관없이 공인이 된 경우도 포함된다.

공인이 되면 일단 사생활의 일부를 접었다고 보기 때문에 프라이버시의 적용을 받지 않는다. 그러나 단순히 타인의 호기심 충족에 불과한 사항은 해당되지 않고 사적인 공간이나 비밀은 법에 의해 보호를 받는다. 다만 공인의 범주나 공인으로서의 유효기간 등에 대해서는 논란의 여지가 없지 않아 예외 적용에도 신중해야 한다.

또 공익을 위한 경우도 프라이버시의 보호를 받지 못한다. 뉴스로서의 가치나 교육적 가치나 계몽적 가치가 있어 일반에게 알리는 것이 공익에 부합된다면 그것은 프라이버시보다 우선된다고 보는 것이다. 그러나 이 역시 판단 기준이 애매할 수 있어 신중하게 접근해야 한다.

3. 초상권이 침해되지 않았는가

우리는 사람을 얼굴로 기억한다. 얼굴은 곧 그 사람이다. 초상권이란 사람이 자신의 얼굴에 대해 갖는 일체의 권리를 의미한다.

초상권을 좀더 구체적으로 살펴보면 다음과 같다.

- 얼굴이나 특정인임을 알 수 있는 신체적 특징이 함부로 촬영되거나 작성되지 않을 권리
- 촬영되거나 작성된 초상이 함부로 공표되거나 복제되지 않을 권리
- 초상이 함부로 영리적 목적에 이용되지 않을 권리

당사자의 동의 없이 초상을 촬영하거나 고유한 이미지를 사용할 경우 초상권을 침해한 것으로 본다. 동의를 받은 초상이라도 함부로 공표하거나 다른 목적에 사용되면 초상권 침해로 본다.

초상권과 함께 보호받아야 하는 것이 음성권이다. 사람들은 지문처럼 각기 다른 음성을 갖고 있다. 음성은 얼굴과 함께 그 사람을 기억하

는 수단이다. 목소리만 들어도 그를 알고 있는 사람들은 그를 떠올리게 된다. 그래서 필요할 경우에는 음성변조 등으로 보호받아야 한다. 물론 초상권이나 음성권이 좋은 목적으로 이용되는 것은 괜찮지만, 불법적이나 당사자의 인권이 침해될 경우에는 엄격히 보호되어야 한다.

4. 기타 인권침해는 없는가

사람은 살다보면 원치 않게 범죄에 연루될 수 있다. 평생을 명예를 내세우고 살았지만, 순간의 실수로 구속되어 하루아침에 그 사람의 명성이 허물어지는 광경을 뉴스를 통해 종종 볼 수 있다. 그런가 하면 사건 초기 떠들썩하던 것과 달리 법원의 판결을 통해 무죄를 선고 받기도 하고, 더러는 억울한 옥살이를 하기도 한다.

그래서 방송은 범죄와 관련된 보도의 경우 특별한 주의가 필요하다. 이를 위해 '방송심의에 관한 규정'은 관련 조항을 엄격히 명문화하고 있다.

제 22조(공개금지)

① 방송은 범죄사건 관련자의 인적사항 공개에 신중을 기하여야 하며 다음의 사항을 공개하여서는 아니 된다.

1. 피고인, 피의자 또는 혐의자가 청소년인 경우 이름, 주소, 얼굴, 기타 본인임을 알 수 있는 내용
2. 성폭력범죄 피해자의 이름, 주소, 얼굴, 기타 본인임을 알 수 있는 내용
3. 범죄사건에 직접 관계되지 않은 개인 또는 단체의 이름(명칭), 주

소, 얼굴, 기타 본인(단체)임을 알 수 있는 내용
4. 피고인, 피의자 또는 혐의자의 보호자 및 친·인척의 이름, 주소, 얼굴, 기타 본인임을 알 수 있는 내용

② 방송은 범죄사건의 제보자, 신고자, 고소인, 고발인, 참고인 및 증인 등의 이름, 주소, 얼굴 등 본인임을 알 수 있는 내용을 본인의 동의 없이 다루어서는 아니 된다.

③ 제 1항 제 3호와 제 2항에 해당되는 경우라도 그 내용이 공공의 이익을 위해 필요하다고 인정될 때에는 예외로 한다.

제 23조(범죄사건 보도 등)

① 방송은 피고인 또는 피의자에 대해 법원의 확정판결이 있기까지는 범인으로 단정하는 표현을 하여서는 아니 된다.

② 방송은 형의 집행이 종료되거나 시효가 만료된 범죄사건을 다룰 때에는 당사자의 사회활동에 지장을 주지 않도록 유의하여야 한다.

③ 방송은 피고인 또는 피의자에 대하여 보도할 때에는 수갑 등에 묶이거나 수의복 등을 입은 상태를 정면으로 근접 촬영한 장면 등을 통해 피고인 또는 피의자의 인격을 지나치게 침해하지 않도록 유의하여야 한다.

④ 방송은 피고인·피의자·범죄혐의자에 관한 내용을 다룰 때에는 범죄행위가 과장되거나 정당화되지 않도록 유의하여야 한다.

세상은 시민주권시대로 변모해가고 있다. 따라서 방송도 시청자주권시대에 돌입했다. 시청자들은 예전 같으면 눈감아 주거나 귀찮게 여겨 그냥 넘어갔던 사안들도 개인의 주권이 침해되었다고 판단되면 절

차를 밟아 항의하고, 이마저 성에 차지 않으면 법원에 제소하는 것도 망설이지 않는다. 결국 과거처럼 언론이라는 이름으로 다반사로 일삼았던 언론사의 횡포도 통하지 않는 시대가 된 것이다.

방송의 중요한 기능 중 하나인 환경감시와 국민의 알권리를 충족시켜야 하는 사명도 주어져 있다. 그러나 아무리 중요한 역할과 사명이 주어졌다 하더라도 무고한 사람이나 조직이 사회적으로 매장되는 실수를 범하는 일은 없어야 한다.

시청자는 인권이 침해되면 당연히 항의해야 하고 이에 상당하는 보상을 받아야 한다. 자신이 침해당한 당사자가 아니더라도 잘못된 방송에 대해서는 공분하고 시정을 요구하는 자세가 필요하다. 이런 사회적 분위기가 방송제작자들에게 신중함을 일깨워주는 단초가 된다.

공정성

완벽한 공정방송이 있을 수 있을까? 완벽한 사람이 있을 수 있을까? 두 질문에 대한 답은 "없다"이다. 왜냐하면 불가능하기 때문이다. 다만 완벽한 사람이 되기 위해 노력하듯, 방송은 공정방송을 구현하기 위해 노력해야 할 뿐이다.

방송에서 공정성은 우리 방송계의 오랜 논란의 주제이자 과제이다. 역사적 관점에서 볼 때, 방송이 어용나팔수 노릇을 하던 군사독재시절 공정성 논란은 민주 대 반민주 측면에서 제기되었다. 그러나 최근 들어서는 방송에서의 공정성 논란은 보수와 진보의 대립구조에서 제기되고 있다. 이런 구도는 2004년 대통령 탄핵과 2008년 촛불정국 아래 광우병 관련 보도에서 잘 드러난다. 결국 방송의 공정성 논란은 정치적 환경이나 지형 등 시대상황이나 시대정신의 영향을 받는다는 것이다.

이런 시대적 배경 외에 공정방송에 대한 논란은 방송 그 자체가 갖고 있는 시스템에 의해서도 꾸준히 제기되고 있다. 우선 방송에서 완벽한 공정성 구현이 불가능한 이유를 살펴보자.

카메라는 결코 정직한 물건이 아니다. 카메라가 사물을 찍는 것이 아니고 그 뒤에 있는 사람의 눈이 사물을 찍는 것이기 때문이다. 수많은 피사체 중에서 특정한 피사체를 선택하고, 수많은 카메라 앵글 중에서 특정한 앵글을 선택하며, 수많은 샷의 길이 중에서 특정한 길이만큼만 촬영하는 일, 그리고 토막의 순서를 정하고 필요에 따라 성형수술을 하는 일, 이 모든 것이 사람의 의도와 연출 의지에서 비롯된다.[1]

KBS 공채 1기 출신으로 일찍이 독립 프로덕션을 설립 운영하고 있는 윤기호 PD의 주장처럼 카메라는 정직한 것이 아니라 비정직한 것이다. 카메라 자체는 거짓말을 하지 않지만, 그 카메라를 사람이 운용한다는 점에서 완벽한 공정성은 이미 기대하기 힘들다.

예를 들어 같은 정치적 집회를 카메라 앵글에 따라 수천 명으로 보이게도 하고, 수만 명으로 보이게 하는 장면을 우리는 볼 수 있다. 수많은 사람이 참가하는 현장을 수많은 언론기관이 동시에 중계방송 할 때도 해당 방송의 카메라가 어디에 위치했는지에 따라 이미 공정성은 훼손되기 시작한다. 카메라뿐 아니다. 진행자나 해설자의 멘트에 따라서도 방송 내용이 달라진다.

방송은 영상뿐 아니라 음향에 따라 현장 분위기가 다르게 느껴지고, 내레이션이나 대사는 물론 같은 영상에 깔린 배경음악에 따라 전혀 다른 정서를 자아낸다. 편집과 제작 과정을 통해 얼마든지 조작이 가능한 것이 방송 제작시스템이다.

그러나 더욱 근원적인 것은 '선택과 집중'의 과정에 있다. 기획단계에서 의제설정, 제작과정에서의 게이트 키핑, 프레이밍 등의 방송사별

1 윤기호(2011), 《동영상 이야기》, 나남, p.170.

고유의 장치를 통과하는 과정에서 공정성이 훼손될 수 있는 것이다. 물론, 방송의 공정성은 계량화가 불가능하다. 가장 손쉬운 방법으로 기계적 중립을 적용할 수 있으나, 기계적 중립이 이루어진다고 공정성이 담보되지도 않는다.

이런 논란에도 불구하고 방송에서의 공정성은 더없이 중요하다. 완벽한 공정방송은 불가능한 이상이라고 하더라도 방송제작자들은 불공정한 요소를 최대한 제거하면서 공정방송을 위해 최선을 다해야 한다. 시청자들 역시 방송 프로그램을 지나치게 자신의 이해관계에 얽매여 보지 말고 보다 객관적으로 접근하고 해석하는 성숙된 안목을 갖추어야 한다.

모니터링 요령

1. 방송이 사실성을 바탕으로 하는가

방송에서 사실성이란 검증 가능한 사실관계(*facts*)에 기반을 두는 것을 말한다. 방송은 진실을 왜곡하지 않고 객관적으로 다뤄야 한다.

단일 취재원에만 의존하는 기사는 가급적 피하고 특정기관이나 개인의 홍보 내용은 사용하지 않는 것을 원칙으로 한다. 전달하는 내용은 어떤 경우이든 사실 확인을 위해 노력하여야 한다. 직접 취재하지 않은 사실이나 다른 매체가 제공한 내용일 경우 출처를 밝히고, 전달을 목적으로 재연하는 경우 사실에 입각해야 하고 재연임을 밝혀야 한다. 특히 영상이나 음향, 음악, 그래픽 등 다양한 제작기술을 활용할 경우 사실의 진상을 왜곡하거나 사실을 편향되게 이해하도록 해서는 안 된다.

2. 방송이 불편부당한가

방송에서 불편부당성이란, 공적인 중요성을 띠며 논쟁의 여지가 있는 쟁점이나 이해관계가 첨예하게 대립되는 사안을 다룰 때 특정한 견해에 치우치지 않고 다양한 의사 표명의 기회를 부여하는 것이다.

이를 위해 논쟁 중인 사안에 대해 특정인이나 특정집단의 견해를 적절하지 않은 이유와 방법으로 지나치게 부각하거나 축소하지 말아야 한다. 논쟁 중인 사안에 대해 방송제작자가 전문성과 양식에 입각해 제작할 수 있지만, 지나치게 주관적이고 독단적으로 방송해서는 안 된다. 오로지 합리적 기준과 합당한 근거에 기초해야 한다. 방송제작자가 스스로 결론을 내려 두고 임의로 유도해서는 안 된다.

또한 사실과 논평, 해설은 구별되어야 하고 다양하고 상반된 견해에 대해서도 기회를 제공해야 한다. 공정성을 위반한 중대한 사실은 즉각적이고 명확하게 정정해야 하고, 방송 후 합당한 반론의 기회도 부여되어야 한다.

3. 방송 내용이 균형성을 갖고 있는가

균형성이란, 방송이 관련당사자나 방송대상자의 비중이나 사회적 영향 등을 고려해 그들을 공명정대하게 대하는 것을 의미한다.

앞에서 설명한 불편부당성이 쟁점사항에 대한 다양성을 강조한 것이라면, 균형성은 쟁점사항에 대해 공정한 대우를 강조하는 것이다. 이 균형성에는 양적 균형성과 질적 균형성이 모두 포함된다.

특히 토론 프로그램이나 선거방송에서 균형성은 시간이나 제작기법 상의 산술적 균형, 즉 기계적 균형이 이루어지도록 우선적으로 노력해야 한다. 특정 개인이나 조직에게 불리하게 작용하도록 특정 사실을 누락하거나 생략하여 균형성을 훼손하지 않아야 한다. 방송 시간이나 전체의 흐름을 위해 모든 당사자에게 기계적 중립을 적용할 수 없을 때는 명확한 기준을 설정해 적용해야 하고 이를 고지해야 한다. 사회적 쟁점 사항에 대해 다룰 때 비록 소수의 의견이라도 사회적 형평성과 잠재적 필요성을 고려해 보도할 수 있어야 한다. 방송사가 논란의 주체이거나 이해당사자인 경우 방송사에 유리한 방향으로 사건을 의도적으로 선택하거나 편집해서는 안 된다.

앞에서는 방송사나 방송제작자가 공정방송을 구현하기 위해 노력해야 할 사항들을 살펴보았다.

방송에서의 완벽한 공정성이 불가능한 또 하나의 요인은, 전달하는 제작자 못지않게 수용자에게서도 기인한다.

시청자는 모두 자신의 프레임으로 TV를 본다. 카메라의 눈으로 굴절된 방송이 시청자의 육안을 통과하면서 또다시 굴절된다. 특히 시청자는 자신과 이해관계가 성립되는 사안에 대해서는 더욱 민감하게 반응하며, 자신의 선입관이나 가치관 속에서 프로그램을 판단한다. 똑같은 뉴스 보도를 접하고 이해관계자가 모두 서로 편파적이라고 주장하는 것도 이 때문이다.

방송을 이해관계에 구속된 자신의 잣대로 재단하고 비판하지 말고, 보다 공정하게 지켜보고 이해하는 성숙한 시청자의 안목이 필요하다.

방송에서의 완벽한 공정성은 추구해야 할 하나의 이상이다. 그렇다고 이상으로 설정만 해두고 있어서는 안 된다. 방송사와 방송제작자, 그리고 시청자가 서로 노력해야 하는 공동의 과제이다.

누구나 공정한 것이 무엇인지 모르더라도 무엇이 불공정한 것인지는 잘 알 수 있다. 결국 올바른 공정방송은 방송에서 불공정한 요소들을 제거해감으로써 접근할 수 있을 것이다.

✔참고문헌

방송통신심의위원회(2008. 12), "방송의 공정성 심의를 위한 연구".
윤기호(2011), 《동영상 이야기》, 나남.

선거방송

“정권은 총구에서 나온다.”

중국의 마오쩌둥이 한 말이다. 그러나 이 말은 이제 통하지 않는다. 지금도 지구상 어디에선가는 군사 쿠데타나 반정부군에 의해 정권이 전복되는 정치적 후진국도 있기는 하겠으나, 언론과 통신이 자유로운 민주국가에서는 적용되지 못하는 말이 되었다. 차라리 “정권은 TV로부터 나온다.”라는 말이 옳을 정도로 TV가 정치에 미치는 영향은 막강하다.

현대인들은 이미지로 살아간다고 할 만큼 이미지는 중요하다. 특히 연예인이나 정치인들처럼 인기를 먹고 살아가는 사람들에게 이미지는 더없이 중요하다. 그래서 정치인들은 이미지 메이킹을 위해 전력투구한다. ‘이왕이면 좋은 인상’이 아니라, ‘수단과 방법을 총동원해 좋은 인상’을 만들기 위해 혈안이 된다.

이런 환경 속의 정치인들에게 TV는 사활을 건 전장이 된다. 그래서 현대의 정치를 ‘텔레폴리틱스’(*telepolitics*) 또는 ‘텔레크라시’(*telecracy*)

시대라고 부르기도 한다. 유권자의 눈보다 무서운 것이 방송 카메라의 눈이다. 국회에서도 평소에 보도카메라가 있고 없고에 따라 국회위원들의 자세와 태도는 급변한다는 것은 공공연한 비밀이다.

그럴진대 투표를 앞둔 선거운동기간 동안 정치인들이 선거방송에 촉각을 곤두세우는 것은 지극히 당연한 일이다. 그것은 대통령선거뿐 아니라 국회위원이나 지방자치단체장은 물론 크고 작은 지자체의원 선거에서도 정도의 차이가 있을 뿐 마찬가지이다. 선거운동 중 계속 선두를 달리던 후보가 TV 합동토론회에서 잘못된 말 한마디로 지지도가 곤두박질하기도 하고, 계속 밀리던 후보가 TV 토론회를 통해 역전하기도 한다. 이제 선거방송은 후보들이 거쳐야 하는 단순한 통과의례가 아니라 당락을 좌우하는 관문으로 자리 잡았다.

선거방송은 선거관련 뉴스, 후보자의 연설방송, 대담, 토론방송, 경력방송, 방송광고와 특집 프로그램은 물론 교양, 오락 프로그램이라 할지라도 선거에 영향을 미치는 모든 방송을 포함한다.

선거방송은 정확하고 객관적이며 공정해야 한다. 선거방송은 이해관계자가 분명하고 사회적으로 예민하게 받아들여지기 때문이다. 대부분 선거의 경우 정당이나 후보별로 별도의 방송 모니터팀을 운용하며 선거방송의 이해관계를 면밀히 검토한다. 이런 점을 감안해 선거를 앞두고는 제도적으로 '선거방송심의위원회'를 별도로 두게 되며, 각 방송사들은 '선거방송 심의에 관한 특별규정'을 적용해 방송하도록 되어 있다(권말 부록 '선거방송심의에 관한 특별규정' 참조).

1. 선거방송이 정확한가

선거는 당선을 목표로 후보들이 유권자 앞에서 벌이는 경주이다. 그래서 후보들은 유권자에게 자신을 알리기 위해 혼신의 힘을 다한다. 유권자들도 이 레이스에 어떤 사람들이 참여하고 있는지, 그 인물들은 무슨 생각을 갖고 있는지, 과연 누가 당선될 것인지 궁금하기 마련이다. 이런 상호간의 욕구를 연결하고 해결해주는 것이 선거방송이다.

선거방송에서 가장 중요한 부분이 선거방송보도이다. 선거방송은 선거와 관련하여 확인되지 않은 내용을 보도하지 말아야 한다. 특정 개인이나 집단의 의견 또는 다른 매체의 보도내용을 인용할 때는 그 출처를 밝혀야 한다. 또, 유권자의 판단에 영향을 미칠 수 있는 중요한 사실을 과장·부각 또는 축소·은폐하는 등 왜곡하지 말아야 한다.

후보자들이 제시하는 정책과 의제를 정확하게 전달해 유권자에게 판단케 해야 한다. 이와 함께 금권이나 관권 불법타락 선거를 감시하고 고발할 책무도 있다.

여론조사 결과를 보도할 경우, 그 조사의 공정성이나 정확성에 상당한 의심이 있을 때는 이를 방송하지 말아야 하고, 조사기관, 의뢰기관, 조사대상, 조사기간, 조사방법, 오차한계 등을 반드시 밝혀야 한다. 또한 여론조사의 결과를 영상이나 도표로 나타낼 때 경쟁자나 경쟁집단 사이의 차이가 과장 또는 축소되지 않도록 해야 한다. 특히 투·개표 상황을 보도할 경우 정확성을 바탕으로 전해야 하고, 지나친 예측보도로 유권자를 오도하지 말아야 한다.

2. 선거방송이 객관적인가

선거방송은 선거의 특정한 후보자나 정당의 주의·주장 또는 이익을 지지·대변하거나 옹호하지 말고 정치적 중립을 지켜야 한다. 선거에 관련된 사실을 객관적으로 다루어야 하고, 선거의 쟁점이 된 사안에 대한 여러 종류의 상이한 관점이나 견해를 객관적으로 다루어야 한다. 프로그램 진행자나 전달자는 주관이 개입된 수식어를 사용하지 말고 객관적으로 다루어야 한다.

선거방송에서의 객관성 확보를 위해, 선거일 전 90일부터 선거일까지 선거법의 규정에 의한 방송 및 보도·토론방송을 제외한 프로그램에 후보자를 출연시키거나 후보자의 음성·영상 등 실질적인 출연효과를 주는 내용을 방송하지 못하도록 되어 있다. 다만, 선거에 특별한 영향을 미칠 우려가 없거나 프로그램의 성질상 다른 것으로 변경 또는 대체하는 것이 현저히 곤란한 경우에는 예외로 하고 있다.

또한 선거일 전 90일부터 선거일까지는 후보자는 보도·토론 프로그램의 진행자가 될 수 없고, 특정한 후보자나 정당에 대한 지지를 공표한 자나 정당의 당원은 선거기간 중 시사정보 프로그램의 진행자가 될 수 없다.

3. 선거방송이 공정한가

선거방송은 선거에 관한 사항을 공정하게 다루어야 한다. 프로그램 배열과 내용 구성에서 특정한 후보자나 정당에게 유리하거나 불리하지 않도록 하여야 한다.

선거방송에서 후보자와 정당에 대해 실질적 형평의 원칙에 따라 공평한 관심과 처우를 제공하여야 한다. 후보자를 초청하는 대담・토론 프로그램의 경우 공정한 기준을 마련하여 후보자들에게 이 균등한 참여기회를 부여해야 한다.

공정한 보도를 위해 각 정당과 후보자에게 동등한 촬영 조건을 적용해 형평성을 유지해야 한다. 촬영거리, 촬영각도, 화면의 크기와 밝기, 길이 등 동등한 조건 유지를 위해 노력해야 한다. 현장에서의 음향과 음성 녹취도 공정하도록 최선을 다하여야 한다. 특히 영상편집 과정에서 왜곡의 소지가 있는 불필요한 기교를 부려서는 안 된다.

최근 선거방송은 비약적인 발전을 거듭하고 있다. 여론조사나 출구조사 같은 보도는 신뢰도가 높아지고 있다. 그래서 일찌감치 투표결과가 예측되기도 한다. 특히 개표방송은 컴퓨터를 통한 개표로 그 속도가 빨라졌고, 사이버 스튜디오와 컴퓨터그래픽 활용으로 또 다른 볼거리를 제공하기도 한다.

이런 발전은 대체로 기술적인 발전에 따른 하드웨어적 발전에 속한다. 그러나 선거방송에서 중요성은 기술적인 발전 못지않은 내용적인 발전 즉, 소프트웨어의 발전이 더욱 중요하다. 여기에는 방송사와 시청자 모두에게 책무가 주어져 있다.

공정선거를 위해 선거방송에 감시와 고발 역할이 주어졌다면, 최종적으로 유권자이자 시청자들에게는 공정한 선거방송에 대한 감시와 고발 역할이 주어져있다고 하겠다.

✔참고문헌

강준만(1995), 《TV와 이미지정치》, 기획출판 공간미디어.
김진석(1994), 《TV시대의 정치》, 아침.
방송통신심의위원회, 〈선거방송심의에 관한 특별규정〉.
한국방송공사(2012), 〈KBS 선거방송준칙〉.

방송 프로그램은 생물이다. 그래서 생로병사를 거듭한다. 개별 프로그램이 생로병사의 과정을 겪듯 방송전반의 제작환경도 생로병사를 거친다. 방송 프로그램의 수명은 제작진의 능력이나 트렌드에 의해 결정될 수도 있으나, 결국은 시청자가 결정한다.

방송 프로그램은 생물이다. 그래서 진화를 거듭한다. 방송 프로그램은 그 영향력이 막대해서 여러 가지 제한을 받게 된다. 그러나 그 제한을 숙명으로만 받아들이고 안주하면 안 된다.

앞서 설명한 것처럼 우리나라 드라마에서 첫 키스신은 1992년에 방송된 MBC 〈여명의 눈동자〉이다. 김종학 PD 연출로 드라마 주인공인 여옥(배우 채시라)과 최대치(배우 최재승)가 철조망을 사이에 두고 애절한 키스신을 보여주었다. 당시에는 국내 드라마에서 금기시되었던 키스신을 방송해 화제가 되었고, 김종학 PD는 당시 방송위원회로부터 징계를 받았다. 그러나 현재는 국내 드라마에서도 키스신은 당연시되고 오히려 남발된다는 인상마저 준다.

모든 분야에서 누군가의 도전과 희생이 영역을 확장하는 데 초석이 되듯 방송 프로그램 역시 마찬가지이다. 제작자들은 언제나 진취적이고 도전적으로 제작하고, 규제하는 기관이나 주무부서도 이런 새로운 도전을 시대적 정서를 감안해 인정하고 그 장벽의 수위를 조절함으로써, 성역타파를 통한 방송발전이 가능할 수 있는 것이다.

이럴 경우, 수용 여부의 기준은 시청자의 상식과 보편적 정서이다. 성숙한 시청자가 성숙한 방송을 견인해 간다.

공영방송이든 민영방송이든 시청률 지상주의에 함몰되어 있는 우리나라 방송 풍토에서 방송제작자들은 고기떼를 쫓아가는 어부들과 마찬가지이다. 어부들이 더 많은 고기를 잡기 위해 고기떼만을 쫓아가다 보면 본의 아니게 군사분계선을 넘어 월북하거나 월남하는 사고를 치게 된다. 이를 방지하기 위해 분계선 가까이에 해경이나 해군의 순시선이 활동한다.

방송도 바다처럼 분명히 눈에 보이는 경계선은 없지만, 제도적으로는 분명한 경계선이 있다. 이것이 명문화된 법령이나 규정이든 사회적 정서이든, 이를 무시하면 많은 불의를 초래하게 된다. 바다에서 순시선이 활동하고 있듯이 방송의 바다에는 깨어 있는 시청자들이 이런 활약을 해야만 한다. 잘 만드는 프로그램에 대해서 박수를 아끼지 않듯이 문제가 있는 프로그램에 대해서는 날선 비판과 추궁이 있어야 한다. 이를 위해서는 시청자들이 '눈여겨보고 귀담아 듣는' 미디어 파워 워칭 안목을 키워야 한다. 방송을 보기보다는 방송을 '읽는 자세'가 필요하다.

이 책은 30여 년간 방송사에서 근무하면서 제작자로서 모니터링을 당한 경험과 심의분야 종사자로서 모니터링을 한 경험을 바탕으로 했다. 종전에 이런 성격의 전문서적이 없어 자료가 미흡했고, 따라서 주관적인 일면이 없지 않다. 그러나 올바른 모니터링을 위한 초석을 하나 놓는 심정으로 이 책을 집필했다. 이 책이 독자들의 모니터링과 또 다른 저서들을 통해 다시 보완되기를 기대한다.

끝으로 유홍준 교수가 《나의 문화유산 답사기》에서 인용했던 "사람은 아는 만큼만 보고, 본 만큼만 생각한다"는 명언을, "시청자는 아는 만큼만 보고, 본 만큼만 느낀다"라는 말로 대체하며 글을 맺는다.

부 록

1. 방송심의에 관한 규정
2. 방송 프로그램의 등급분류 및 표시 등에 관한 규칙
3. 선거방송심의에 관한 특별 규정

1. 방송심의에 관한 규정

제정 2008. 6. 24. 방송통신심의위원회규칙 제19호
개정 2008. 9. 2. 방송통신심의위원회규칙 제30호
개정 2010. 2. 18. 방송통신심의위원회규칙 제55호
개정 2010. 8. 17. 방송통신심의위원회규칙 제80호
개정 2010. 11. 16. 방송통신심의위원회규칙 제81호
개정 2012. 12. 6. 방송통신심의위원회규칙 제90호
개정 2014. 1. 9. 방송통신심의위원회규칙 제100호
개정 2014. 12. 24. 방송통신심의위원회규칙 제109호
개정 2015. 10. 8. 방송통신심의위원회규칙 제113호
개정 2016. 7. 28. 방송통신심의위원회규칙 제121호
개정 2016. 12. 22. 방송통신심의위원회규칙 제123호

제1장 총 칙

제1조(목적) 이 규정은 「방송법」(이하 "법"이라 한다) 제33조에 따라 동법 제32조의 사항을 심의하기 위하여 필요한 사항을 정함을 목적으로 한다.

제2조(정의) 이 규정에서 사용하는 용어의 정의는 다음과 같다. 〈개정 2010. 11. 16, 2014. 1. 9, 2016. 7. 28〉

1. "사업자"란 다음 각 목의 사업자를 말한다.
가. 법 제2조 제3호에 따른 방송사업자
나. 법 제2조 제6호에 따른 중계유선방송사업자
다. 법 제2조 제12호에 따른 전광판방송사업자
라. 「인터넷 멀티미디어 방송사업법」 제2조 제4호 나목에 따른 인터넷 멀티미디어 방송 콘텐츠사업자로서 같은 법 제2조 제3호에 따른 실시간 방송프로그램을 제공하는 자
2. "유료채널"이라 함은 수신자가 한 개 채널단위로 선택할 수 있도록 사업자가 그 대가를 받고 제공하는 채널상품을 말한다.

3. “어린이”라 함은 13세 미만의 자를 말한다.
4. “청소년”이라 함은 19세 미만의 자를 말한다.
5. “가족시청시간대”라 함은 19시에서 22시까지를 말하며, 토·공휴일의 경우 18시부터 22시까지를 말한다.
6. “청소년시청보호시간대”라 함은 7시부터 9시까지, 13시부터 22시까지를 말하며, 토요일, 공휴일, 여성가족부장관이 고시하는 초등학교·중학교·고등학교의 방학기간동안에는 7시부터 22시까지를 말한다. 단, 유료채널의 경우에는 18시에서 22시까지를 말한다.
7. “청소년유해매체물”이라 함은 「청소년 보호법」 규정에 의한 청소년유해매체물을 말한다.
8. “외주제작사”란 법 제2조 제27호에서 정한 자를 말한다. 〈신설 2016. 7. 28〉

제3조(적용범위 등)

① 이 규정은 법 제2조의 규정에 따른 방송·중계유선방송·전광판방송의 내용, 방송과 유사한 것으로서 같은 법 시행령 제21조 제1항의 규정에 따른 정보의 내용 및 그 밖에 다른 법령에 따른 위원회 심의대상의 내용이 공정성과 공공성을 유지하고 있는지의 여부와 공적 책임을 준수하고 있는지의 여부를 심의하는 경우에 이를 적용한다.

② 제1항에도 불구하고, 위원회는 법 제83조 제2항에 따른 방송프로그램의 원본 또는 사본 보존 기간이 경과된 방송프로그램에 대해서는 심의하지 아니 한다. 다만, 사업자가 허위의 사실을 방송하거나 사실을 명백히 왜곡하여 심의가 필요하다고 인정되는 경우로서 위원회가 해당 방송프로그램을 확보할 수 있는 경우에는 예외로 한다.

〔전문개정 2014. 1. 9〕

제4조(심의의 방법)

① 방송통신심의위원회(이하 “위원회”라 한다)는 법 제32조의 사항이 방송 또는 유통된 후 심의·의결한다. 〈개정 2010. 2. 18〉

② 삭 제〈2008. 9. 2〉

③ 이 규정에서 규정한 것 외에 방송광고심의에 필요한 사항은 별도의 규칙으로 정한다.

제 5조(심의의 기본원칙)

① 위원회는 방송매체와 방송채널별 창의성, 자율성, 독립성을 존중하여야 한다.

② 위원회가 이 규정에 따라 심의를 할 때는 방송매체와 방송채널별 전문성과 다양성의 차이를 고려하여야 한다.

③ 위원회가 이 규정을 해석·적용할 때에는 사회통념을 존중하여야 한다.

제 6조(자체심의) 법 제 2조의 규정에 의한 방송사업자는 자체심의기구를 두고 방송프로그램(보도에 관한 방송프로그램을 제외한다)이 방송되기 전에 제 3조에 규정된 사항을 심의하여야 한다.

제 7조(방송의 공적책임)

① 방송은 국민이 필요로 하고 관심을 갖는 내용을 다룸으로써 공적매체로서의 본분을 다하여야 한다.

② 방송은 국민의 윤리의식과 건전한 정서를 해치지 않도록 하여야 한다.

③ 방송은 인간의 존엄과 가치를 존중하고 헌법의 민주적 기본질서를 유지하는데 이바지하여야 한다. 〈개정 2014. 1. 9〉

④ 방송은 국민의 화합과 민주적 여론형성에 이바지하여야 한다.

⑤ 방송은 민족의 주체성을 함양하고 민족문화의 창조와 계승, 발전에 이바지하여야 한다.

⑥ 방송은 인류보편적 가치와 인류문화의 다양성을 존중하여야 하며, 국제친선과 이해의 증진에 이바지하여야 한다.

⑦ 방송은 조화로운 국가의 발전 및 지역사회의 균형 있는 발전에 이바지 하여야 한다.

⑧ 방송은 상대적으로 소수이거나 이익추구의 실현에 불리한 집단이나 계층의 이익을 충실하게 반영하여야 한다.

⑨ 방송은 사회적으로 유익한 정보를 제공하고 국민문화생활의 질을 높이는데 이바지하여야 한다.

⑩ 방송은 다양한 의견과 사상을 적극적으로 다루어 사회의 다원화에 기여하여야 한다.

⑪ 방송은 국민의 알 권리와 표현의 자유를 존중하여야 한다.

⑫ 방송은 환경보호에 힘써야 하고 자연보호의식을 고취하여야 한다.
⑬ 방송은 노동의 가치와 직업의 존귀함을 존중하여야 한다.
⑭ 방송은 재해 또는 재난에 관한 사실을 신속하고 정확하며 객관적인 방법으로 다루어 국민의 생명과 재산을 보호하는데 이바지하여야 한다.
⑮ 방송은 남북한 통일과 문화교류에 이바지하여야 한다.
⑯ 방송은 바른말을 사용하여 국민의 바른 언어생활에 이바지하여야 한다. 〈신설 2015. 10. 8〉

제8조(지상파방송의 책임)
① 지상파방송은 사회통합 실현에 기여하여야 한다.
② 지상파방송은 국민에게 보편적 접근권을 허용하고 보편적 서비스를 제공하여야 한다.
③ 지상파방송은 가족시청시간대에는 가족구성원 모두의 정서와 윤리수준에 적합한 내용을 방송하여야 한다.

제2장 일반기준

제1절 공정성

제9조(공정성)
① 방송은 진실을 왜곡하지 아니 하여야 한다. 〈개정 2014. 1. 9〉
② 방송은 사회적 쟁점이나 이해관계가 첨예하게 대립된 사안을 다룰 때에는 공정성과 균형성을 유지하여야 하고 관련 당사자의 의견을 균형있게 반영하여야 한다.
③ 방송은 제작기술 또는 편집기술 등을 이용하는 방법으로 대립되고 있는 사안에 대해 특정인이나 특정단체에 유리하게 하거나 사실을 오인하게 하여서는 아니된다.
④ 방송은 당해 사업자 또는 그 종사자가 직접적인 이해당사자가 되는 사안에 대하여 일방의 주장을 전달함으로써 시청자(라디오방송의 청취자를 포함한

다. 이하 같다)를 오도하여서는 아니 된다. 〈개정 2014. 1. 9〉

⑤ 방송은 성별·연령·직업·종교·신념·계층·지역·인종 등을 이유로 방송편성에 차별을 두어서는 아니 된다. 다만, 종교의 선교에 관한 전문편성을 행하는 방송사업자가 그 방송 분야의 범위 안에서 방송을 하는 경우에는 그러하지 아니하다.

제10조(사실보도와 해설 등의 구별)

① 방송은 사실보도와 해설·논평 등을 구별하여야 한다. 〈개정 2015. 10. 8〉

② 방송에서 해설이나 논평을 할 경우에는 사실의 설명과 개인의 견해를 명확히 구분하여야 하며, 해설자 또는 논평자의 이름을 밝혀야 한다. 〈신설 2015. 10. 8〉

제11조(재판이 계속 중인 사건) 방송은 재판이 계속 중인 사건을 다룰 때에는 다음 각 호의 어느 하나에 해당하는 내용을 방송하여서는 아니 된다.

1. 재판의 결과를 단정하거나 객관적 근거 없이 미리 판단하는 내용
2. 재판의 결과 또는 재판의 내용과 관련되는 사실관계를 왜곡하는 내용
3. 정당한 사유 없이 관련 당사자의 의견을 균형 있게 반영하지 않는 내용
4. 그 밖에 법관의 양심에 따른 독립된 심판에 영향을 미칠 수 있는 내용

〔전문개정 2015. 10. 8〕

제12조(정치인 출연 및 선거방송)

① 방송은 정치와 공직선거에 관한 문제를 다룰 때에는 공정성과 형평성에 있어 주의를 기울여야 한다.

② 방송은 정치문제를 다룰 때에는 특정정당이나 정파의 이익이나 입장에 편향되어서는 아니 된다.

③ 방송은 「공직선거법」의 규정에 의한 선거에서 선출된 자와 정당법에 의한 정당간부를 출연시킬 때는 공정성의 원칙에 따라 균형을 유지하여야 한다.

④ 방송은 「공직선거법」의 규정에 의한 선거에서 선출된 자와 국무위원, 정당법에 의한 정당간부는 보도프로그램이나 토론프로그램의 진행자 또는 연속되는 프로그램의 고정진행자로 출연시켜서는 아니 된다.

⑤ 「공직선거법」에 의한 방송 및 프로그램 중 선거와 관련한 사항은 「선거방송심의위원회의 구성과 운영에 관한 규칙」과 「선거방송심의에 관한 특별

규정」에 의한다.

제 13조(대담 · 토론프로그램 등)

① 대담 · 토론프로그램 및 이와 유사한 형식을 사용한 시사프로그램에서의 진행은 형평성 · 균형성 · 공정성을 유지하여야 한다. 〈개정 2014. 1. 9〉

② 토론프로그램은 출연자의 선정에 있어서 대립되는 견해를 가진 개인과 단체의 참여를 합리적으로 보장하여야 한다.

③ 토론프로그램은 토론의 결론을 미리 예정하여 암시하거나 토론의 결과를 의도적으로 유도하여서는 아니 된다.

④ 토론프로그램에서 사전 예고된 토론자가 불참하였을 경우에는 그 사유를 밝혀야 한다.

⑤ 대담 · 토론프로그램 및 이와 유사한 형식을 사용한 시사프로그램에서의 진행자 또는 출연자는 타인(자연인과 법인, 기타 단체를 포함한다. 이하 같다)을 조롱 또는 희화화하여서는 아니 된다. 〈신설 2014. 1. 9〉

〔제목개정 2014. 1. 9〕

제 2절 객관성

제 14조(객관성) 방송은 사실을 정확하고 객관적인 방법으로 다루어야 하며, 불명확한 내용을 사실인 것으로 방송하여 시청자를 혼동케 하여서는 아니 된다.

제 15조(출처명시)

① 방송은 직접 취재하지 않은 사실 또는 다른 매체의 보도를 인용하거나 자료를 사용할 때에는 그 출처를 명시하여야 한다.

② 방송은 보도내용의 설명을 위하여 보관자료를 사용할 때에는 보관자료임을 명시하여야 한다. 다만, 시청자가 보관자료임을 일반적으로 알 수 있는 경우에는 예외로 한다.

제 16조(통계 및 여론조사)

① 통계조사 및 여론조사 결과를 방송할 때에는 의뢰기관, 조사기관, 조사방법, 응답률, 질문내용, 조사기간 및 오차한계 등을 시청자가 명확하게 인식할 수 있도록 자막 또는 음성으로 밝혀야 한다. 다만, 여론의 형성과 직

접적인 관련이 없는 통계조사의 경우에는 예외로 한다. 〈개정 2014. 1. 9, 2014. 12. 24, 2015. 10. 8〉

② 제 1항에도 불구하고, 자사 또는 다른 언론 등에서 이미 공표된 복수의 여론조사 결과를 인용하여 전체적인 여론의 추이를 언급하는 경우에는 여론조사의 의뢰기관 및 조사기간만을 밝혀 방송할 수 있다. 〈신설 2014. 1. 9, 2016. 12. 22〉

③ 방송은 여론조사결과가 오차범위 내에 있는 경우에는 이를 사전에 명확히 밝혀야 하며, 이를 밝히지 않고 서열화 또는 우열을 묘사하여 시청자를 오인하게 하여서는 아니 된다. 〈신설 2014. 1. 9〉

④ 방송은 사회적인 쟁점이나 이해관계가 대립된 사안에 대해 시청자의 의견을 조사할 때에도 제 1항부터 제 3항까지의 규정을 준수하여야 한다. 〈개정 2014. 1. 9〉

⑤ 여론조사 결과를 방송할 때에는 전체 질문지를 홈페이지 등에서 확인할 수 있음을 자막 또는 음성으로 고지하여야 한다. 다만, 제 2항의 전체적인 여론의 추이를 언급하는 경우에는 그러하지 아니하다. 〈개정 2015. 10. 8, 2016. 12. 22〉

⑥ 선거와 관련된 여론조사 결과를 방송할 때에는 「선거방송심의에 관한 특별규정」 제 18조(여론조사의 보도)를 준용한다. 다만, 해당 선거의 종료 전에 이루어진 여론조사 결과를 선거가 종료된 후 방송하는 등 선거의 결과에 영향을 줄 우려가 없는 경우에는 의뢰기관 및 조사기간만을 밝혀 방송할 수 있다. 〈신설 2016. 12. 22〉

제 17조(오보정정) 방송은 보도한 내용이 오보로 판명되었거나 오보라는 사실을 알았을 때에는 지체 없이 정정방송을 하여야 한다.

제 18조(보도형식의 표현) 방송은 보도 · 생활정보 또는 이와 유사한 프로그램 이외에서 뉴스 · 공지사항 · 일기예보 등을 발표하는 형식을 사용할 때에는 이를 보도프로그램 등으로 오인되거나 실제상황으로 혼동되지 않도록 하여야 한다. 〈개정 2015. 10. 8〉

제 3절 권리침해금지

제 19조(사생활 보호)

① 방송은 개인의 사생활의 비밀과 자유를 침해하여서는 아니 되며, 사적인 전화나 통신 등의 내용을 당사자의 동의없이 방송하여서는 아니 된다.

② 방송은 부당하게 개인의 초상권을 침해하여서는 아니 된다.

③ 방송은 흥미를 목적으로 특정인의 사생활을 본인이 인지하지 못한 상태에서 녹음 또는 촬영하여 당사자의 동의 없이 방송하는 등의 방법으로 개인의 인격권을 부당하게 침해하여서는 아니 된다.

④ 방송은 기존 방송프로그램의 일부나 전부를 이용하여 방송프로그램을 제작하는 경우에도 제 1항부터 제 3항까지의 규정을 준수하여야 한다. 〈신설 2014. 1. 9〉

제 20조(명예훼손 금지)

① 방송은 타인(자연인과 법인, 기타 단체를 포함한다)의 명예를 훼손하여서는 아니 된다.

② 방송은 사자(死者)의 명예도 존중하여야 한다.

③ 제 1항 및 제 2항에 해당하는 경우에 그 내용이 진실한 사실로서 오로지 공공의 이익에 관한 때에는 예외로 한다.

제 21조(인권 보호)

① 방송은 부당하게 인권 등을 침해하지 않도록 하여야 한다. 〈개정 2016. 12. 22〉

② 방송은 심신장애인 또는 사회적으로 소외받는 사람들을 다룰 때에는 특히 인권이 최대한 보호되도록 신중을 기하여야 한다.

③ 방송은 정신적·신체적 차이 또는 학력·재력·출신지역·방언 등을 조롱의 대상으로 취급하여서는 아니 되며, 부정적이거나 열등한 대상으로 다루어서는 아니 된다. 〈개정 2014. 1. 9, 2016. 12. 22〉

④ 방송은 공공의 이익을 위해 반드시 필요한 경우를 제외하고는 공개적인 방법으로 취재하는 것을 원칙으로 하며, 강제취재·답변강요·유도신문 등을 하여서는 아니 된다.

〔제목개정 2014. 1. 9〕

제 22조(공개금지)

① 방송은 범죄사건 관련자의 이름, 주소, 얼굴, 음성 또는 그 밖에 본인임을 알 수 있는 내용(이하 "인적사항"이라 한다) 공개에 신중을 기하여야 하며, 다음 각 호의 어느 하나에 해당되는 사항을 공개하여서는 아니 된다. 다만, 오로지 공공의 이익에 관한 때로서 당사자(청소년인 경우에는 그 보호자)가 공개에 동의한 경우에는 예외로 한다.

1. 피고인, 피의자, 혐의자 또는 형사재판에서 유죄판결이 확정된 자가 청소년인 경우 그 인적사항
2. 성폭력범죄 피해자의 인적사항
3. 피고인, 피의자, 혐의자 또는 형사재판에서 유죄판결이 확정된 자의 보호자 및 친·인척의 인적사항

② 방송은 범죄사건의 제보자, 신고자, 고소인, 고발인, 참고인, 증인 및 범죄사건에 직접 관계되지 않은 개인의 인적사항 및 단체의 명칭·주소를 동의없이 다루어서는 아니 된다.

③ 제 2항에 해당되는 경우라도 오로지 공공의 이익을 위해 필요하다고 인정되는 경우에는 예외로 한다.

〔전문개정 2014. 1. 9〕

제 23조(범죄사건 보도 등)

① 방송은 피고인 또는 피의자에 대해 법원의 확정판결이 있기까지는 범인으로 단정하는 표현을 하여서는 아니 된다.

② 방송은 형의 집행이 종료되거나 시효가 만료된 범죄사건을 다룰 때에는 당사자의 사회활동에 지장을 주지 않도록 유의하여야 한다.

③ 방송은 피고인 또는 피의자에 대하여 보도할 때에는 수갑 등에 묶이거나 수의(囚衣) 등을 입은 상태를 정면으로 근접촬영한 장면 등을 통해 피고인 또는 피의자의 인격을 침해하지 않도록 유의하여야 한다. 〈개정 2015. 10. 8〉

④ 방송은 피고인·피의자·범죄혐의자에 관한 내용을 다룰 때에는 범죄행위가 과장되거나 정당화되지 않도록 유의하여야 한다.

제 24조 삭 제〈2012. 12. 6〉

제 3절의 2 재난 등에 대한 방송〈신설 2012.12.6, 2014.12.24〉

제 24조의 2(재난등에 대한 정확한 정보제공)

① 방송은 「자연재해대책법」 제 2조에 따른 재해, 「재난 및 안전관리 기본법」 제 3조에 따른 재난 또는 「민방위기본법」 제 2조에 따른 민방위사태(이하 "재난등"이라 한다)의 발생을 예방하거나 그 피해를 줄이기 위하여 다음 각 호의 사항에 대한 정확한 정보를 제공하여야 한다. 〈개정 2014. 12. 24〉

1. 재난등의 발생 · 진행 상황
2. 기상상황 및 기상특보 발표 내용(자연현상으로 인하여 발생하는 재난등의 경우에만 해당한다)
3. 재난등의 유형별 국민행동요령
4. 그 밖에 재난등의 피해를 예방하거나 줄이는데 필요한 사항

② 재난등에 따른 피해통계, 사상자 · 실종자 명단, 복구 · 구조 상황이나 재난등의 원인 · 책임 등을 방송하는 때에는 불명확한 내용을 사실인 것으로 단정하거나 미리 판단함으로써 시청자를 오인하게 하여서는 아니 된다. 〈개정 2014. 12. 24〉

③ 사업자가 재난등의 예방 · 대비 · 대응 및 복구 등에 대한 내용을 방송하는 때에는 재난등을 관장하는 행정기관의 장의 발표내용을 반영하여야 하며, 피해통계, 사상자 · 실종자 명단, 복구 · 구조 상황이나 재난등의 원인 · 책임 등에 대해 직접 취재한 내용을 방송하는 때에는 직접 취재하였음을 방송에서 명확히 밝혀야 한다. 〈신설 2014. 12. 24〉

제 24조의 3(피해자의 안정 등) 방송은 피해자 또는 그 가족(이하 이 절에서 "피해자등"이라 한다)이나 시청자의 안정 등을 저해할 수 있는 다음 각 호의 내용을 방송하여서는 아니 된다.

1. 피해 현장, 복구상황 또는 피해자등의 모습 등을 지나치게 자극적인 영상 · 음향 또는 언어 등으로 강조하는 내용
2. 피해자의 가족이 피해자의 부상 · 사망 또는 실종 등의 피해 사실을 알기 이전에 그 인적사항을 공개하는 내용
3. 그 밖에 피해자등 또는 시청자의 안정을 저해하거나 공포심 · 수치심 등을

유발할 수 있는 내용
〔전문개정 2014. 12. 24〕

제24조의 4(피해자등의 인권 보호) 방송은 피해자등의 인권을 최대한 보호하기 위하여 다음 각 호의 내용을 방송하여서는 아니 된다. 다만, 그러한 조치를 할 수 없거나 오직 공익 목적을 위한 경우에는 예외로 한다.

1. 피해자등의 영상·음성 등의 촬영에 대한 사전 동의가 없거나 그 촬영 내용의 방송에 대한 피해자등의 의견이 반영되지 아니 한 내용
2. 피해자등의 인적사항 공개로 그 사생활이 침해될 우려가 있는 내용
3. 그 밖에 피해자등의 인권이 침해될 우려가 있는 내용

〔전문개정 2014. 12. 24〕

제4절 윤리적 수준

제25조(윤리성)

① 방송은 국민의 올바른 가치관과 규범의 정립, 사회윤리 및 공중도덕의 신장에 이바지하여야 한다.

② 방송은 가족공동체의 가치를 존중하며, 가족 내 평등하고 민주적인 관계에 이바지하여야 한다.

③ 방송은 민족의 존엄성과 긍지를 손상하지 않도록 하여야 한다.

제26조(생명의 존중)

① 방송은 살인, 고문, 사형(私刑), 자살 등 인명을 경시하는 행위를 긍정적으로 다루어서는 아니 된다.

② 방송은 불가피하게 인신매매, 유괴, 성매매, 성폭력, 노인 및 어린이 학대 등 비인간적인 행위를 묘사할 때에는 신중을 기하여야 한다. 〈개정 2014. 1. 9, 2015. 10. 8〉

③ 방송은 내용전개상 필요한 경우라 하더라도 동물을 학대하거나 살상하는 장면을 다룰 때에는 그 표현에 신중을 기하여야 한다.

제27조(품위 유지) 방송은 품위를 유지하기 위하여 시청자의 윤리적 감정이나 정서를 해치는 다음 각 호의 어느 하나에 해당하는 표현을 하여서는 아니

되며, 프로그램의 특성이나 내용전개 또는 구성상 불가피한 경우에도 그 표현에 신중을 기하여야 한다. 〈개정 2015. 10. 8〉

1. 불쾌감을 유발할 수 있는 과도한 고성 · 고함, 예의에 어긋나는 반말 또는 음주 출연자의 불쾌한 언행 등의 표현
2. 신체 또는 사물 등을 활용하거나 의도적으로 무음 · 비프음, 모자이크 등의 기법을 사용한 욕설 표현
3. 혐오감 · 불쾌감을 유발할 수 있는 성기 · 음모 등 신체의 부적절한 노출 또는 과도한 부각, 생리작용, 음식물의 사용 · 섭취 또는 동물사체의 과도한 노출 등의 표현
4. 불쾌감이나 성적수치심을 유발할 수 있는 성기 · 성행위 또는 외설적 내용 등에 대한 과도한 표현
5. 그 밖에 불쾌감 · 혐오감 등을 유발하여 시청자의 윤리적 감정이나 정서를 해치는 표현

〔전문개정 2014. 12. 24〕

제 28조(건전성) 방송은 음주, 흡연, 사행행위, 사치 및 낭비 등의 내용을 다룰 때에는 이를 미화하거나 조장하지 않도록 그 표현에 신중을 기하여야 한다.

〔전문개정 2015. 10. 8〕

제 29조(사회통합) 방송은 지역간, 세대간, 계층간, 인종간, 종교간 차별 · 편견 · 갈등을 조장하여서는 아니 된다. 〈개정 2015. 10. 8〉

제 29조의 2(헌법의 민주적 기본질서 등)

① 방송은 헌법의 민주적 기본질서를 해치는 내용을 방송하여서는 아니 된다.

② 방송은 남북한 간의 평화적 통일과 적법한 교류를 저해하는 내용을 방송하여서는 아니 된다.

〔본조신설 2014. 1. 9〕

제 30조(양성평등)

① 방송은 양성을 균형 있고 평등하게 묘사하여야 하며, 성차별적인 표현을 하여서는 아니 된다. 〈개정 2014. 1. 9〉

② 방송은 특정 성(性)을 부정적, 희화적, 혐오적으로 묘사하거나 왜곡하여서는 아니 된다. 〈개정 2016. 12. 22〉

③ 방송은 특정 성을 다른 성보다 열등한 존재로 다루거나 객관적인 근거 없이 특정 성의 외모, 성격, 역할 등을 획일적으로 규정하는 내용으로 성 역할에 대한 고정관념을 조장하여서는 아니 된다. 〈개정 2014. 1. 9, 2016. 12. 22〉

④ 방송은 성폭력, 성희롱 또는 성매매, 가정폭력 등을 정당화할 우려가 있는 내용을 방송하여서는 아니 된다. 〈신설 2016. 12. 22〉

⑤ 방송은 성폭력, 성희롱 또는 성매매 등을 지나치게 자세하게 묘사하거나 선정적으로 재연하여서는 아니 된다. 〈신설 2016. 12. 22〉

제31조(문화의 다양성 존중) 방송은 인류보편적 가치와 인류문화의 다양성을 존중하여 특정 인종, 민족, 국가 등에 관한 편견을 조장하여서는 아니 되며, 특히 타민족이나 타문화 등을 모독하거나 조롱하는 내용을 다루어서는 아니 된다.

제32조(신앙의 자유 존중) 방송은 신앙의 자유를 존중하여야 하며 특정 종교 및 종파를 비방하거나 종교의식을 조롱 또는 모독하여서는 아니 된다.

제33조(법령의 준수)

① 방송은 기획 · 편성 · 제작에 있어 관계 법령을 준수하여야 한다.

② 방송은 위법행위를 조장 또는 방조하여서는 아니 된다.

〔전문개정 2014. 1. 9〕

제34조(표절금지) 방송은 국내외의 다른 작품을 표절하여서는 아니 된다.

〔전문개정 2012. 12. 6〕

제5절 소재 및 표현기법

제35조(성표현)

① 방송은 부도덕하거나 건전치 못한 남녀관계를 주된 내용으로 다루어서는 아니 되며, 내용전개상 불가피한 경우에도 그 표현에 신중을 기하여야 한다.

② 방송은 성과 관련된 내용을 지나치게 선정적으로 묘사하여서는 아니 되며 성을 상품화하는 표현을 하여서도 아니 된다.

③ 방송은 성과 관련한 다음의 각호의 내용을 방송하여서는 아니 된다. 단 내용전개상 불가피한 경우에는 극히 제한적으로 허용할 수 있다.

1. 기성 · 괴성을 수반한 과도한 음란성 음향 및 지나친 성적 율동 등을 포함

한 원색적이고 직접적인 성애장면

2. 성도착 · 혼음 · 근친상간 · 사체강간 · 시신 앞에서의 성행위와 변태적 형태의 과도한 정사장면
3. 유아를 포함한 남녀 성기 및 음모의 노출이나 성기 애무장면
4. 폭력적인 행위 및 언어를 동반한 강간 · 윤간 · 성폭행 등의 묘사장면
5. 어린이 · 청소년을 성폭력 · 유희의 대상으로 한 묘사장면
6. 위 각호에 준하는 사항의 구체적 묘사

제36조(폭력묘사)

① 방송은 과도한 폭력(언어 등 비물리적 폭력을 포함한다. 이하 같다)을 다루어서는 아니 되며, 내용전개상 불가피하게 폭력을 묘사할 때에도 그 표현에 신중을 기하여야 한다. 〈개정 2014. 1. 9〉

② 방송은 스포츠 · 게임 프로그램 등에서 지나치게 폭력적인 내용을 방송하여서는 아니 된다.

③ 삭 제〈2014. 1. 9〉

④ 방송은 폭력을 조장하거나 미화 · 정당화하는 내용을 포함하여서는 아니 된다. 〈신설 2014. 1. 9〉

제36조의 2(가학적 · 피학적 묘사) 방송은 지나치게 가학적이거나 피학적인 내용으로 프로그램을 구성하여서는 아니 된다.

〔본조신설 2014. 1. 9〕

제37조(충격 · 혐오감) 방송은 시청자에게 지나친 충격이나 불안감, 혐오감을 줄 수 있는 다음 각 호의 어느 하나에 해당하는 내용을 방송하여서는 아니 된다. 단 내용전개상 불가피한 경우에는 극히 제한적으로 허용할 수 있으나 이 경우에도 표현에 신중을 기하여야 한다. 〈개정 2015. 10. 8〉

1. 참수 · 교수 및 지체 절단 등의 잔인한 묘사
2. 삭 제〈2014. 1. 9〉
3. 총기 · 도검 · 살상 도구 등을 이용한 잔학한 살상 장면이나 직접적인 신체의 훼손 묘사
4. 훼손된 시신 · 신체 장면
5. 잔인하고 비참한 동물 살상 장면

6. 범죄 또는 각종 사건·사고로 인한 인명피해 발생장면의 지나치게 상세한 묘사〈신설 2015. 10. 8〉
7. 위 각호에 준하는 사항의 구체적 묘사

제 38조(범죄 및 약물묘사)

① 방송은 범죄에 관한 내용을 다룰 때에는 불가피한 경우를 제외하고는 폭력·살인 등이 직접 묘사된 자료화면을 이용할 수 없으며, 관련 범죄 내용을 지나치게 상세히 묘사하여서는 아니 된다. 〈개정 2014. 1. 9〉

② 방송은 범죄의 수단과 흉기의 사용방법 또는 약물사용의 묘사에 신중을 기하여야 하며, 이 같은 방법이 모방되거나 동기가 유발되지 않도록 하여야 한다.

③ 방송은 마약류의 사용 및 이로 인한 환각상태 등을 구체적으로 묘사하여서는 아니 된다.

제 38조의 2(자살묘사)

① 방송은 자살장면을 직접적으로 묘사하거나 자살의 수단·방법을 구체적으로 묘사하여서는 아니 되며, 내용전개상 불가피한 경우에도 그 표현에 신중을 기하여야 한다.

② 방송은 자살을 미화·정당화하거나, 삶의 고통을 해결하는 방법으로 오인되도록 하여서는 아니 된다.

③ 방송은 객관적 근거 없이 자살 동기를 판단하거나 단정하는 표현을 하여서는 아니 된다.

④ 방송은 자살자(자살자로 추정되는 자와 자살 미수자를 포함한다) 및 그 유족의 인적사항을 공개하여서는 아니 되며, 사생활의 비밀과 자유를 보장하여야 한다.

⑤ 제 1항 및 제 4항에 해당되는 경우라도 오로지 공공의 이익을 위하여 필요하다고 인정되는 때에는 예외로 한다.

〔본조신설 2014. 1. 9〕

제 39조(재연·연출)

① 방송에서 과거의 사건·사고 등을 재연할 때에는 재연한 화면임을 자막으로 고지하여야 한다. 다만, 시청자가 재연임을 쉽게 알 수 있는 경우에는

그러하지 아니하다. 〈개정 2015. 10. 8〉

② 제 1항에도 불구하고 사실적 기법(모자이크·음성변조·인터뷰 형식 등을 통해 실제상황인 것처럼 연출하는 것을 말한다. 이하 같다)을 사용하여 과거의 사건·사고 등을 재연할 경우에는 시청자가 이를 실제상황으로 오인하지 않도록 연출한 화면임을 자막으로 충분히 고지하여야 한다. 〈신설 2015. 10. 8〉

③ 방송은 허구의 소재를 사실적 기법을 사용하여 연출할 때에도 제 2항의 규정을 준수하여야 하며, 실제 존재했던 사건·사고가 아님을 시청자가 쉽게 알 수 있도록 자막으로 충분히 고지하여야 한다. 〈신설 2015. 10. 8〉

④ 방송은 불가피하게 범죄, 자살 또는 선정적인 내용을 재연하거나 사실적 기법을 사용하여 연출할 때에는 지나치게 구체적이거나 자극적으로 묘사하여서는 아니 되며, 그 피해자·가해자 또는 당사자 등의 배역에 어린이를 출연시켜서는 아니 된다. 〈개정 2015. 10. 8〉

제 40조(성기, 성병 등의 표현) 방송은 성기, 성병, 피임 또는 성상담 등에 관한 내용을 다룰 때에는 저속한 표현 등으로 혐오감을 주어서는 아니 된다.

제 41조(비과학적 내용) 방송은 미신 또는 비과학적 생활태도를 조장하여서는 아니 되며 사주, 점술, 관상, 수상 등을 다룰 때에는 이것이 인생을 예측하는 보편적인 방법으로 인식되지 않도록 하여야 한다.

제 42조(의료행위 등)

① 방송은 의료행위·약품, 식품·건강기능식품과 관련한 사항을 다룰 때에는 다음 각 호의 어느 하나에 해당하는 내용을 방송하여서는 아니 된다.

1. 과학적으로 검증되지 아니하거나 근거가 부족한 내용
2. 효능·효과를 과장하거나 보증하는 내용 또는 이를 과신하게 하는 단정적인 표현
3. 위험성·부작용 등의 중요한 정보를 누락하거나 축소하는 내용
4. 질병 등에 관하여 시청자를 지나치게 불안하게 하는 내용
5. 식품을 건강기능식품으로 혼동할 우려가 있거나, 식품·건강기능식품을 의약품으로 혼동할 우려가 있는 내용
6. 동일한 조건에서 촬영되지 않은 치료 전·후 사진 등을 비교하여 효과를

과장하는 내용

7. 의료기관의 비급여 진료비용을 정당한 사유 없이 구체적으로 밝히는 내용
8. 특정 의료인 또는 의료기관에 광고효과를 줄 수 있는 내용이 게재된 홈페이지 등을 고지하는 내용

② 방송은 의료행위 등을 목적으로 환각제, 각성제, 마약 등의 사용에 관한 내용을 다룰 때에는 시청자의 호기심을 유발하거나 위험성에 대한 인식을 약화시키지 않도록 그 표현에 신중을 기하여야 한다.

③ 방송은 편지, 엽서, 전화 등의 방법으로 의학상담을 할 때에는 다음 각 호의 사항을 준수하여야 한다.

1. 상담만으로 정확한 진단에 한계가 있음을 명확하게 밝혀야 한다.
2. 상담자 또는 시청자가 증상에 따른 상담결과를 확진으로 오해하지 않도록 하여야 한다.
3. 방송 중 실시간 의학상담의 경우를 제외하고 시청자를 출연 의료인과 직접적·간접적으로 연결시켜서는 아니 된다.

④ 사업자가 방송에 출연하는 의료인 또는 약사(藥師)를 선정할 때에는 공신력 있는 전문기관·단체의 추천을 받는 등 자격과 전문성 등에 대한 객관적 검증을 위하여 노력하여야 한다.

⑤ 방송은 의료인 또는 약사를 소개할 때에는 「의료법」 및 「약사법」에 따른 의료인 또는 약사의 명칭을 정확하게 사용하여야 하며, 경력·전문 과목 등과 관련하여 부정확하거나 공인되지 않은 내용을 방송하여서는 아니 된다.

⑥ 방송은 의료행위·약품, 식품·건강기능식품의 효능·효과 등과 관련한 특정인의 사례를 소개할 때에는 시청자가 이를 일반적인 것으로 오인하지 않도록 자막 또는 음성으로 명확하게 밝혀야 한다.

〔전문개정 2015. 10. 8〕

제42조의 2(금융·부동산 등에 대한 투자자문행위)

① 방송은 금융·부동산 등에 대한 투자자문행위(투자판단 또는 가치에 관하여 조언을 하거나 자문에 응하는 행위를 말한다. 이하 같다)를 할 때에는 자문내용에 대한 정당한 근거를 가져야 하며, 법령 등에 근거한 경우 외에는 손실의 보전이나 이익의 보장으로 오인하게 하는 내용을 포함하여서는 아

니 된다. 〈개정 2015. 10. 8〉

② 방송에서 투자자문행위를 하는 자는 그 내용에 대한 전문지식을 보유하여야 하며, 자문내용이 자신의 판단내용에 부합하여야 한다.

③ 방송은 투자자문행위를 하는 자와 방송에서의 자문내용 간에 경제적 이해관계가 있어 그 자문내용이나 신뢰도에 영향을 미칠 수 있는 때에는 방송 중에 이를 명확히 공개하여야 한다.

④ 투자자문행위를 방송하는 때에는 투자 시 유의사항을 방송시작 직전 및 직후에 자막으로 명확히 고지하여야 하며, 방송 중에는 음성으로 이를 고지하여 시청자가 자문내용을 오인하지 아니하도록 하여야 한다.

⑤ 방송은 투자자문행위를 함에 있어 제1항부터 제4항까지에 규정된 것 이외의 방법으로 시청자를 오도하여서는 아니 되며, 관련 법령을 준수하여야 한다. 〔본조신설 2014. 1. 9〕

제6절 어린이 · 청소년 보호

제43조(어린이 및 청소년의 정서함양)

① 방송은 어린이와 청소년들이 좋은 품성을 지니고 건전한 인격을 형성하도록 하여야 한다. 〈개정 2014. 1. 9〉

② 방송은 어린이와 청소년의 균형 있는 성장을 해치는 환경으로부터 그들을 보호하고 어린이와 청소년에게 유익한 환경의 조성을 위하여 노력하여야 한다.

③ 방송은 어린이와 청소년에 대한 사회의 관심과 이해의 폭을 넓히는데 이바지하여야 하며, 특히 경제적 · 사회적 · 문화적 · 정신적 · 신체적으로 어려운 처지에 있는 어린이와 청소년에 대해 지속적인 관심을 갖도록 노력하여야 한다.

제44조(수용수준)

① 초인적인 행위, 심령술, 위험한 행위 등 어린이와 청소년이 모방할 우려가 있는 내용을 다룰 때에는 신중을 기하여야 하며, 그들의 주의를 환기시킬 수 있는 적절한 조치를 사전에 취해야 한다.

② 청소년시청보호시간대의 방송은 시청대상자의 정서 발달과정을 고려하여

야 한다. 〈개정 2014. 1. 9〉

③ 어린이의 교육적 효과를 위한 방송에서는 진행자의 전문성을 고려하여야 한다.

④ 방송은 어린이와 청소년에게 경품이나 상품을 주게 될 때에는 사행심이 조장되지 않도록 하여야 한다.

제45조(출연)

① 방송은 어린이와 청소년을 그 품성과 정서를 해치는 배역에 출연시켜서는 아니 되며, 내용전개상 불가피한 경우에도 그 표현에 신중을 기하여야 한다. 〈개정 2014. 1. 9〉

② 방송은 어린이와 청소년을 성인 대상 프로그램의 방청인으로 동원하여서는 아니 된다.

③ 방송은 어린이와 청소년이 그들의 신분으로서 부적합한 장소에 출입하는 것을 긍정적으로 묘사하여서는 아니 된다.

④ 방송은 어린이와 청소년이 흡연·음주하는 장면을 묘사하여서는 아니 되며, 내용전개상 불가피한 경우에도 그 표현에 신중을 기하여야 한다.

⑤ 방송은 범죄피해를 당한 어린이와 청소년에게 피해상황에 대한 인터뷰를 할 때는 보호자, 법정대리인 또는 친권자의 동의를 받거나 입회하에 이루어지도록 유의하여야 한다.

⑥ 방송은 신체가 과도하게 노출되는 복장으로 어린이와 청소년을 출연시키거나 어린이와 청소년이 지나치게 선정적인 장면을 연출하도록 하여서는 아니 된다. 〈신설 2012. 12. 6〉

제45조의 2(청소년유해매체물의 방송)

① 청소년유해매체물은 청소년시청보호시간대에 방송되어서는 아니 된다.

② 청소년시청보호시간대에 방송되는 청소년유해매체물의 예고방송은 「청소년보호법」 제9조에 따른 청소년유해매체물 심의기준에 해당되는 내용을 포함하여서는 아니 된다.

③ 청소년유해매체물을 방송하는 때에는 「방송프로그램의 등급분류 및 표시 등에 관한 규칙」에 따라 청소년유해표시를 하여야 한다.

〔본조신설 2014. 1. 9〕

제7절 광고효과 등〈개정 2010.2.18, 2016.12.22〉

제46조(광고효과)

① 방송은 다음 각 호의 어느 하나에 해당하는 내용을 방송하여 시청흐름을 방해하거나 상품·서비스·기업·영업장소 등(「협찬고지 등에 관한 규칙」 제2조에 따른 협찬주 및 그의 상품·서비스·영업장소 등을 포함한다. 이하 "상품 등"이라 한다)에 광고효과를 주어서는 아니 된다. 다만, 프로그램의 특성이나 내용전개 또는 구성상 불가피한 경우에는 예외로 한다.〈개정 2016.12.22〉

1. 상품 등 또는 이와 관련되는 명칭·상표·로고·슬로건·디자인 등(이하 "상품명 등"이라 한다)을 과도하게 부각하거나 반복적으로 노출하는 내용
2. 상품 등의 기능을 시현하는 장면 또는 이를 이용하는 장면을 과도하게 부각하거나 구체적으로 소개하는 내용
3. 상품명 등을 일부 변경하여 부각하거나 광고효과를 목적으로 상품을 새롭게 제작하여 노출하는 내용

② 방송은 상품 등에 부적절한 광고효과를 주는 다음 각 호의 어느 하나에 해당하는 내용을 방송하여서는 아니 된다. 다만, 프로그램의 특성이나 내용전개 또는 구성상 불가피한 경우에는 예외로 한다.

1. 상품명 등을 자막 또는 음성을 통하여 구체적으로 노출·언급하는 내용
2. 상품 등에 과도한 광고효과를 줄 수 있는 상업적 표현을 자막, 음성 또는 소품을 통하여 구체적으로 노출·언급하는 내용
3. 그 밖에 상품 등을 연상시키는 광고문구, 음향 또는 이미지를 사용하거나 특징·장점을 묘사하는 등 해당 상품 등에 부적절한 광고효과를 주는 내용

③ 보도·생활정보 또는 이와 유사한 프로그램에서 정보전달을 목적으로 상품 등을 소개할 때에는 다음 각 호의 어느 하나에 해당하는 내용을 방송하여서는 아니 된다.

1. 합리적 기준 또는 객관적인 근거 없이 상품 등을 선정하여 해당 상품 등에 광고효과를 주는 내용
2. 특정업체 또는 특정상품 등을 과도하게 부각시켜 경쟁업체나 경쟁상품 등

에 불이익을 줄 수 있는 내용

3. 창업에 대한 정보를 소개하면서 예상수익, 사업전망, 관련 상품 등의 효능·효과 등을 보장 또는 과장하거나 중요한 내용을 은폐·축소하는 내용

④ 방송은 협찬주에게 광고효과를 줄 수 있도록 프로그램을 제작·구성하여서는 아니 된다.

⑤ 상품 등 또는 상품명 등의 노출이나 언급이 다음 각 호의 어느 하나에 해당하는 경우에는 제 1항부터 제 4항까지의 규정을 적용하지 아니한다.

1. 상품 등을 의도성 없이 배경·소품으로 노출하는 내용
2. 시청흐름을 방해하지 아니 하는 수준에서 내용전개 또는 구성상 불가피하게 노출하는 내용
3. 제 47조에 따른 간접광고 상품 등 또는 간접광고 상품명 등에 관한 내용
4. 제 48조에 따른 가상광고 또는 가상광고 상품명 등에 관한 내용

〔전문개정 2015. 10. 8〕

제 46조의 2 (방송광고와의 구별) 방송은 법령에서 허용하는 경우 외에는 방송프로그램이 방송광고와 명확히 구별되도록 하여야 한다.

〔본조신설 2014. 1. 9〕

제 46조의 3 (안내·고지 자막)

① 방송은 상품 등을 자막으로 안내·고지함으로써 광고효과를 주어서는 아니 된다. 다만, 다음 각 호의 어느 하나에 해당하는 경우에는 예외로 한다. 〈개정 2015. 10. 8, 2016. 12. 22〉

1. 재난·질병·세무 또는 선거 등 정부시책 관련 대국민 안내 정보
2. 사업자가 주최·주관 또는 후원하는 문화예술·스포츠 등 공익행사로서 「협찬고지에 관한 규칙」 제 2조 제 7호에 규정된 행사. 다만, 행사명·일시·장소 등 행사안내를 위한 고지범위를 넘어 부적절한 광고효과를 줄 수 있는 내용은 제외한다.
3. 사업자의 자사 직원채용·정보안내 등 영리를 목적으로 하지 않는 사업자 자체 정보
4. 수돗물·전기·가스 중단, 지역 공사안내, 성금모금 또는 긴급수혈 등 민생 관련 안내 정보

5. 그 밖에 시청자가 알아야 할 공적 이익이 있는 정보로서 사업자나 기타 특정인의 영리를 목적으로 하지 않는 정보 및 방송법령에 따라 고시된 공익적 목적의 정보

② 방송은 제 1항 제 2호의 안내 · 고지 자막 및 자사 프로그램 예고자막을 지나치게 크게 고지하거나 장시간 또는 반복적으로 고지하는 등의 방법으로 시청흐름을 방해하여서는 아니 된다. 〈신설 2016. 12. 22〉

〔본조신설 2014. 1. 9〕

제 46조의 4 (중계방송 등)

① 사업자가 중계방송을 할 때에는 경기장 · 행사장 등에 실제 설치된 광고물을 의도적으로 부각하거나 반복하여 노출하는 등의 내용으로 시청흐름을 방해하여서는 아니 된다.

② 사업자는 중계방송을 위하여 경기 · 행사 등의 주최 · 주관단체와 공동으로 새로운 광고물을 부착하거나 설치하여 이를 부각시켜서는 아니 된다.

③ 사업자는 협찬주 및 경기 · 행사 등의 주최 · 주관단체의 후원사(이하 "후원사"라 한다) 와 관련되는 상품명 등을 반복하여 부각시킴으로써 시청흐름을 방해하여서는 아니 된다.

④ 사업자는 후원사 명칭 등에 법령에 따라 방송광고가 금지되거나 방송광고 시간이 제한되는 상품 등이 포함된 경우 그 노출에 신중을 기하여야 한다.

⑤ 사업자가 중계방송의 결과를 보도하거나 주요 내용을 요약하여 방송하는 경우에는 제 3항 및 제 4항의 규정을 준수하여야 한다.

〔본조신설 2015. 10. 8〕

제 47조 (간접광고)

① 간접광고는 다음 각 호의 어느 하나에 해당하는 내용으로 시청흐름을 방해하여서는 아니 된다. 다만, 제 2호 및 제 3호의 장면이 프로그램의 특성이나 내용전개 또는 구성상 불가피한 경우에는 예외로 한다.

1. 해당 방송프로그램의 내용전개 또는 구성과 무관한 간접광고 상품 등을 노출하여 시청흐름을 현저하게 방해하는 내용
2. 간접광고 상품 등 또는 간접광고 상품명 등을 과도하게 부각하거나 반복적으로 노출하여 시청흐름을 방해하는 내용

3. 간접광고 상품 등의 기능을 시현하는 장면 또는 이를 이용하는 장면을 과도하게 부각하거나 구체적으로 소개하여 시청흐름을 방해하는 내용

② 간접광고를 포함하고 있는 방송프로그램은 법령이 허용한 간접광고 상품 등의 노출을 넘는 다음 각 호의 어느 하나에 해당하는 내용을 방송하여서는 아니 된다. 다만, 프로그램의 특성이나 내용전개 또는 구성상 불가피한 경우에는 예외로 한다.

1. 간접광고 상품명 등을 자막, 음성 또는 소품(간접광고 상품 등은 제외한다)을 통하여 구체적으로 노출·언급하는 내용
2. 간접광고 상품 등에 관한 상업적 표현을 자막, 음성 또는 소품(간접광고 상품 등을 포함한다)을 통하여 구체적으로 노출·언급하는 내용
3. 그 밖에 간접광고 상품 등을 연상시키는 광고문구, 음향 또는 이미지를 사용하거나 특징·장점을 묘사하는 등의 방법으로 해당 상품 등에 부적절한 광고효과를 주는 내용

③ 간접광고 상품 등의 노출을 통해 나타나는 상업적 표현의 허위·과장 여부 및 의무 표시사항 준수 여부 등에 대해서는 「방송광고심의에 관한 규정」을 적용한다. 〈개정 2016. 12. 22〉

〔본조신설 2015. 10. 8〕

제 48조(가상광고)

① 가상광고는 다음 각 호의 어느 하나에 해당하는 내용으로 시청흐름을 방해하여서는 아니 된다.

1. 재난등에 대한 방송이나 긴급속보 등으로 오인할 우려가 있는 내용
2. 해당 프로그램의 내용전개 또는 구성과 무관하게 노출하여 시청흐름을 현저하게 방해하는 내용. 다만, 자연스러운 장면 전환 등으로 진행이 정지되거나, 운동경기(이와 관련된 행사를 포함한다. 이하 같다)를 중계하는 장면의 경우에는 예외로 한다.
3. 프로그램에 등장하는 사람(운동경기의 경우 선수와 심판의 장비를 포함한다) 위에 노출하는 내용. 다만, 개개인의 얼굴 식별이 어렵고, 시청흐름을 방해하지 않는 경우에는 방청객이나 관중 위에 노출할 수 있다.
4. 프로그램의 중요한 배경·소품, 자막 위에 노출하거나 이를 변형·왜곡시

켜 시청흐름을 현저하게 방해하는 내용

5. 그 밖에 가상광고를 지나치게 부자연스럽게 노출하거나 해당 프로그램 내용에 반응하는 방식으로 노출하여 시청흐름을 현저하게 방해하는 내용

② 가상광고를 포함하고 있는 방송프로그램은 법령이 허용한 가상이미지의 삽입을 넘는 다음 각 호의 어느 하나에 해당하는 내용을 방송하여서는 아니 된다. 다만, 프로그램의 특성이나 내용전개 또는 구성상 불가피한 경우에는 예외로 한다. 〈개정 2016. 7. 28〉

1. 가상광고 상품명 등을 자막(가상광고 자막은 제외한다), 음성 또는 소품을 통하여 구체적으로 노출·언급하는 내용
2. 가상광고 상품 등의 거래정보(가격, 구성, 위치·연락처, 행사기간 등 거래와 직접 관련된 정보를 말한다)를 자막(가상광고 자막을 포함한다), 음성 또는 소품을 통하여 노출·언급하는 내용
3. 가상광고 상품 등의 구매·이용 권유정보(품질·효능·기능·보증 등 구매·이용을 촉진하기 위해 사용하는 상업적 표현을 말한다)를 자막(가상광고 자막을 제외한다), 음성 또는 소품을 통하여 노출·언급하는 내용
4. 출연자 등이 가상광고 상품 등의 기능을 실제로 시현하는 내용
5. 그 밖에 프로그램 안에서 가상광고 상품 등을 연상시키는 광고문구, 음향 또는 이미지를 사용하거나 특징·장점을 묘사하는 등의 방법으로 해당 상품 등에 부적절한 광고효과를 주는 내용

③ 가상광고가 출연자 등의 행동에 영향을 주는 방법 등으로 해당 프로그램의 내용 또는 구성에 영향을 주어서는 아니 된다.

④ 가상광고의 노출을 통해 나타나는 상업적 표현의 허위·과장 여부 및 의무표시사항 준수 여부 등에 대해서는 「방송광고심의에 관한 규정」을 적용한다. 〈개정 2016. 12. 22〉

〔본조신설 2015. 10. 8〕

제49조(시상품)

① 방송은 출연자, 방청인 또는 시청자 등에 대한 상품(賞品) 또는 상금 등 시상품의 수준이나 제공방식으로 사행심 또는 위화감을 조장하여서는 아니 된다.

② 방송은 시상품 등을 소개하는 경우 해당 시상품과 관련되는 상품 등에 광

고효과를 주어서는 아니 된다.

③ 방송은 협찬주 또는 광고주 등의 상호, 상품명, 서비스명 등을 시상명으로 사용하거나 시상명과 함께 방송하여 부적절한 광고효과를 주거나 시청흐름을 방해하여서는 아니 된다. 다만 사업자가 주관·후원하거나, 사업자 이외의 자가 주최·주관 또는 후원하는 문화·예술행사나 스포츠 경기를 사업자가 중계방송하는 경우에는 그러하지 아니하다. 〈신설 2016. 12. 22〉

④ 제 3항에도 불구하고, 자연스러운 장면 전환 등으로 진행이 정지된 경우에는 가상광고주의 상호, 상품명, 서비스명 등을 시상명과 함께 방송할 수 있다. 〈신설 2016. 12. 22〉

〔전문개정 2014. 1. 9〕

제 50조(상품판매)

① 방송은 상품소개 및 판매에 관한 전문편성을 하는 방송이외에는 상품 또는 서비스의 광고·판매를 목적으로 하는 내용을 프로그램 중에서 다루어서는 아니 된다.

② 제 46조 및 제 46조의 3의 규정은 상품소개 및 판매에 관한 전문편성을 하는 방송에는 적용하지 아니한다. 〈개정 2015. 10. 8〉

③ 이 규정에서 규정한 것 외에 상품소개 및 판매방송 심의에 필요한 사항은 별도의 규칙으로 정한다.

제 8절 방송언어

제 51조(방송언어)

① 삭 제〈2015. 10. 8〉

② 방송언어는 원칙적으로 표준어를 사용하여야 한다. 다만, 프로그램의 특성이나 내용전개 또는 구성상 불가피한 경우에는 예외로 하되, 이 경우에도 특정 지역 또는 인물을 희화화하거나 부정적으로 묘사하여서는 아니 된다. 〈개정 2014. 1. 9, 2015. 10. 8〉

③ 방송은 바른 언어생활을 해치는 억양, 어조, 비속어, 은어, 저속한 조어 및 욕설 등을 사용하여서는 아니 된다. 다만, 프로그램의 특성이나 내용전개 또

는 구성상 불가피한 경우에는 예외로 한다. 〈개정 2014. 1. 9, 2014. 12. 24〉

제52조(외국어) 방송은 외국어를 사용하는 경우 국어순화 차원에서 신중하여야 한다.

〔전문개정 2014. 1. 9〕

제9절 기 타

제53조(기부금품의 모집 규제)

① 어떠한 명목으로도 사업자 자신 또는 그 종사자의 이익을 위해 기부금품을 모집하거나 「기부금품의 모집 및 사용에 관한 법률」에 의해 등록하지 않은 사항을 방송하여서는 아니 된다.

② 기부금품의 모집에 관한 방송에는 기부금품 모집의 주체, 모집목적, 모집기간, 모집금품의 사용처 등을 명시하여야 한다.

③ 기부금품을 모집하는 방송은 허위의 사실을 적시하여서는 아니 되며, 부정적인 방법으로 기부를 강요하여서도 아니 된다.

④ 기부금품을 모집한 방송은 모집금액, 사용주체, 사용처, 사용기간 등을 포함한 기부금품의 처리결과를 공개하여야 한다.

제54조(유료정보서비스)

① 방송은 전화정보서비스를 포함한 유료정보서비스(이하 "유료정보서비스"라 한다)를 제공하는 경우에는 시청자의 이익에 합치될 수 있도록 하여야 한다. 이 경우 유료정보서비스 안내 시(수 회 연속되는 프로그램의 경우에는 매 프로그램마다) 비용부담의 사실 및 구체적인 비용부담금액을 사전에 시청자에게 고지하여야 한다. 〈개정 2014. 1. 9〉

② 제1항의 규정에 불구하고 어린이를 주시청대상으로 하는 방송프로그램에서는 유료정보서비스를 이용하여서는 아니 되며, 청소년을 대상으로 하는 방송프로그램에서는 유료정보서비스를 이용하여 청소년의 사행심을 조장하여서는 아니 된다.

③ 방송 중 이용된 유료정보서비스가 종료된 때에는 이를 자막 및 음성으로 명확히 고지하여야 한다. 〈신설 2014. 1. 9〉

④ 생방송에 한하여 유료정보서비스가 이용된 프로그램의 재방송 등에서는 그 이용 관련 자막이 고지되어서는 아니 된다. 다만, 재방송 등에서 비용이 전혀 발생되지 아니하도록 사업자가 조치를 한 때에는 예외로 한다. 〈신설 2014. 1. 9〉

제55조(생방송과 녹음·녹화방송의 구별) 시사·보도·토론·운동경기 중계 등의 프로그램 또는 그 내용 중 일부가 사전 녹음·녹화 방송일 때에는 생방송으로 오인되지 않도록 하여야 한다.

제55조의 2(방송사고) 방송은 과실송출이나 일시적인 방송중단 등의 사고가 발생한 때에는 시청자에게 그 사실을 지체 없이 고지하고 필요한 조치를 취하여야 한다.

〔본조신설 2014. 1. 9〕

제56조 삭 제〈2014. 1. 9〉

제57조 삭 제〈2014. 1. 9〉

제58조 삭 제〈2008. 9. 2〉

제3장 심의절차

제1절 일반절차

제59조(제재조치의 요청 등)

① 위원회는 방송의 내용이 이 규정에 위반된다고 판단하는 경우에는 「방송통신위원회의 설치 및 운영에 관한 법률」(이하 "기구설치법"이라 한다) 제25조 제3항에 따라 다음 각 호의 사항을 포함하여 방송통신위원회에 지체 없이 제재조치를 요청하여야 한다.

1. 위반일시
2. 위반사실
3. 제재조치 종류
4. 삭 제〈2008. 9. 2〉
5. 기타 필요한 사항

② 위원회는 「방송법 시행령」 제21조 제1항에 따른 방송과 유사한 정보의 심의결과 이 규정을 위반한 경우에는 그 정보의 제공자에 대하여 이의 시정을 권고할 수 있다. 이 경우 시정을 권고받은 정보의 제공자는 위원회에 의견을 제출할 수 있다.

제60조(제재조치명령의 이행)

① 사업자 및 외주제작사(이하 "사업자 등"이라 한다)가 법 제100조 제1항에 따른 과징금 처분 또는 제재조치 명령(이하 "제재조치 명령 등"이라 한다)을 받은 때에는 법 제100조 제4항에 따라 지체 없이 그에 관한 방송통신위원회의 결정사항 전문을 방송(외주제작사는 제외한다)하여야 한다. 〈개정 2016. 7. 28〉

② 법 제100조 제1항의 규정에 따라 방송통신위원회로부터 제재조치 명령을 받은 사업자 등은 법 제100조 제4항에 따라 명령을 받은 날부터 7일 이내에 그 명령을 이행한 후 그 결과를 방송통신위원회에 보고하여야 한다. 〈개정 2016. 7. 28〉

③ 위원회는 제2항에 따라 사업자 등으로부터 보고받은 제재조치 명령의 이행 결과를 통보해 주도록 방송통신위원회에 협조를 요청할 수 있다. 〈개정 2016. 7. 28〉

제61조(당사자 등의 의견진술)

① 법 제100조 제1항에 따른 제재조치를 정할 때에는 기구설치법 제25조 제2항에 따라 미리 당사자 또는 그 대리인(이하 "당사자 등"이라 한다)에게 의견을 진술할 기회를 주어야 한다.

② 위원회가 제1항에 따른 의견진술의 기회를 줄 경우에는 의견진술일 7일 전에 서면(전자문서를 포함한다)으로 당사자 등에게 위반사실·의견진술 일시 및 의견진술장소 등을 통지하여야 한다.

③ 제2항의 통지를 받은 당사자 등이 위원회가 인정하는 부득이한 사유로 의견진술지정일에 출석하지 못할 경우에는 그 지정일 전에 1회에 한하여 서면으로 지정일의 변경을 요청할 수 있다.

④ 위원회는 당사자 등으로부터 제3항에 따른 의견진술지정일의 변경요청을 받은 때에는 다시 의견진술일을 지정하여 7일 전에 당사자 등에게 서면으

로 통지하여야 한다.

⑤ 제 2항에 따른 통지에는 당사자 등이 정당한 사유 없이 이에 응하지 아니한 때에는 의견진술의 기회를 포기한 것으로 본다는 뜻을 명시하여야 한다.

⑥ 제 2항에 따른 통지를 받은 당사자 등은 지정된 일시에 출석하여 진술하거나 서면으로 의견을 제출할 수 있으며, 출석하여 의견을 진술하였을 때에는 위원회는 진술요지를 서면으로 작성하여 진술한 당사자 등으로 하여금 확인하게 한 후 서명·날인하도록 하여야 한다.

⑦ 의견진술을 대리할 대리인은 대리인임을 증명하는 서면을 제출하여야 한다.

⑧ 당사자 등이 정당한 사유 없이 제 1항에 따른 의견진술에 응하지 아니하는 경우에는 위원회는 당사자 등의 의견진술을 듣지 아니하고 법 제 100조 제 1항 제 1항의 제재조치를 정할 수 있다. 사업자 등의 소재불명 등으로 의견진술의 기회를 줄 수 없는 경우에 위원회가 사업자 등의 마지막 주된 사무소의 소재지로 제 2항에 따른 통지를 한 때에도 또한 같다. 〈개정 2016. 7. 28〉

⑨ 의견진술과 관련하여 위 제 2항부터 제 8항까지에서 정한 것 이외의 사항에 대해서는 「행정절차법」의 규정을 준용한다.

제 62조(연속프로그램 등) 위원회는 연속프로그램이나 주제의 동일성이 인정되는 수회의 방송프로그램 전체를 대상으로 심의를 할 수 있다.

제 63조(심의결과의 존중) 제재조치 명령 등을 받은 사업자 등은 위원회의 심의결정에 따른 방송통신위원회의 제재조치 명령 등을 받은 내용에 대하여는 위반사실에 대한 합당한 조치를 취한 후 방송하여야 한다. 제재조치 명령 등을 받은 사업자 이외의 사업자가 동일한 내용을 방송하는 경우에도 또한 같다. 〈개정 2016. 7. 28〉

제 64조(자료제출 등) 위원회는 기구설치법 제 25조 제 4항에 따라 동법 제 21조 제 1호 및 제 2호에 따른 직무를 수행함에 있어 필요한 경우 사업자에게 관련 자료의 제출을 요구할 수 있다.

제 65조(재심청구) 기구설치법 제 25조 제 5항에 따라 방송통신위원회로부터 제재조치 명령 등을 받은 사업자 등은 법 제 100조 제 6항에 따라 제재조치 명령 등을 받은 날부터 30일 이내에 방송통신위원회에 재심을 청구할 수 있다. 〈개정 2016. 7. 28〉

제 2절 청소년유해매체물 결정절차

제 66조(청소년유해매체물 결정)

① 위원회는 제 4조의 규정에 의한 심의를 함에 있어서 이 규정 및 「청소년보호법」 제 10조의 규정에 의한 심의기준에 의해 청소년의 정서보호와 건전한 인격형성을 저해하는 방송프로그램에 대하여는 청소년유해매체물로 결정한다.

② 삭 제〈2014. 1. 9〉

③ 삭 제〈2014. 1. 9〉

④ 사업자는 방송프로그램에 대해 자율적으로 청소년 유해표시를 할 수 있으며, 위원회는 자율적으로 유해표시가 된 방송프로그램을 발견하는 경우 청소년유해매체물 여부를 결정하여야 한다.

⑤ 제 4항의 규정에 따라 자율적으로 청소년 유해표시를 한 방송프로그램은 청소년유해매체물 여부에 대한 결정이 있기 전까지 청소년유해매체물로 간주한다.

⑥ 삭 제〈2014. 1. 9〉

⑦ 청소년 유해매체물의 심의, 결정과 관련하여 기타 필요한 사항은 「청소년보호법」의 규정을 준용한다.

⑧ 위원회의 청소년 유해매체물 결정은 주문과 이유를 명시한 서면으로 하여야하며 위원회는 지체 없이 결정서를 사업자에게 통지하고 「청소년보호법」 제 22조에서 정하는 바에 의해 여성가족부장관에게 고시를 요청하여야 한다. 〈개정 2014. 1. 9〉

⑨ 청소년 유해매체물 결정에 대한 효력은 위원회의 결정에 대한 여성가족부장관의 고시에 의해 발생한다. 〈개정 2014. 1. 9〉

제 67조(청소년유해매체물 결정 취소) 위원회는 사정변경 또는 관련법령의 제 · 개정 등으로 인해 청소년유해매체물이 더 이상 청소년에게 유해하지 아니하다고 인정하는 경우에는 이해당사자의 신청 또는 직권에 의하여 청소년유해매체물 결정을 취소할 수 있다. 이 경우 결정취소의 통보 및 효력에 대해서는 제 66조 제 8항 내지 제 9항의 규정을 준용한다.

제 68조(이의신청)

① 위원회의 청소년유해매체물 결정에 이의가 있는 사업자는 그 결정의 통지를 받은 날로부터 60일 이내에 다음 각 호의 사유를 갖춘 서면에 의해 위원회에 이의신청을 할 수 있다.

1. 청소년유해매체물 결정년월일
2. 청소년유해매체물로 결정된 방송프로그램명, 제작년도, 제작국가, 제작사
3. 청소년유해매체물 결정이유
4. 이의신청의 사유
5. 이의신청인의 기명날인
6. 기타 필요한 사항

② 제 1항의 규정에 의한 이의신청에 대해서는 요건을 갖추지 않았을 때는 각하, 이유 없다고 인정될 때는 기각, 이유 있다고 인정될 때는 청소년유해매체물 결정을 취소한다.

제 4장 보 칙

제 69조(방송 유사정보의 특례) 위원회는 방송과 유사한 것으로서 「방송법 시행령」 제 21조 제 1항의 규정에 의한 정보의 특수성에 비추어 이 규정에서 정한 조항의 적용이 불합리하다고 판단되는 경우에는 규정의 일부를 적용하지 아니할 수 있으며, 그 범위 및 기준 등에 대하여는 별도로 정하여 공표한다.

제 70조(시행에 필요한 세부사항) 이 규정을 시행하는데 필요한 세부적인 사항이나 기타 필요한 사항은 위원회가 별도로 정한다.

부 칙〈제 19호, 2008. 6. 18〉

이 규정은 공포한 날부터 시행한다.

부 칙〈제 30호, 2008. 9. 2〉

이 규정은 공포한 날부터 시행한다.

부 칙〈제 55호, 2010. 2. 18〉
이 규정은 공표한 날부터 시행한다.

부 칙〈제 80호, 2010. 8. 17〉
이 규칙은 공표한 날부터 시행한다.

부 칙〈제 81호, 2010. 11. 16〉
이 규칙은 공표한 날부터 시행한다.

부 칙〈제 90호, 2012. 12. 6〉
이 규칙은 공표한 날부터 시행한다.

부 칙〈제 100호, 2014. 1. 9〉
이 규칙은 공표한 날부터 시행한다.

부 칙〈제 109호, 2014. 12. 24〉
이 규칙은 공표한 날부터 시행한다.

부 칙〈제 113호, 2015. 10. 8〉
이 규칙은 공표한 날부터 시행한다.

부 칙〈제 121호, 2016. 7. 28〉
이 규칙은 공표한 날부터 시행한다.

부 칙〈제 123호, 2016. 12. 22〉
이 규칙은 2017년 1월 1일부터 시행한다.

2. 방송 프로그램의 등급분류 및 표시 등에 관한 규칙

제정 2008. 6. 18. 방송통신심의위원회 규칙 제 22호

개정 2014. 1. 9. 방송통신심의위원회 규칙 제 105호

개정 2016. 12. 22. 방송통신심의위원회 규칙 제 126호

제 1장 총 칙

제 1조(목적) 이 규칙은 「방송법」(이하 "법"이라 한다) 제 33조 제 5항에 따라 방송프로그램의 등급분류와 관련하여 분류기준 등 필요한 사항을 정함을 목적으로 한다. 〈개정 2014. 1. 9, 2016. 12. 22〉

제 2조(기본원칙)

① 방송사업자는 어린이와 청소년을 보호하기 위하여 방송프로그램의 폭력성 및 선정성, 언어사용, 모방위험 등의 유해정도, 시청자의 연령 등을 감안하여 방송프로그램의 등급을 분류하고 이를 방송 중에 표시하여야 한다. 〈개정 2016. 12. 22〉

② 방송사업자는 제 1항의 규정에 의한 등급분류 및 표시를 할 경우 이 규칙이 정하는 기준과 표시방법을 준수하여야 한다.

제 2장 등급분류 및 표시

제 3조(등급분류) 방송사업자는 방송프로그램의 등급을 다음 각 호와 같이 분류하여야 한다.

1. "모든연령시청가"라 함은 모든 연령의 시청자가 시청하기에 부적절한 내용이 없는 등급을 말한다.
2. "7세이상시청가"라 함은 7세미만의 어린이가 시청하기에 부적절한 내용이 포함되어 있어 보호자의 시청지도가 필요한 등급을 말한다.
3. "12세이상시청가"라 함은 12세미만의 어린이가 시청하기에 부적절한 내용

이 포함되어 있어 보호자의 시청지도가 필요한 등급을 말한다.

4. "15세이상시청가"라 함은 15세미만의 청소년이 시청하기에 부적절한 내용이 포함되어 있어 보호자의 시청지도가 필요한 등급을 말한다.
5. "19세이상시청가"라 함은 19세미만의 청소년이 시청하기에 부적절한 내용이 포함되어 있어 청소년이 시청할 수 없는 등급을 말한다.

제 4조(등급분류기준)

① 제 3조의 등급분류기준은 별표 1과 같다. 〈개정 2014. 1. 9, 2016. 12. 22〉

② 방송사업자는 등급결정을 함에 있어 폭력성, 선정성, 언어사용, 모방위험정도 등의 내용기준이 일치하지 않을 경우 가장 유해한 표현의 등급으로 분류하여야 한다. 〈개정 2016. 12. 22〉

제 5조(등급표시)

① 방송사업자는 제 3조의 등급분류를 한 경우 다음 각 호의 방법에 의하여 등급표시를 하여야 한다.

1. 등급기호는 흰색 테두리 노랑색 바탕의 원형에 검정색 숫자로 해당 등급을 표시한다.
2. 등급기호의 위치 및 크기는 화면 좌상단 또는 우상단에 대각선의 1/20 이상의 크기이어야 한다.
3. 등급기호의 표시는 반투명으로 한다.
4. "모든연령시청가" 등급에 해당하는 프로그램에는 별도의 기호를 표시하지 아니한다.

② 방송사업자는 제 1항에 의한 등급기호를 본방송프로그램의 시작과 동시에 30초 이상, 방송 중 매 10분마다 30초 이상, 중간광고 직후 본방송프로그램의 시작과 동시에 30초 이상 표시하여야 한다. 다만, "19세이상시청가" 등급에 해당하는 프로그램은 본방송프로그램의 시작부터 종료 시까지 지속적으로 표시하여야 한다.

③ 방송사업자는 본방송프로그램 시작 전 등급을 표시하는 기호와 함께 별표 3에 따른 부연설명을 화면의 1/4 크기 이상으로 5초 이상 자막고지하여야 한다. 〈개정 2016. 12. 22〉

④ 제 3항에도 불구하고, "15세이상시청가"와 "19세이상시청가" 등급에 해당

하는 경우에는 별표 3에 따른 분류사유가 포함된 부연설명이 전체 고지화면의 1/2 이상을 차지하도록 표시하여야 한다. 〈개정 2016. 12. 22〉

제 6조(등급 사전고지) 방송사업자는 보호자의 시청지도에 용이하도록 프로그램 예고 및 신문, 인터넷 등 다양한 방법을 통하여 프로그램의 등급에 대한 정보를 사전에 고지하여야 한다.

제 7조(청소년유해매체물) "19세이상시청가" 등급에 해당하는 방송프로그램은 「청소년보호법」 제 2조 제 3호에 의한 청소년유해매체물로 본다. 다만, 제 8조 제 2항에 따라 청소년시청보호시간대에 안내 또는 예고방송되는 방송프로그램은 그러하지 아니 한다. 〈개정 2014. 1. 9〉

〔제목개정 2014. 1. 9〕

제 8조(예고방송)

① 방송사업자가 프로그램에 대한 예고방송을 할 때에는 해당 프로그램의 등급을 고지하거나 화면에 등급을 표시하여야 한다. 다만, 등급고지의 경우 제 5조 제 3항의 부연설명은 생략할 수 있다.

② 방송사업자가 "19세이상시청가" 등급의 프로그램을 청소년보호법에서 정한 청소년시청보호시간대에 안내 또는 예고방송할 때에는 어린이 · 청소년에게 유해한 내용 또는 장면을 포함하여서는 아니 된다.

제 9조(적용범위) 이 규칙은 모든 방송프로그램에 대하여 적용한다. 다만, 다음 각 호의 프로그램은 그러하지 아니하다.

1. 보도 프로그램
2. 범죄, 사고 등을 다룬 재연물이나 기록물을 제외한 다큐멘터리 프로그램
3. 생활정보 프로그램
4. 시사관련 대담 · 토론 프로그램
5. 교육 · 문화예술 프로그램
6. 지식이나 재치를 겨루는 순수 퀴즈 프로그램
7. 이종격투기 등 폭력성이 지나친 종목을 제외한 스포츠 프로그램
8. 기타 방송통신심의위원회(이하 "위원회"라 한다)가 인정하는 프로그램

제 10조(권고 등)

① 위원회는 제 9조 각 호 외의 부분 단서의 규정에도 불구하고 제 9조 제 1호

부터 제 7호까지에 해당하는 방송프로그램에 대해 등급부여가 필요하다고 판단될 경우 해당 방송사업자에게 등급을 부여하도록 권고를 하거나 의견을 제시할 수 있다. 〈개정 2016. 12. 22〉

② 법 제 33조 제 6항의 규정에 따른 등급분류 조정 요구와 제 10조 제 1항의 규정에 의한 권고 등을 받은 당사자는 위원회에 의견을 제출할 수 있으며, 이 경우 위원회는 해당의견을 검토하여 그 결과를 당사자에게 통지하여야 한다. 〈개정 2016. 12. 22〉

제 11조(자료제출) 위원회는 방송사업자에게 등급분류 등과 관련한 자료의 제출을 요구할 수 있다.

부 칙〈제 22호, 2008. 6. 24〉

이 규칙은 공포한 날부터 시행한다.

부 칙〈제 105호, 2014. 1. 9〉

이 규칙은 공포한 날부터 시행한다.

부 칙〈제 126호, 2016. 12. 22〉

이 규칙은 2017년 3월 1일부터 시행한다.

〔별표 1〕 방송프로그램 등급분류기준(제4조 제1항 관련)

1. 주제

모든연령시청가	취학 전(7세 미만) 어린이를 포함한 모든 연령의 시청자가 시청하기에 부적절하지 않은 것
7세이상시청가	7세 미만의 어린이에게 정신적·신체적으로 유해한 내용이 있어 보호자의 시청지도가 필요한 것
12세이상시청가	12세 미만의 어린이에게 정신적·신체적으로 유해한 내용이 있어 보호자의 시청지도가 필요한 것
15세이상시청가	15세 미만의 청소년에게 정신적·신체적으로 유해한 내용이 있어 보호자의 시청지도가 필요한 것
19세이상시청가	성인을 대상으로 하고 있어 19세 미만의 청소년이 시청하기에 부적절하며, 시청을 제한할 필요가 있는 것

2. 폭력성

모든연령시청가	가. 타인에 대한 신체적 가격이나 무기류를 이용한 폭력표현이 없는 것 나. 유혈이나 신체훼손 등의 표현이 없는 것 다. 성적 폭력행위가 표현되지 않은 것 라. 기타 폭력적 표현이 없는 것
7세이상시청가	가. 가상의 세계에서 이루어지더라도 타인에 대한 신체적 가격이나 무기류를 이용한 폭력이 거의 표현되지 않거나 현실적으로 표현되지 않은 것 나. 유혈이나 신체 훼손 등의 표현이 전체적인 맥락상 암시적으로 묘사된 것 다. 성적 폭력행위가 표현되지 않은 것 라. 기타 폭력적 내용이 전체적인 맥락상 암시적으로 표현된 것
12세이상시청가	가. 타인에 대한 신체적 가격이나 무기류를 이용한 폭력이 공포심을 유발하지 않고 경미하게 표현된 것 나. 유혈이나 신체 훼손 등의 표현이 간접적으로 묘사된 것 다. 성적 폭력행위가 표현되지 않은 것 라. 기타 폭력적 내용이 간접적으로 표현된 것
15세이상시청가	가. 타인에 대한 신체적 가격이나 무기류를 이용한 폭력이 반복적으로 표현되지 않은 것 나. 유혈이나 신체 훼손 등의 표현이 반복적으로 묘사되지 않은 것 다. 성적 폭력 행위가 전체적인 맥락상 암시적으로 표현된 것 라. 기타 폭력적 내용이 반복적으로 표현되지 않은 것

2. 폭력성(계속)

19세이상시청가	가. 타인에 대한 신체적 가격이나 무기류를 이용한 폭력이 사실적으로 상세하게 묘사되었거나 반복적으로 표현된 것 나. 유혈이나 신체 훼손 등의 표현이 상세하거나 반복적으로 묘사된 것 다. 성적 폭력 행위가 자극적이지 않게 표현된 것 라. 기타 폭력적 내용이 구체적이거나 반복적으로 표현된 것

3. 선정성

모든연령시청가	가. 성적 내용과 관련된 신체 노출이나 접촉이 표현되지 않은 것 나. 성적 내용과 관련된 언급이 표현되지 않은 것 다. 기타 정서적 불안감을 줄 수 있는 선정적 표현이 없는 것
7세이상시청가	가. 일상생활 속에서의 가벼운 신체 노출이나 자연스러운 신체접촉만이 표현된 것 나. 성적 내용과 관련된 언급이 표현되지 않은 것 다. 기타 정서적 불안감을 줄 수 있는 선정적 표현이 없는 것
12세이상시청가	가. 신체 노출이 직접적이거나 자세하게 표현되지 않은 것 나. 신체 접촉이 일상생활 속에서의 자연스러운 애정 표현 수준으로 묘사된 것 다. 성적 내용과 관련된 언급이 전체적인 맥락상 암시적으로 표현된 것 라. 기타 정서적 불안감을 줄 수 있는 선정적 내용이 경미하게 표현된 것
15세이상시청가	가. 신체 노출이 강조되거나 반복적으로 표현되지 않은 것 나. 성적 신체 접촉이 자극적이지 않게 표현된 것 다. 성적 내용과 관련된 언급이 구체적이지 않게 표현된 것 라. 기타 정서적 불안감을 줄 수 있는 선정적 내용이 반복적으로 표현되지 않은 것
19세이상시청가	가. 신체 노출이 부각 또는 강조되거나 반복적으로 표현된 것 나. 성적 신체 접촉이 상세하거나 자극적으로 표현된 것 다. 성적 내용과 관련된 언급이 구체적으로 표현된 것 라. 기타 정서적 불안감을 줄 수 있는 선정적 내용이 구체적이거나 반복적으로 표현된 것

4. 언어

모든연령시청가	가. 비속어, 은어, 저속한 조어 등의 사용이 없는 것 나. 기타 부적절한 억양이나 어조 등의 사용이 없는 것
7세이상시청가	가. 비속어, 은어, 저속한 조어 등의 사용이 없는 것 나. 기타 어린이의 바른 언어생활을 해치는 부적절한 억양이나 어조 등의 사용이 없는 것

4. 언어(계속)

12세이상시청가	가. 시청자가 불쾌감을 느끼지 않을 정도의 악의 없는 욕설이나 비속어, 은어, 조어 등이 전체적인 맥락상 필요한 경우에 표현된 것 나. 기타 부적절한 억양이나 어조 등의 사용이 경미하게 표현된 것
15세이상시청가	가. 시청자가 불쾌감을 느끼지 않을 정도의 악의 없는 욕설이나 비속어, 은어, 조어 등이 반복적으로 표현되지 않은 것 나. 기타 부적절한 억양이나 어조 등의 사용이 반복적으로 표현되지 않은 것
19세이상시청가	가. 사회통념상 용인되는 수준의 욕설이나 비속어, 은어, 조어 등이 반복적으로 표현되지 않은 것 나. 기타 모욕적이거나 자극적인 억양이나 어조 등의 사용이 있는 것

5. 모방위험

모든연령시청가	가. 음주, 약물, 자살 등 어린이의 모방심리를 자극하는 표현이 없는 것 나. 범죄 수단과 흉기의 사용방법 등과 관련된 표현이 없는 것 다. 어린이 대상 집단 폭력이나 따돌림, 비행 행위 등의 표현이 없는 것 라. 기타 위험한 행위 등 어린이 모방위험의 요소가 없는 것
7세이상시청가	가. 음주, 약물, 자살 등 어린이의 모방심리를 자극하는 표현이 없는 것 나. 범죄 수단과 흉기의 사용방법 등과 관련된 표현이 없는 것 다. 어린이 대상 집단 폭력이나 따돌림, 비행 행위 등의 표현이 없는 것 라. 기타 위험한 행위 등 어린이 모방위험의 요소가 없거나 비현실적으로 표현된 것
12세이상시청가	가. 음주, 약물, 자살 등이 전체적인 맥락상 필요한 경우에 사실적이지 않게 표현된 것 나. 범죄 수단과 흉기의 사용방법 등과 관련된 표현이 반드시 필요한 경우에 한해 간접적이고 암시적으로 표현된 것 다. 어린이 대상 학교 내 집단폭력이나 따돌림, 비행행위 등의 표현이 반드시 필요한 경우에 한해 정당화되지 않고 간접적으로 표현된 것 라. 기타 모방위험의 요소가 반드시 필요한 경우에 한해 암시적으로 표현된 것
15세이상시청가	가. 음주, 약물, 자살 등을 조장하거나 반복적으로 표현되지 않은 것 나. 범죄 수단과 흉기의 사용방법 등과 관련된 표현이 직접적으로 묘사된 것 다. 청소년 대상 학교 내 집단폭력이나 따돌림, 비행행위 등이 정당화되거나 미화되지 않게 표현된 것 라. 기타 모방위험의 요소가 반복적으로 표현되지 않은 것
19세이상시청가	가. 음주, 약물, 자살 등이 사실적이고 반복적으로 표현된 것 나. 범죄 수단과 흉기의 사용방법 등과 관련된 표현이 사실적으로 상세하게 묘사된 것 다. 청소년 대상 학교 내 집단폭력이나 따돌림, 비행행위 등이 구체적이고 반복적으로 표현된 것 라. 기타 모방위험의 요소가 구체적이거나 반복적으로 표현된 것

〔별표 2〕 방송프로그램 등급표시기호(제5조 제1항 관련)

〔별표 3〕 방송프로그램 부연설명 자막 예시(제5조 제4항 관련)

1. 모든연령시청가: "이 프로그램은 모든 연령의 시청자가 시청할 수 있습니다"
2. 7세이상시청가: "이 프로그램은 7세 미만의 어린이가 시청하기에 부적절하므로 보호자의 시청지도가 필요합니다"
3. 12세이상시청가: "이 프로그램은 12세 미만의 어린이가 시청하기에 부적절하므로 보호자의 시청지도가 필요합니다"
4. 15세이상시청가: "이 프로그램은 15세 미만의 청소년이 시청하기에 부적절한 내용(주제, 폭력성, 선정성, 언어, 모방위험 중 해당사항 기술)을 포함하고 있어 보호자의 시청지도가 필요합니다"
5. 19세이상시청가: "이 프로그램은 19세미만의 청소년이 시청하기에 부적절한 내용(주제, 폭력성, 선정성, 언어, 모방위험 중 해당사항 기술)을 포함하고 있습니다"

3. 선거방송심의에 관한 특별규정

제정 2008. 6. 24. 방송통신심의위원회 규칙 제 23호
개정 2010. 3. 18. 방송통신심의위원회 규칙 제 58호
개정 2014. 1. 9. 방송통신심의위원회 규칙 제 104호
개정 2014. 12. 24. 방송통신심의위원회 규칙 제 112호
개정 2016. 2. 25. 방송통신심의위원회 규칙 제 118호

제 1장 총 칙

제 1조(목적) 이 규정은 「방송법」 제 33조에 따라 「공직선거법」(이하 "선거법"이라 한다)이 정한 선거방송, 기타 선거에 관련한 내용이 포함된 프로그램의 방송(이하 "선거방송"이라 한다)을 심의하기 위하여 필요한 사항을 정함을 목적으로 한다.

제 2조(법규정의 준수) 방송은 선거방송에 관한 사항으로서 이 규정에 정하지 아니한 것은 「방송법」, 선거법, 「방송심의에 관한 규정」 및 중앙선거관리위원회의 「공직선거관리규칙」 등 관련 법규정을 준수하여야 한다.

제 3조(적용범위)

① 이 규정은 선거법 제 8조의 2 제 1항에 따른 심의위원회가 설치된 때부터 선거일의 투표마감시각까지의 선거방송에 적용한다. 〈개정 2010. 3. 16〉

② 이 규정은 선거법 제 2조 소정의 선거(이하 "선거"라 한다)에 입후보할 후보자의 선출과 관련된 내용의 프로그램을 방송하는 경우에도 이를 적용한다.

제 2장 심의기준

제 4조(정치적 중립)

① 방송은 선거의 후보자(후보자가 되고자 하는 자를 포함한다. 이하 "후보자"라

한다)와 선거에 참여하는 정당(이하 "정당"이라 한다)에 대하여 정치적 중립을 지켜야 한다. 〈개정 2014. 1. 9〉

② 방송은 특정한 후보자나 정당의 주의·주장 또는 이익을 지지·대변하거나 옹호하여서는 아니 된다.

제5조(공정성)

① 방송은 선거에 관한 사항을 공정하게 다루어야 한다.

② 방송은 방송프로그램의 배열과 그 내용의 구성에 있어서 특정한 후보자나 정당에게 유리하거나 불리하지 않도록 하여야 한다. 〈개정 2014. 1. 9〉

③ 방송은 선거법에 따른 선거일의 0시부터 투표마감시각까지 해당 선거결과에 영향을 미칠 수 있는 내용을 다루어서는 아니 된다. 다만, 투표율, 투표참여의 독려 또는 선거와 관련된 사건·사고 등을 방송하는 경우에는 그러하지 아니 한다. 〈신설 2014. 1. 9〉

제6조(형평성)

① 방송은 선거방송에서 후보자와 정당에 대하여 실질적 형평의 원칙에 따라 공평한 관심과 처우를 제공하여야 한다.

② 방송은 선거방송에서 선거가 실시되는 방송구역내의 각 지역을 균형있게 다루어야 하며, 여러종류의 선거를 다룸에 있어서 적절한 균형을 유지하여야 한다.

제7조(소수자에 대한 기회 부여) 방송은 제5조 및 제6조의 규정에 따른 공정성 및 형평성을 유지하는 범위 안에서 소수자나 소외계층을 대변하는 정당 또는 후보자에게 출연기회를 부여할 수 있다.

제8조(객관성)

① 방송은 선거에 관련된 사실을 객관적으로 정확히 다루어야 한다.

② 방송은 선거의 쟁점이 된 사안에 대한 여러 종류의 상이한 관점이나 견해를 객관적으로 다루어야 한다.

제9조(특집기획프로그램) 특집기획프로그램은 선거기간 중에는 선거와 직접 관련이 없는 경우에도 특정한 후보자나 정당에 유리하거나 불리하지 않도록 하여야 한다.

제 10조(시사정보프로그램)

① 선거법에 의한 선거방송을 제외한 선거 관련 대담·토론, 인터뷰, 다큐멘터리 등 시사정보프로그램은 선거쟁점에 관한 논의가 균형을 이루도록 출연자의 선정, 발언횟수, 발언시간 등에서 형평을 유지하여야 한다.

② 제 1항에 따른 시사정보프로그램에서의 진행자 또는 출연자는 특정 정당·후보자 등을 조롱 또는 희화화하여서는 아니 된다.

〔전문개정 2014. 1. 9〕

제 11조(제작기술상의 균형) 선거에 관련된 모든 프로그램은 음향과 음성, 촬영, 화면구성, 조명 등의 기술적 측면에서 후보자나 정당에 대하여 가능한 한 동등한 조건으로 제작하여야 한다.

제 12조(사실보도)

① 방송은 선거방송에서 유권자의 판단에 영향을 미칠 수 있는 중요한 사실을 과장·부각 또는 축소·은폐하는 등으로 왜곡하여 보도하여서는 아니 된다.

② 방송은 선거결과에 대한 예측보도로 유권자를 오도하여서는 아니 되며, 실제결과와 예측이 다를 경우 지체 없이 이를 정정보도하여야 한다.

③ 방송은 선거와 관련한 보도에서 감정 또는 편견이 개입된 용어를 사용하여서는 아니 된다.

제 13조(대담·토론의 중계) 방송은 선거와 관련하여 다른 언론기관 또는 단체 등이 개최하는 대담·토론 등을 다룰 때에는 형평을 유지하여야 한다.

제 14조(균등한 기회 부여)

① 방송은 후보자를 초청하는 대담·토론 프로그램의 경우 공정한 기준을 마련하여 후보자들이 균등한 참여기회를 가질 수 있도록 유의하여야 한다.

② 방송은 뉴스(정규뉴스 및 종합구성 형식의 프로그램에서 방송되는 보도기사를 말한다) 보도의 경우 후보자들에 대한 방송내용이 전체적으로 형평을 유지하게 하여야 한다. 〈개정 2014. 1. 9〉

제 15조(계층, 종교, 지역에 따른 보도) 방송은 선거와 관련하여 계층, 종교, 지역에 따른 지지 또는 반대를 조장하는 내용을 방송하여서는 아니 된다.

제 16조(사실과 의견의 구별) 방송은 선거방송에서 사실보도와 해설·논평 등을 구별하여야 하며, 해설이나 논평 등에 있어서도 사실의 전달과 의견을 명

백히 구분하여야 한다.

제 17조(출처명시) 방송은 선거와 관련하여 확인되지 않은 내용을 보도하여서는 아니 되며, 특정 개인이나 집단의 의견 또는 다른 매체의 보도내용을 인용할 때에는 그 출처를 밝혀야 한다.

제 18조(여론조사의 보도)

① 방송은 선거와 관련된 여론조사(이하 "여론조사"라 한다)의 결과를 보도할 경우, 그 조사의 공정성이나 정확성에 상당한 의심이 있을 때에는 이를 방송하여서는 아니 된다.

② 방송은 여론조사의 결과를 보도할 경우에는 다음 각 호의 사항을 시청자가 명확하게 인식할 수 있도록 자막 또는 음성으로 밝혀야 한다. 〈개정 2014. 1. 9, 2014. 12. 24, 2016. 2. 25〉 다만, 이미 공표·보도된 여론조사 내용을 인용할 경우에는 제 9호부터 제 12호까지의 사항을 생략할 수 있다. 〈신설 2016. 2. 25〉

1. 조사의뢰자
2. 조사기관·단체명
3. 조사대상
4. 조사일시
5. 조사방법
6. 표본오차
7. 질문내용
8. 응답률
9. 표본의 크기
10. 피조사자 선정방법
11. 조사지역
12. 가중값 산출 및 적용방법

〈신설 2016. 2. 25〉

③ 방송이 영상기술과 도표(그래프, 그림, 표 등)를 이용하여 여론조사의 결과를 보도할 경우에는 경쟁자나 경쟁집단 사이의 차이가 과장 또는 축소되지 아니하도록 하여야 한다.

④ 방송이 여론조사의 결과를 해설하는 경우에는 그 조사의 전제여건과 현저히 다른 여건을 가진 상황에 대하여 그 조사결과를 임의로 적용하여서는 아니 된다.

⑤ 제2항에도 불구하고, 다른 언론에서 이미 공표된 복수의 여론조사 결과를 인용하여 전체적인 여론의 추이를 언급하는 경우에는 여론조사의 의뢰기관 및 조사기간만을 밝혀 방송할 수 있다. 〈신설 2014. 1. 9〉

⑥ 방송은 여론조사결과가 오차범위 내에 있는 경우에는 이를 사전에 명확히 밝혀야 하며, 이를 밝히지 않고 서열화 또는 우열을 묘사하여 시청자를 오인하게 하여서는 아니 된다. 〈신설 2014. 1. 9〉

⑦ 방송은 선거일 전 6일부터 선거일의 투표마감시각까지 선거에 관하여 정당에 대한 지지도나 당선인을 예상하게 하는 여론조사(모의투표나 인기투표에 의한 경우를 포함한다)의 경위와 그 결과를 공표하거나 인용하여 보도할 수 없다. 〈신설 2014. 1. 9〉

⑧ 방송은 여론조사 결과를 보도하는 경우 전체 질문지를 홈페이지 등에서 확인할 수 있음을 자막 또는 음성으로 고지하여야 한다. 〈신설 2014. 12. 24〉

제19조(연예오락프로그램) 방송은 연예오락프로그램에서 후보자 또는 선거 관련 내용을 소재로 다룰 경우에는 후보자나 정당의 품위를 손상하거나 선거에 대하여 부정적으로 표현하여서는 아니 된다.

제20조(정당 등에 의한 협찬방송의 금지) 방송은 정당 또는 후보자에 의한 협찬방송을 하여서는 아니 된다.

제21조(후보자 출연 방송제한 등)

① 방송은 선거일 전 90일부터 선거일까지 선거법의 규정에 의한 방송 및 보도·토론방송을 제외한 프로그램에 후보자를 출연시키거나 후보자의 음성·영상 등 실질적인 출연효과를 주는 내용을 방송하여서는 아니 된다. 다만, 선거에 특별한 영향을 미칠 우려가 없거나 프로그램의 성질상 다른 것으로 변경 또는 대체하는 것이 현저히 곤란한 경우에는 그러하지 아니하다.

② 방송은 제1항에서 규정한 기간 중 후보자를 보도·토론 프로그램의 진행자로 출연시켜서는 아니 된다.

③ 방송은 특정한 후보자나 정당에 대한 지지를 공표한 자 및 정당의 당원을

선거기간 중 시사정보프로그램의 진행자로 출연시켜서는 아니 된다.

제 22조(광고방송의 제한) 방송은 선거일 전 90일부터 선거일까지 후보자 모델이 된 광고를 방송하여서는 아니 된다. 후보자의 성명, 경력, 사진, 음성 또는 상징을 이용하는 등 후보자에게 선거운동효과를 주는 광고 또한 같다.

제 23조(방송사고 등)

① 방송은 선거와 관련한 방송의 과실송출이나 일시적인 방송중단 등의 사고 또는 과실로 혼란을 일으키게 하거나 특정한 후보자 또는 정당 등에 피해를 주어서는 아니 된다.

② 방송은 제 1항의 방송사고 등에 대하여는 지체 없이 그 사유를 밝히거나 정정방송을 하여야 한다.

③ 방송은 선거방송의 내용이 사실과 다른 내용으로 판명된 때에는 지체 없이 이를 정정하여야 한다.

제 3장 보 칙

제 24조(유용성 · 다양성)

① 방송은 유권자에게 그 의사결정에 도움이 될 풍부하고 깊이 있는 정보를 제공할 다양한 프로그램의 개발을 위하여 노력한다.

② 선거에 관련된 프로그램은 생활시간대를 고려하여 많은 사람들이 시청취할 수 있도록 편성한다.

③ 방송은 방송국이 주관하여 그 부담으로 실시할 수 있는 후보자의 방송연설 및 경력방송과 대담 · 토론방송 등을 능동적으로 방송한다.

제 25조(참여와 감시)

① 방송은 선거의 의의와 중요성을 적극 알림으로써 국민의 선거참여에 기여한다.

② 방송은 선거운동의 불법 · 탈법 및 타락을 방지하기 위하여 힘쓴다. 다만, 그로 인하여 다른 사람의 권리를 침해하거나 선거에 대한 유권자의 불신감을 조성하거나 또는 주요쟁점이 흐려지지 않도록 유의한다.

제 26조(반론권) 방송은 특정한 후보자나 정당이 명백한 인신공격 또는 사실

로 확인되지 않은 내용의 방송으로 피해를 입었다고 주장하는 경우 이를 검토하여 합당한 반론의 기회를 제공한다.

제27조(의견진술의 특례) 방송통신심의위원회는 의견진술지정일 7일 전에 서면으로 통지를 함에 있어서 필요하다고 인정하는 경우에는 당사자 등의 명시한 의사에 반하지 아니하는 한 위 조항에서 정한 기간의 여유를 두지 아니하고 의견진술일을 정할 수 있으며, 그 통지도 구두 등의 방법으로 할 수 있다.

부 칙〈제23호, 2008. 6. 24〉

이 규정은 공포한 날부터 시행한다.

부 칙〈제58호, 2010. 3. 16〉

이 규정은 공표한 날부터 시행한다.

부 칙〈제104호, 2014. 1. 9〉

이 규정은 공표한 날부터 시행한다.

부 칙〈제112호, 2014. 12. 24〉

이 규정은 공표한 날부터 시행한다.

부 칙〈제118호, 2016. 2. 25〉

이 규정은 공표한 날부터 시행한다.

• 격려사 •

전용길_KBS 콘텐츠본부장

방송법에 모든 방송사는 반드시 심의기구를 설치하도록 되어있다. 즉, 심의실은 우리나라의 모든 방송사가 반드시 갖추어야 하는 법적인 조직인 것이다. 물론 심의(審議)라는 말이 서양에서의 이른바 '표현의 자유'나 '언론의 자유'라는 관점에서는 다소 논쟁적이고, 상충되는 말이기도 하다. 그러나 반드시 서양적 가치나 시스템이 한국적 가치나 시스템보다 우월한 것이 아니듯이, 우리는 우리 사회의 역사적 경험과 법체계, 관습, 문화, 풍속 등의 바탕 위에서 우리 사회가 존중하고 추구하는 헌법적 가치와 민주적 질서, 건전한 문화생활 함양 등을 위해 일정한 범주를 가질 수밖에 없다. 방송심의는 이런 우리의 방송이 반드시 고려하고 갖추어야 하는 테두리, 범주를 정하고 평가하는 것이다.

심의는 주관적인 잣대가 아니라 반드시 방송법과 심의규정, 각 방송사가 스스로 갖추고 있는 각종 윤리규정과 강령 등 법과 규정에 의해서만 이루어진다. 따라서 이제 방송사 심의부서는 더 이상 한동안 제작을 해오던 PD들이 나이 들어 한직으로 물러나면 한 번쯤 거쳐 가는 그런 자리가 아니다. 이제 심의는 더욱 복잡해져가는 한국 사회와 방송환경 속에서 심의 전문가가 되어야만 할 수 있는 고도로 전문적인 일이 되어가고 있다. KBS에서 심의에 관한 한, 가장 오랜 기간의 경험과 업무능력을 갖고 있는, KBS 심의실의 심의귀신(?)이 딱 한 사람 있는데, 그가 바로 이 책의 저자인 민영목 심의위원이다.

KBS의 모든 제작 PD들에게는 가장 자애로운 형님이기도 하고 동시에 가장 무서운 염라대왕이기도 하며 방송통신심의위원회나 외부의 방송심의와 관련된 다양한 시민단체에게도 오랜 전문적인 경험과 식견을 전수하고 공유하고 때로는 새로운 심의체계를 만들거나 발전시켜나가는, 방송심의에 관한 한 살아있는 전설이자 독보적인 심의위원이다. 민영목 심의위원은 이른바 '걸어다니는 심의규정'이다. 어떤 PD가 제작을 하다가 애매한 것이 있을 때, 또는 심의와 관련해 잘 모르는 것이 있을 때 민 위원에게 물어보면 즉각 관련 규정이나 답이 나온다.

요즘은 공공성과 공정성, 형평성, 간접광고 등 갈수록 복잡하고 정교해져 가는 각종 현안들 속에서 심의가 차지하는 비중과 위치, 역할이 갈수록 커져가고 있다. 이러한 때, KBS 심의실의 살아있는 전설인 민영목 심의위원이 이제 15년 동안 쌓아온 방송심의에 관한 온갖 경험과 지식을 《TV 볼 줄 아십니까? - 아무도 가르쳐 주지 않는 방송 모니터링》이라는 책으로 묶어낸다니, 진심으로 축하해 마지않는다. 이제 비로소 한국의 방송심의도 하나의 체계로, 역사로, 그 두터움을 더하고 있다는 생각이 든다.

보도와 교양, 오락, 드라마, 라디오 등 각종 프로그램과 장르뿐 아니라, 등급제 프로그램, 선정성과 폭력성, 간접광고, 명예훼손과 인권침해, 공정성과 선거방송 등 현재 방송심의에서 필요로 하는 각 부문에 관해 빠짐없이 정리한 점은, 단지 모니터링하는 사람들뿐만 아니라, 제작현업의 PD들에게도 매우 귀중한 자료가 될 것임이 분명하다.

나도 2011년 9월 초, 콘텐츠본부장으로 임원발령이 나기 전까지 2년 8개월간을 민영목 위원과 함께 심의위원으로 책상을 맞대고 근무했다. 문득 KBS 심의실의 풍경화가, 추억으로 아련히 떠오른다. 영국의 브리태니커사전보다 더 크고 무거운 한글사전이 늘 펼쳐져있던 큰 공용 책상이 생각난다. 그리고 내 책상 앞에는 심우(尋牛)라는 글자를 써 붙여놓았다. 아침이면 몇몇 심의위원들이 둘러앉아 따뜻한 커피를 한 잔씩 나누곤 했다. 한번은 내가 심의하던 〈VJ 특공대〉에서 무당이 취업을 비는 굿을 하는 장면이 나왔는데, 이것을 놓고 고민하던 나에게 저자가 심의규정상의 차이를 명쾌하게 해석해주던 모습이 떠오른다.

KBS PD로서의 30년 중, 15년 이상을 심의실에서 방송심의와 씨름해 온 민영목 심의위원은 지난 50여 년간 KBS가 배출한 여러 전설적인 PD들 중 한 사람임에 틀림없다. 정년을 앞둔 지금 민 위원이 필생의 역작 《TV 볼 줄 아십니까? - 아무도 가르쳐 주지 않는 방송 모니터링》을 펴내게 된 것에 진심으로 경의를 표한다.

한국 TV의 방송심의도 이제 분명히, 민영목 심의위원이 15년간 씨름해오고 흘린 땀만큼, 그 두터운 나이테가 한 줄 또렷이 더해지고 있다.

• 격려사 •

맹숙영_《방송 모니터 WHO & HOW》 저자

MBC의 〈나는 가수다〉를 시청하다 보면 유독 긴장하며 몰입하게 만드는 가수들이 있다. 그 이유가 뭘까 곰곰이 생각해 본 적이 있다. 가수라면 당연히 노래를 잘 불러야 된다. 즉, 가창력이 있어야 된다. 그리고 노래에 진정성이 담겨져 있어야 된다. 노랫가락과 가사를 완전히 소화하여 자기 것으로 만들 때 그 노래에 진정성이 담기는 것이다. 마지막으로 감동을 주어야 한다. 감동은 자신의 능력과 노력을 합하여 최선을 다할 때 뿜어져 나오는 에너지다. 이런 가창력과 진정성이 합쳐져 감동을 줄 때 시청자는 몰입하게 되고 박수를 보낸다. 다른 모든 작업도 마찬가지일 것이다.

KBS 민영목 심의위원이 발간한 《TV 볼 줄 아십니까?》에서 나는 위의 세 가지 요소를 모두 발견하였다. 선생님은 15년간 PD로 일하셨고 그 후 15년은 방송심의 실무자로 종사하셨다. 제작과 심의 경험을 모두 갖고 계셔서 방송 모니터링의 전문성을 극대화할 수 있었다. 이 책은 그동안 산만하게 흩어져 있던 내용들을 독자들의 입장에 맞춰 논리적이며 체계적으로 정리한 것이다. 이는 방송 모니터뿐만 아니라 제작진에게도 하나의 종합적인 이론서와 실용서가 될 것이다. 전문적인 내용을 쉽게 풀어 쓰고자 한 노력도 돋보인다. 완전히 자기 것으로 소화시키지 못한 사람은 절대 쉽게 글을 쓸 수 없기 때문이다.

드디어 방송 모니터 이론을 전문적이고 체계적으로 정리한 방송프로그램 사용서 한 권이 우리에게 주어졌다. 방송에 관심 있는 모든 사람들에게 감동을 줄 수 있는 좋은 책임을 확신한다.

✔ 참고문헌 및 추천 문헌

강준만(1995), 《TV와 이미지정치》, 기획출판 공간미디어.

강태영·윤태진(1999), 《한국 TV 예능오락 프로그램의 변천과 발전》, 한울아카데미.

경상대학교 인문학연구소(2007), 《TV 드라마와 한류》, 도서출판 박이정.

고혜림·김미라(2006), 《방송 구성작가 되기》 커뮤니케이션북스.

권이상(1999), 《TV 드라마 만들기》, 나남.

김기태(1999), 《텔레비전, 어떻게 볼 것인가》, 한나래.

김상근(2006), "텔레비전 탈 장르 프로그램의 제작기법 특성에 관한 연구", 한국외국어대학 박사논문.

김석호(1992), 《방송구성작가의 실전》, 도서출판 숲속의 꿈.

______(2004), 《실전 TV 연출론》, 도서출판 숲속의 꿈.

김성덕(1998), 《TV 코미디 어떻게 쓸 것인가》, 제3기획.

김성희(2001), 《방송드라마 창작실기론》, 도서출판 연극과 인간.

김연진(1991), 《드라마 ABC》, 풀잎.

______(2004), 《드라마분석방법론》, 집문당.

김용수(2004), 《TV 드라마의 세계》, 도서출판 박이정.

김우룡(1992), 《방송학강의》, 나남.

______(2002), 《텔레비전 뉴스의 이해》, 커뮤니케이션북스.

김웅래(1993), "한국 텔레비전 코미디 프로그램의 통제 유형에 관한 연구", 〈방송시대〉 가을호.

______(2004), 《방송연예론》, 한울아카데미.

김원용(1993), "방송보도 프로그램의 양식", 한국방송학회 편, 〈방송보도〉, 나남.

김진석(1994), 《TV시대의 정치》, 아침.

닐 포스트만·스티브 파워즈 저(1995), 정탁영·박영근 역, 《TV 뉴스 어떻게 봐야 하나?》, 참미디어.

류희림(2007), 《우리는 뉴스에 속고 있다》, 도서출판 글나래.

박소웅(2005), 《신 라디오방송 제작론》, 한울아카데미.

박원달(2003), 《라디오 제작 실무론》, 커뮤니케이션북스.
박현수(2005), 《탐사보도와 CAR 실무》, 커뮤니케이션북스.
방송문화진흥회(1996), 《영상시대의 방송 소프트웨어》.
방송통신심의위원회(2008. 12), "방송의 공정성 심의를 위한 연구".
배종대(1998), 《방송환경과 TV 제작의 이해》, 홍익미디어 플러스.
______(2003), 《다채널시대 방송시대의 기획 제작》, 박문각.
설진아(2007), 《방송기획 제작의 기초》, 커뮤니케이션북스.
양성수(2004), "국내방송 탐사보도 프로그램의 주제 유형변화에 대한 연구", 고려대 언론대학원 석사논문.
오미영(2004), 《토론 VS TV 토론》, 도서출판 역락.
윤기호(2011), 《동영상 이야기》, 나남.
이두원(2002), 《라디오 프로그래밍》, 커뮤니케이션북스.
이영돈(2010), 《이영돈 PD의 TV 프로그램 기획 제작론》, 커뮤니케이션북스.
이환경(2006), 《이환경이 말하는 TV 드라마 작법》, 시나리오 친구들.
이홍우(2008), 《PD 스쿨》, 동아일보사.
장기오(1997), 《TV 드라마 바로보기 바로쓰기》, 박영률.
장세진(1987), "코미디 프로그램의 문제점과 개선방안 연구", 〈방송연구〉, 여름호
최상식(1991), 《TV 드라마 작법》, 한국방송작가 교육원.
최영묵(2003), 《텔레비전 다큐멘터리 제작론》, 도서출판 한울.
최영묵·주창윤(2003), 《텔레비전 화면 깨기》, 도서출판 한울.
______(2008), 《개정판, 텔레비전 화면 깨기》, 한울아카데미.
최창섭(1993), 《방송총론》, 법문사.
최충웅(2000), 《텔레비전 제작실무론》, 나남.
한국방송공사 라디오센터(2001), 《뉴미디어 시대 라디오 프로듀서 되기》.
한국방송공사(1999), 《교양 프로그램 제작 편람》.
______(2012), 《KBS 텔레비전방송 50년》, KBS.
한국방송작가협회(2005), 《드라마 아카데미》, 도서출판 펜타그램.
한소진(2000), 《방송대본 이렇게 써라》, 나남.

뉴미디어와 정보사회 개정판

이 책은 정보사회를 살아가는 데 필요한 지식으로서 매스미디어를 이해하려는 사람들에게 체계적인 이해의 틀을 제공하는 목적에 충실하였으며, 전문적 이론보다는 매스미디어의 실제 현상을 쉽게 이해할 수 있도록 서술하였다. 개정판에서는 기존의 구성을 유지하면서 최근의 다양한 변화, 특히 뉴미디어의 도입에 따른 변화와 모바일 웹, 종합편성채널, 미디어산업에서의 빅데이터 활용 등에 초점을 맞추었으며, 매스미디어의 실제 현상 역시 최신의 사례로 업데이트하였다.

오택섭 · 강현두 · 최정호 · 안재현 지음 | 크라운판 | 528면 | 값 28,000원

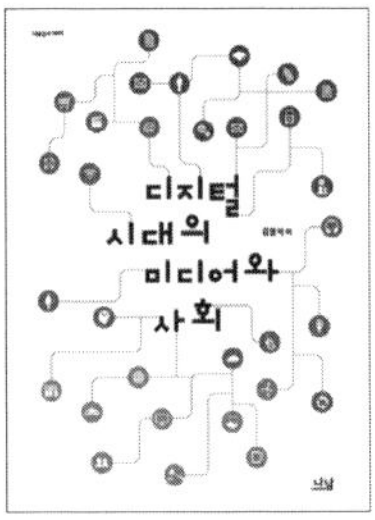

디지털시대의 미디어와 사회

물리적 세계를 넘어 삶마저도 디지털화되는 사회에서 미디어는 어떤 모습이며 어떤 방향으로 나아가고 우리는 이를 어떻게 수용해야 하는가? 디지털이 일상으로 파고들었지만 그간의 기간이 그리 길지는 않았기에 아직 미디어의 디지털화에 따른 변화양상과 역할, 영향 등을 폭넓게 다룬 책이 없었다. 이 책은 미디어의 기술적 진화에 따라 사회와 산업, 시장에 영향을 미치는 과정과 이에 따른 이론적 논의 및 법과 제도의 변화 등을 폭 넓게 살폈다.

김영석(연세대) 외 지음 | 크라운판 변형 | 462면 | 29,000원

스마트미디어
테크놀로지 · 시장 · 인간

이 책은 테크놀로지, 시장, 인간의 방향에서 스마트미디어에 접근한다. 이를 위해 15명의 언론학자들이 각자의 연구 분야에서의 다양한 물음을 정리하고 답변을 찾는 방식으로 스마트미디어가 야기하는 시장 경쟁, 규제, 이용자 이슈 등을 논한다. 기술의 현재와 사례를 주로 다루는 기존의 스마트미디어 관련 도서에 비해 이 책은 테크놀로지, 시장, 인간에 대한 고민과 탐색, 전망에 중점을 두어 독자에게 스마트미디어 사회를 더욱 깊게 이해할 수 있게 하고 향후 관련된 더 풍부한 논의를 촉진시킬 것이다.

김영석(연세대) 외 지음 | 신국판 | 468면 | 값 22,000원

사회과학 통계분석 개정판
SPSS/PC+ Windows 23.0

문항 간 교차비교분석, t-검증, ANOVA, 상관관계분석, 회귀분석, 통로분석, 인자분석, Q 방법론, 판별분석, 로지스틱 회귀분석, 반복측정 ANOVA, ANCOVA, MANOVA, LISREL(AMOS), 군집분석, 다차원척도법, 신뢰도분석, 생존분석(생명표), Kaplan-Meier 생존분석, Cox 회귀분석 등 사회과학 통계방법을 총망라했다. 각 장에는 논문을 쓸 때 필요한 절차와 내용을 설명한 논문작성법을 제시했으며 개정판에서는 분석력이 강화된 SPSS/PC+ 23.0의 실행방법을 설명했다.

최현철(고려대) 지음 | 4×6배판 변형 | 828면 | 38,000원

SPSS 명령문을 활용한 사회과학 통계방법

SPSS의 명령문, 즉 신택스를 어떻게 구성하고 실행하는가를 보여주는 데 집중한 책이다. SPSS의 메뉴판을 이용한 데이터 분석 방법은 처음에는 쉽게 느껴질 수 있지만 새로운 데이터 분석 환경에서 한계에 부딪힐 수 있다. 이에 비해 SPSS 명령문 작성에 익숙해지면 SPSS가 아닌 다른 통계분석 프로그램에도 쉽게 적응할 수 있다. 쉬운 내용을 시작으로 어려운 내용을 전달하는 단계적 방식으로 글의 난이도를 조정하였으며 수학 공식을 유도하는 과정에서 어떤 아이디어가 담겼는지 설명하는 데 많은 노력을 기울였다.

김영석(연세대) · 백영민(연세대) · 김경모(연세대)
지음 | 4×6배판 | 356면 | 28,000원

사회과학 조사방법

연구방법론의 절차와 규칙을 공부하는 과정에서 추상적인 이론적 개념과 구체적인 실제 분석기법의 연관성을 용이하게 파악하도록 하는 데 주력한 책이다. 또한 사회과학 조사방법에서 쓰임새가 높은 실험연구, 서베이 연구, 내용분석 연구의 절차와 규칙에 대한 내용을 집중적으로 소개했다. 차근차근 읽어간다면 연구방법론의 이론과 실제라는 두 마리 토끼를 동시에 잡을 수 있을 것이다.

김영석(연세대) · 김경모(연세대) · 백영민(연세대) 지음
4×6배판 변형 | 240면 | 20,000원

융합과 통섭

다중매체환경에서의 언론학 연구방법

'융합'과 '통섭'의 이름으로 젊은 언론학자 19명이 모였다. 급변하는 다중매체환경 속 인간과 사회를 능동적으로 이해하고 설명하는 것은 언론학 연구의 임무이자 과제다. 이를 위해서는 관례와 고정관념을 탈피하려는 다양한 고민과 시도가 연구방법으로 이어져야 한다. 38대 한국언론학회 기획연구 워크숍 발표자료를 엮은 이 책은 참신하고 다양한 언론학 연구방법을 고민하는 이들에게 소중한 지침서가 될 것이다.

한국언론학회 엮음 I 크라운판 변형 I 520면 I 32,000원

정치적 소통과 SNS

뉴스, 광고, 인간관계에까지 우리 일상 어디에나 SNS가 있다. 그렇다면 과연 우리는 SNS에 대해 얼마나 알고 있을까? 커뮤니케이션 연구와 교육의 최전선에 있는 한국언론학회 필진이 뜻을 모아 집필한 이 책은 SNS에 관한 국내외의 사례와 이론을 폭넓게 아우른다. 왜 우리는 SNS를 사용하게 되었나부터, 어떻게 사용하고 있나, 또 앞으로 어떻게 사용해야 하나까지 과거, 현재, 미래에 대한 통찰이 담겨 있다.

한국언론학회 엮음 I 크라운판 변형 I 456면 I 27,000원

SNS 혁명의 신화와 실제

'토크, 플레이, 러브'의 진화

요즈음 전성기를 구가하고 있는 소셜미디어는 사람들 간 진지한 관계나 대화를 담보할 수 있는가? 인류의 오래된 희망인 관계의 수평화 · 평등화를 가능케 할 것인가? 이 책은 내로라하는 커뮤니케이션 소장학자들이 발랄하면서도 진지한 작업 끝에 내놓은 결과물이다. 소셜미디어의 모든 것을 분해하고, 다시 종합하는 이 책을 통해 독자들은 소셜미디어 혁명의 허와 실을 간파하게 될 것이다.

김은미(서울대) · 이동후(인천대) · 임영호(부산대) · 정일권(광운대) 지음 I 크라운판 변형 I 320면 I 20,000원

미디어 효과이론 제3판

이 책은 이용과 충족이론, 의제 설정이론, 문화계발효과이론 등 고전이론의 최신 업데이트된 연구결과를 비롯해 빠르게 진화하는 미디어 세계의 이슈들에 대해서도 다뤘다. 미디어 효과연구 영역을 폭넓게 다룬 포괄적인 참고도서이자 최근의 미디어 효과연구의 진행방향을 정리한 보기 드문 교재로 미디어 이론 연구를 위한 기준을 제공할 것이다.

제닝스 브라이언트 · 메리 베스 올리버 편저 I 김춘식(한국외대) · 양승찬(숙명여대) · 이강형(경북대) · 황용석(건국대) 옮김
4×6배판 I 712면 I 38,000원

매스 커뮤니케이션 이론 제5판

제5판에서는 특히 인터넷시대의 '뉴미디어'가 출현과 성장 과정 속에서 기존의 매스미디어 이론과 연구결과를 토대로 이야기했던 것을 수정 · 보완하는 데 주력했다. 또한 저자는 변화하는 미디어 환경 속에서 기존 매스 커뮤니케이션이 어떻게 변화할지에 관심을 두고 내용을 전개한다. 새로운 이론적 접근에 대한 소개가 추가되었고, 각 장에서의 이슈는 뉴미디어 현상과 연관하여 다루어진 특징이 있다.

데니스 맥퀘일 I 양승찬(숙명여대) · 이강형(경북대) 공역 I 712면 I 28,000원

커뮤니케이션 이론
연구방법과 이론의 활용

매스 커뮤니케이션의 기본개념부터 다양한 이론적 논의와 연구방법, 연구사례에 이르기까지 언론학 전반을 조감해 주는 교과서이다. 다른 책과 구별되는 큰 장점은 제반 이론을 소개하면서 과학의 특성인 실용성과 누적성이 절로 드러나도록 하는 뚜렷한 관점을 가지고 있다는 것이다. 우선, 소개되는 이론에 관련한 실제 연구사례들을 수집해 제시한다. 더불어 이론이 등장해 어떻게 비판되고 지지되고 발전되었는지 역사적으로 추적한다.

세버린 · 탠카드 I 박천일 · 강형철 · 안민호(숙명여대) 공역
크라운판 변형 I 548면 I 22,000원